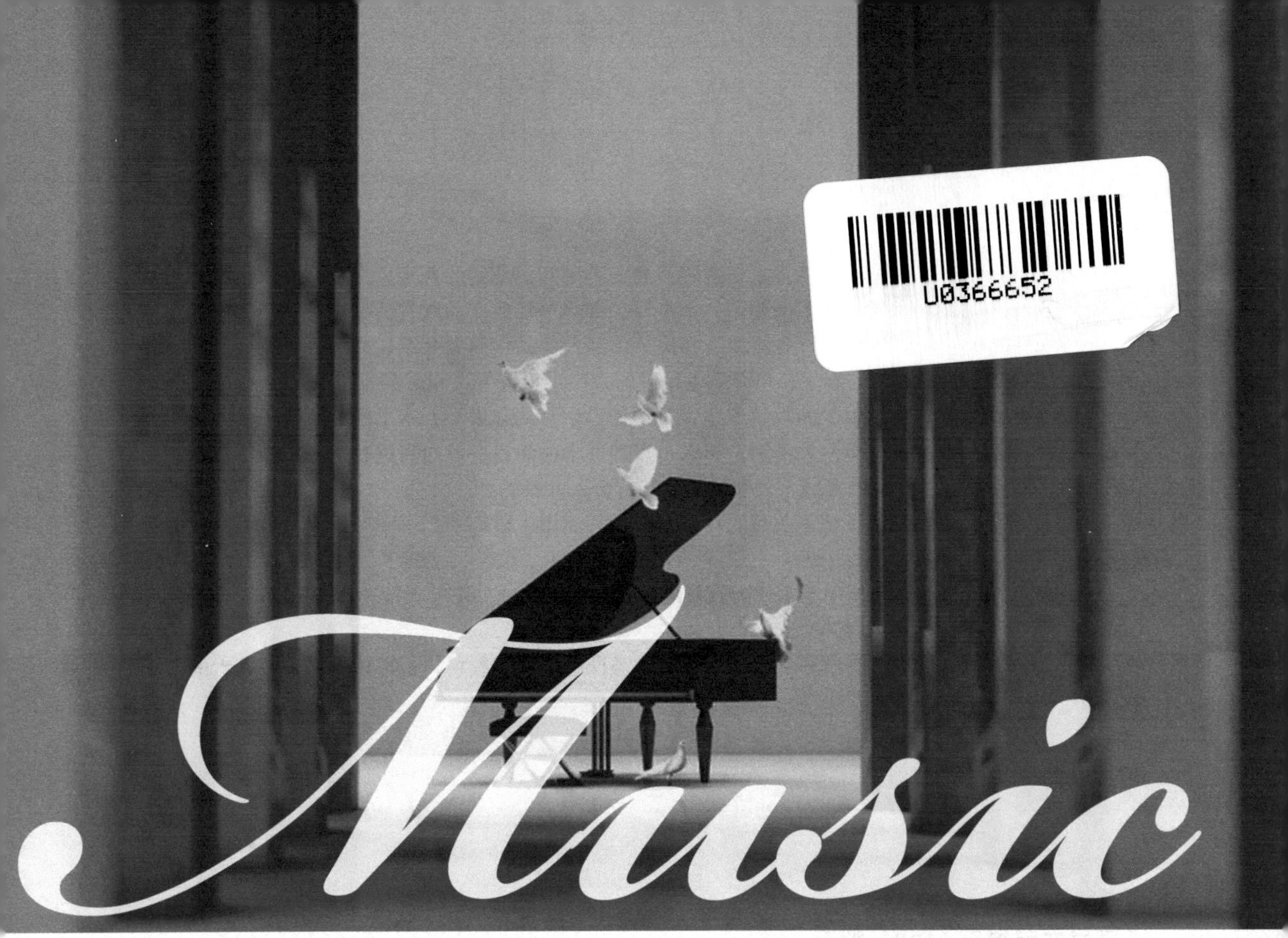

Music

高等职业教育公共基础课新形态一体化教材

音乐欣赏与实践

李霞 项蔓◎主　编
於筱◎副主编
黄轶璠 周夕铌 王雁洁◎参　编

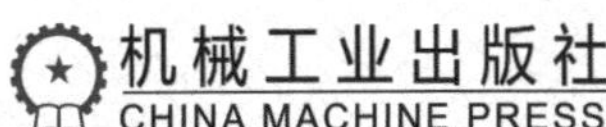

机械工业出版社
CHINA MACHINE PRESS

本书针对高职院校学生艺术欣赏水平普遍不高、基础知识薄弱的现实，力求用深入浅出和丰富有趣的方式普及艺术欣赏知识。本书遵循“基本概念讲解—经典作品欣赏—编创与活动”的编写体例，选取了大学生应知的各时期、各流派、各民族的经典作品作简要介绍，并进行了相应的欣赏提示，力求兼顾不同音乐素养的学生，培养学生正确的人生观、价值观和审美观。

为体现“做中学，做中教”的教学理念，真正让学生“动起来”，本书配套了音乐实践手册，主要分为声乐演唱及古筝演奏两大类别，选取了宜教适学的曲目，对曲目进行了实践操作提示，力求使学生积极参与艺术作品的实践与表演，达到知行合一的目的。

为方便教学，本书配备了相关曲目的音频，读者只需用手机扫一扫书中二维码，就可直接聆听这些曲目。

本书配有电子课件，凡使用本书作为教材的教师可登录机械工业出版社教育服务网www.cmpedu.com下载。咨询电话：010-88379375。

本书可作为高等职业教育本科和专科音乐鉴赏类课程的配套教材，也可作为音乐爱好者的自学教材。

图书在版编目（CIP）数据

音乐欣赏与实践 / 李霞，项蔓主编．— 北京：机械工业出版社，2022.12（2024.9 重印）
高等职业教育公共基础课新形态一体化教材
ISBN 978-7-111-72076-8

Ⅰ.①音… Ⅱ.①李… ②项… Ⅲ.①音乐欣赏-高等职业教育-教材 Ⅳ.① J605

中国版本图书馆CIP数据核字（2022）第217332号

机械工业出版社（北京市百万庄大街22号 邮政编码100037）
策划编辑：杨晓昱 责任编辑：杨晓昱
责任校对：史静怡 王 延 封面设计：马精明
责任印制：邓 博
北京盛通数码印刷有限公司印刷

2024年9月第1版第5次印刷
184mm × 260mm · 14印张 · 238千字
标准书号：ISBN 978-7-111-72076-8
定价：49.00元

电话服务
客服电话：010-88361066
010-88379833
010-68326294

网络服务
机 工 官 网：www.cmpbook.com
机 工 官 博：weibo.com/cmp1952
金 书 网：www.golden-book.com
机工教育服务网：www.cmpedu.com

前 言

2019年，教育部印发的《关于切实加强新时代高等学校美育工作的意见》中指出，学校美育是培根铸魂的工作，提高学生的审美和人文素养，全面加强和改进美育是高等教育当前和今后一个时期的重要任务。

高职院校的主要任务是向社会输入综合应用型技术技能人才，艺术普及教育在高职院校素质教育工作中有着至关重要的地位和作用，对提高学生审美修养，丰富学生精神世界，激发学生创新意识，促进学生健康全面成长具有重要而独特的作用，也是学校实施美育教育、全面提升大学生综合素质、培养复合型人才的有效途径。近几年，高职院校艺术普及教育不断深入，越来越注重对大学生音乐艺术能力的塑造，从培养大学生的艺术审美价值观出发，在自然、社会等其他领域以及艺术层次上丰富学生的精神生活，以此来促进学生的全面发展。

本书在编写过程中，注重突出以下特色。

第一，针对高职院校学生艺术欣赏水平普遍不高、基础知识薄弱的现实，为体现“以学生为中心”的编写理念，满足不同的学习方式要求，本书遵循“基本概念讲解—经典作品欣赏—编创与活动”的编写体例，力求用深入浅出和丰富有趣的方式普及大学生的艺术欣赏知识。其中，“编创与活动”模块旨在帮助学生即学即用，在实践中深入领会所学的欣赏知识。

第二，针对学生专业与基础不同、层次与兴趣不一、教学时间有限、教学内容涉及多个学科等情况，本书精选了大学生应知的各时期、各流派、各民族的经典作品作简要介绍，并对作品进行了相应的欣赏分析，传颂经典乐章，提升审美情趣，从而培养学生正确的人生观、价值观和审美观。

第三，为体现“做中学，做中教”的职业教育理念，真正让学生“动起来”，本书配备了可撕式活页音乐实践手册，主要分为声乐演唱及古筝演奏两大类别，选取了宜教适学的曲目，对曲目进行了实践操作提示，力求使学生积极参与艺术作品的实践与表演，达到知行合一的目的。

本书由李霞、项蔓担任主编，於筱担任副主编，黄轶璠、周夕铌、王雁洁参与编写，由李霞统稿及审定。

本书在编写时参考、借鉴了国内外有关著作，相关音乐作品著作权由中国音乐著作权协会提供，在此一并致谢。

由于编者水平有限，书中仍存在不足之处，衷心希望师生提出宝贵意见，以使本书得到完善和提高。

编　者

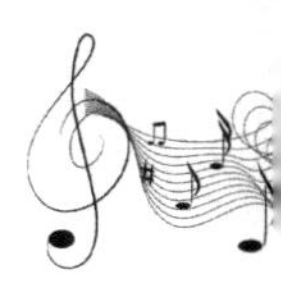

目　录

前　言

扫描音频二维码，
欣赏本书音乐作品。

绪　论 / 001

第一章　音乐理论基础知识 / 008

第一节　音符与乐谱 / 008
第二节　节奏与节拍 / 014
第三节　调的色彩 / 018
第四节　编创与活动 / 023

第二章　歌唱艺术基础知识 / 026

第一节　声乐演唱的类型及分类 / 026
第二节　声乐演唱的训练知识 / 029
第三节　声乐演唱的三种唱法 / 037
第四节　编创与活动 / 048

第三章　中国器乐作品欣赏 / 052

第一节　中国乐器发展史 / 052
第二节　中国乐器的分类与介绍 / 058
第三节　编创与活动 / 073

第四章　外国器乐作品欣赏 / 076

第一节　西方音乐概述 / 076

第二节　西方音乐的体裁与风格 / 084

第三节　编创与活动 / 107

第五章　中外流行音乐欣赏 / 110

第一节　中外流行音乐概述 / 110

第二节　中外流行音乐的分类与介绍 / 114

第三节　编创与活动 / 128

第六章　戏剧欣赏 / 132

第一节　戏剧的基本概述 / 132

第二节　戏剧代表作品欣赏 / 147

第三节　编创与活动 / 167

参 考 文 献 / 170

（注：实践曲目详见本书配套的《音乐实践手册》。）

CONTENTS

绪 论

音乐是人类艺术中最古老的一门艺术，它不仅是一门艺术，更是伴随人类出现而产生的一种社会现象和社会产物。关于人类社会的音乐究竟是从什么时候起源的，已无从考证。在人类社会还没有产生语言时，就已经知晓用声音的强弱、高低来表达自己的思想及情绪。远古时期，随着人类劳动的产生和发展，逐渐产生了用于统一劳动节奏和步伐的口号，以及部落族群相互间传递信息的呼喊，这就是最原始的音乐雏形。当人们驱赶野兽、庆祝丰收及分享劳动成果时，开始用敲打木器、石器等来表达欢乐、喜悦之情，这就是原始乐器的雏形。

古往今来诸多音乐史家对音乐的起源做过不同的研究与论说，大致可分为情感说、劳动说、巫术说三类。

在西汉，《礼记·乐记》中就有提到“凡音之起，由人心生也。人心之动，物使之然也。感于物而动，故形于声。声相应，故生变；变成方，谓之音；比音而乐之，及干戚羽旄，谓之乐。”意思是大凡音乐的本初，是由人内心的感动而产生的。人内心的感动，是因为外物的触发使其这样的。这印证了音乐起源之情感说，即部分学者认为的音乐起源于情感。

在《吕氏春秋·淫辞》中引翟翦的话说，“今举大木者，前呼舆謣，后亦应之”，意思就是抬大木头的时候，前面的人发出有力而响亮的呼喊，后面的人也用号子应答，说明当时的人们已经开始使用统一口号的方式协作劳动，这也印证了音乐起源之劳动说。总体来说，在针对音乐的起源文献综述中，学者们普遍认为音乐的产生与人类早期的生产劳动密切相关。

音乐除了是人类文化的重要组成部分，也是美育普及的重要手段之一。我国伟大音乐家冼星海曾说：“音乐是人生最大的快乐，音乐是生活中的一股清泉，音乐是陶冶性情的熔炉”。音乐以其独特的音响美、节奏美、旋律美直接强化审美主体的审美感知，丰富人类社会，陶冶高尚情操。

一、音乐的特征

（一）音乐是声音的艺术

音乐是在时间过程中展示的一门听觉艺术，它的基本手段是用有组织的乐音构成具有特定精神内涵的音响结构形式。它很难对客观现实进行描述和再现，但它善于抒发感情。因此，普遍认为音乐是“以声表情”的艺术。如同文学是以文字语言为媒介，是语言的艺术一样，音乐是声音的艺术，这是音乐艺术的基本特征之一。作为艺术，音乐所需要的是具有确定音高的符合规范的“乐音”，而不是一般的自然音响。各种不同音高的乐音，按照一定的意图并遵循一定的规律组织起来，才能成为音乐作品。

（二）音乐是时间的艺术

音乐必须以时间为发生场所，音乐脱离时间便不存在，就像绘画和雕塑必须以空间为发生场所，它们脱离空间亦不存在。“时间艺术”的定义是：某种必须在以时间为发生场所所发生的艺术。音乐作品在时间的不断延续中得以展示，直至结束。因此音乐是时间的艺术，这也是音乐艺术的基本特征。清楚认识到这一点，有助于加深我们对音乐记忆力的培养，加深对音乐更深层次的理解。

（三）音乐是情感的艺术

音乐的表现功能以抒情见长，所以也称音乐是情感的艺术。在学术领域，很早就注意到了音乐与情感的内在联系。成

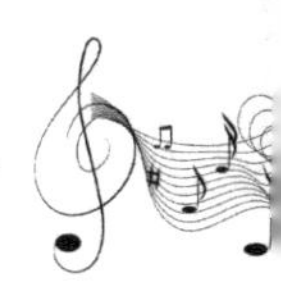

书于汉代的《毛诗序》提到："情发于声，声成文谓之音"，明确指出音乐中的声音是由情感产生而来的。《礼记·乐记》中提到"人心之动，物使之然也。感于物而动，故形于声"，说明人声最具有传达情感的功能，是人的感情最主要、最直接的体现。仔细感受声音的变化，就能感受到人的情感的变化，引起情感共鸣，欣赏音乐便是如此。虽然情感不是音乐所专有，是在一切艺术中普遍存在的，但是音乐本身的特性决定了音乐特别专注于情感的表达。

俄罗斯浪漫乐派作曲家柴可夫斯基认为他写的作品就是他的感受，是内心的直白。19世纪，匈牙利作曲家、钢琴家、指挥家李斯特指出音乐既表达了情感的内容，又表达了情感的强度，情感在音乐中是独立存在的。李斯特提出："艺术家把感情和热情变成可感、可视、可听，并且在某种意义上是可能的东西。"他把情感看作是音乐的基本内容，在大多数情况下，这个观点是可以被我们接受的。音乐不仅凝结了作曲家的情感，也饱含演奏者的情感参与，因而变得更加丰富。

我们听《国际歌》《义勇军进行曲》，能激发出悲壮、义愤及爱国之情；听《中国人民解放军进行曲》《大刀进行曲》，能激发出战斗、冲锋的豪情；听《我和我的祖国》《歌唱祖国》，能感受到自豪和热情；听《真心英雄》《水手》，能让人从困顿颓废中清醒奋起。所以，一首好的音乐作品可以成为激励人们的号角，经久不衰。

（四）音乐是表演的艺术

音乐艺术区别于其他艺术的最根本的特征是，音乐是一种流动的声音艺术。它不像文学、美术、雕塑等，欣赏者可以直接欣赏到创作者的作品，音乐艺术需要音乐表演这个中间环节来作为作曲家和听众之间的纽带。音乐表演是音乐存在的活化机制，无论在何种音乐行为方式中，音乐表演都使整个音乐活动处于激活状态。因此，音乐的表演作为二度创作，就是再次赋予音响动态结构以生命的形式，即充满着丰富情态意味的音乐运动。表演具有赋予作品生命的活化机制，因此又说音乐是表演的艺术。

二、音乐的分类

音乐的分类方式多种多样，按照性质可分为纯音乐、标题音乐、轻音乐等；按照风格可分为古典音乐、流行音乐、民族音乐等；按照使用工具的不同，可分为声乐曲、器乐曲两大类，其中声乐曲中可分为独唱曲、重唱曲、合唱曲、歌剧等，器乐曲可分为管弦乐、铜管乐和打击乐曲等；按照作品体裁形式的不同，又可分成独奏曲、重奏曲、合奏曲、协奏曲等。

三、如何欣赏音乐的美

欣赏音乐的美，是指通过聆听的方式或其他辅助手段，例如阅读作品相关背景资料、演唱乐谱等手段来感悟音乐的真谛，达到官能的欣赏、情感的体验与共鸣，进而达到身心愉悦境界的一种审美活动。欣赏者在欣赏音乐的过程中，也是通过自身的主体意识活动丰富和填充音乐作品本身的过程，欣赏者的阅历、个性、艺术修养、思想情感以及审美情趣的差异，使得同一部作品在不同欣赏者面前会显示出不同的面貌，正如"一千个观众就有一千个哈姆雷特"一样。

从某种层面来说，欣赏音乐也可以是一个非常简单的问题，只要欣赏者喜欢听就行。经常会听到很多人说："音乐好，就是听不懂。"何谓懂，何谓不懂呢？一首音乐名曲，欣赏者只要觉得好听，能被之感动，产生情绪上的共鸣，其实就可以称之为"懂"，至于理解作品的曲式、调性、主题、背景，是更深层的"懂"。欣赏者首先要觉得好听，能被这音乐感动，在被感动之后，才会有想法、有意愿去思考为什么这音乐让人感动万分，才会有进一步了解音乐的渴望。

音乐欣赏的过程是由浅到深，由感官到理性的，大体可分为从感性认识（浅层次的被作品感动）到理性认识（探究作品技术层面的理论知识），又回到感性认识（深层次理性的共鸣）这样三个阶段，这也是欣赏音乐的必经之路。理性的分析和认知作品有助于聆听者更好地完成音乐欣赏的三个阶段，从而与作品达到更深层次的共鸣。因此，想要更好地理解一部音乐作品，还是要先学习和理解音乐的表现手段，以助于对音乐作品进行主观的分析和理解，例如，学习节奏、旋律、音色、和声

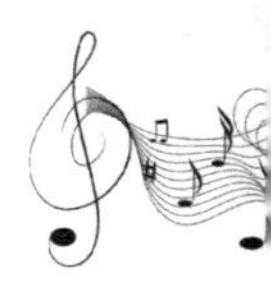

和曲式在音乐作品中的概念和意义。

（一）节奏

节奏是音乐活力的来源，常被比喻为音乐的骨骼，指把一段无序的节拍流组合成不同的模式，对长短不同的部分按照一定的规律进行整合，简而言之，就是按照强弱组织起来的音的长短关系。节奏与旋律密不可分，旋律行进中的快慢、缓急、动静、长短、强弱、断连，以及乐段、乐句之间的平衡比例关系，都属于节奏。

在我们的生活中也充满了各式各样的节奏。例如，人的呼吸和脉搏跳动带有规律均匀的节奏；人们散步的节奏是舒缓悠闲的，而人们奔跑的节奏是急促有力的。音乐中的节奏就是从生活中提炼并加工而来，例如，进行曲的节奏雄壮、稳健，和部队行军的节奏非常相似；小步舞曲的节奏轻快、优雅，和法国早期的宫廷舞蹈一样，让人听了就想舞蹈。所有的音乐作品都具有属于符合作品风格的节奏特征，在同一首作品中，节奏又是可以不断进行变化的，这些节奏特征赋予音乐鲜明的旋律色彩。

（二）旋律

旋律是音乐的灵魂和基础，是音乐的首要要素，通常指若干乐音经过艺术构思而形成有组织、有节奏的序列，是按一定的音高、时值和音量构成的、具有逻辑因素的单声部进行的。旋律将所有的音乐要素，如调式、音高、节奏、节拍、强弱等有机结合在一起，各种音乐要素在不同的乐曲中所占的意义各不相同，有时节拍节奏意义突出，有时音高音色意义更为突出，其表现作用各不相同。旋律的表现是有迹可循的，它如同说话的语调，能表达各种思想情绪。例如，表达生活中的叹息、悲声的情绪时，大多用下行的旋律表现；而音调旋律向上行进，往往表现出情绪的激动、兴奋；音程关系大、音符时值短的旋律往往表现出活泼、愉悦的情绪；音程关系小、音符时值长的旋律则表现出平静、舒缓的情绪等。

（三）音色

音色是某种产生音乐的特殊媒介所产生的音质，主要是指不同的乐器或人声的音质，就像是绘画中的色彩，音色是音乐中构成美和表现美的重要组成元素。人们对音色的审美体验是在思维与音乐整体产生的互动中获得的，音色的独特品质和无限潜力发挥了巨大的作用。对于音色的记载，早在春秋时期就有“歌者在上，匏竹在下，贵人声也”（《礼记·郊特牲》）的说法，可见古代时期已开始分辨音色，崇尚人声自然的审美情趣。

音色主要分为人声音色和乐器音色两大类，这些音色都是丰富多彩的。例如，人声有男高音、女高音、男低音、女低音、童声等，乐器有各种拨弦乐器、拉弦乐器、键盘乐器、打击乐器、吹管乐器等，这些声音都具有各自不同的音色特性。除乐器本身的色彩外，演奏者也能够赋予乐器更丰富的音色内容，例如，音色的温暖、委婉、浑厚、热情、轻灵、忧郁等。正如大多数正常人能区分红色和蓝色一样，对音乐欣赏者来说，区分音色也应是必须具备的能力之一，例如区分男低音和女高音，大号和大提琴，古筝和琵琶等。

（四）和声和曲式

和声是指两个或两个以上不同的音按一定规律同时结合发出音响，和弦进行的强和弱、稳定与不稳定、协和与不协和等构成了和声的功能体系，具有渲染的效果。和声的功能作用直接影响节奏的松紧、力度的强弱和动力的大小。

曲式是指音乐作品结构。曲式多种多样，有固定的，也有自由的，一般分为小型曲式和大型曲式。小型曲式包括一部曲式、二部曲式、三部曲式等；大型曲式包括变奏曲式、回旋曲式、奏鸣曲式等。大多数曲式都已形成固定的结构形式。了解音乐作品的曲式结构有助于了解音乐展现的来龙去脉。德国哲学家黑格尔曾经说过：“音乐和建筑最相近，因为像建筑一样，音乐把它的创造放在比例和结构上。”所以，音乐的美也包括结构的美。这种结构就是曲式结构，尤其是音乐作为时间的艺术，在欣赏过程中，更应掌握曲式这门音乐知识，这样才能在音乐随时间展现完以后，全面地回顾音乐作品的整体，而不致被作品中某个和弦、旋律、片断所吸引而忘却全部作者和作品

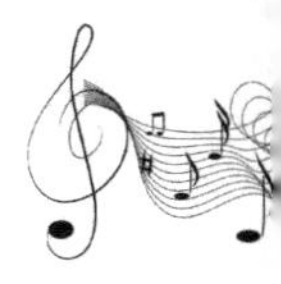

的时代背景。

要对一个音乐作品进行全面的领略，最终获得完美的艺术享受，除了了解音乐的基本要素，掌握必备的基础知识之外，作为欣赏者还应更多尽可能地去了解作品的民族特征、作品的历史文化背景、作者的创作个性、作品标题的内容、音乐语言的表现功能等。除此之外，欣赏者也应该多去了解其他艺术种类，例如文字、诗歌、美术、舞蹈、武术、戏剧等。这些非音乐的艺术对于音乐的理解同样会产生很多辅助作用，也更有助于提升个人自我修养。

欣赏音乐只有多听、多体会、多分析，才能逐步地形成“音乐的耳朵”。有了“音乐的耳朵”，音乐才会带给欣赏者巨大的精神财富，带来无穷无尽的美的享受。

第一章 音乐理论基础知识

第一节 音符与乐谱

音乐主要是由高低、长短不同的乐音组成，本章我们将学习音符、时值长短、简谱与五线谱对照的方式。

一、认识音符

音符是指记录乐音及其时值长短的符号，常见的有五线谱和简谱两种记录方式。这些音符有两种名称，一个是唱名，即分别唱为：do、re、mi、fa、sol、la、si。另一个是音名，国际上用 C、D、E、F、G、A、B 七个字母来表示，如图 1-1 所示。

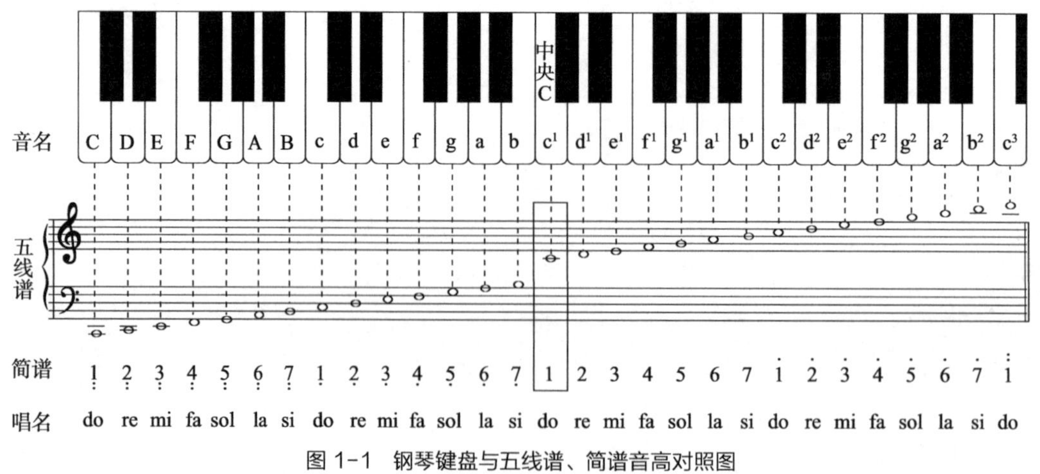

图 1-1 钢琴键盘与五线谱、简谱音高对照图

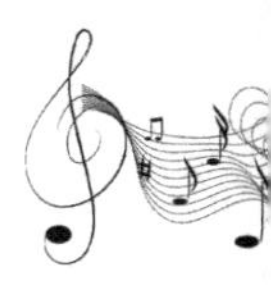

二、认识简谱

在简谱中，以阿拉伯数字“1、2、3、4、5、6、7”作为基本音符。对音符高低的记法，均采用在数字上方或者下方加小圆点的方式来表现；对音符长短即时值的记法，均采用在数字后面或下方添加横线的方式来表现。

1. 音符高低的记法

添加在基本音符上方的小圆点（见图 1–2），叫作高音点；添加在基本音符下方的小圆点（见图 1–3），叫作低音点。添加一个小圆点，表示将该音升高或降低一个八度；添加两个小圆点，则表示将该音升高或降低两个八度。

	$\dot{1}$	$\dot{2}$	$\dot{3}$	$\dot{4}$	$\dot{5}$	$\dot{6}$	$\dot{7}$
1 = C	c^2	d^2	e^2	f^2	g^2	a^2	b^2
	$\ddot{1}$	$\ddot{2}$	$\ddot{3}$	$\ddot{4}$	$\ddot{5}$	$\ddot{6}$	$\ddot{7}$
1 = C	c^3	d^3	e^3	f^3	g^3	a^3	b^3

图 1–2　高音点的写法

	$\underset{\cdot}{1}$	$\underset{\cdot}{2}$	$\underset{\cdot}{3}$	$\underset{\cdot}{4}$	$\underset{\cdot}{5}$	$\underset{\cdot}{6}$	$\underset{\cdot}{7}$
1 = C	c	d	e	f	g	a	b
	$\underset{:}{1}$	$\underset{:}{2}$	$\underset{:}{3}$	$\underset{:}{4}$	$\underset{:}{5}$	$\underset{:}{6}$	$\underset{:}{7}$
1 = C	C	D	E	F	G	A	B

图 1–3　低音点的写法

2. 音符长短的记法

在简谱中，基本音符代表一个四分音符即一拍的长度，所以，在数字的后方每增加一条横线（见表 1–1），即表示该音符增长一拍。在数字的下方每增加一条横线（见表 1–2），则表示减少原音符时值的一半。

表 1-1　增长时值的写法

音符	6	6 –	6 – –	6 – – –
时值	一拍	两拍	三拍	四拍

表 1-2　减少时值的写法

音符	6	$\underline{6}$	$\underline{\underline{6}}$
时值	一拍	二分之一拍	四分之一拍

3. 调号与拍号的记法

在简谱中，调号常用 1 = C、1 = A 等来表示，一般标记在乐谱的左上方。拍号标记在调号的右边，如图 1-4 所示。

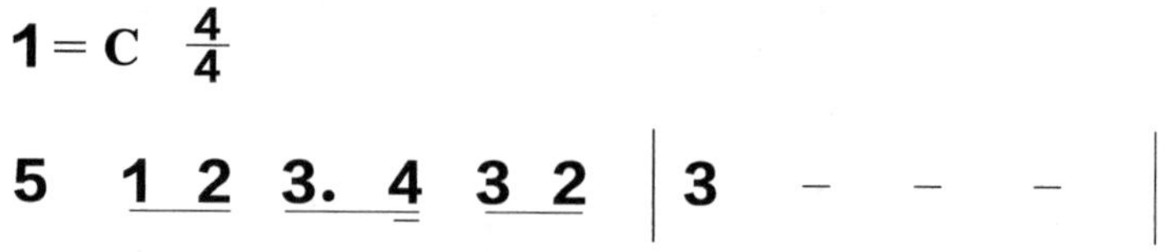

1 = C $\frac{4}{4}$

5 $\underline{1\ 2}$ $\underline{3.\ \underline{4}}$ $\underline{3\ 2}$ | 3 – – – |

图 1-4　调号与拍号的记法

4. 附点音符及休止符的记法

在音符的右边加上一个小圆点，称为附点音符。常见的有附点全音符、附点二分音符、附点四分音符、附点八分音符等。

简谱中的休止符用阿拉伯数字“0”表示。在简谱中，休止符一般不加附点，而是用相当于附点时值的休止符来代替。

三、认识五线谱

在五线谱中，由五条距离相等的平行线、上加线或下加线与音符、谱号来记录音的高低长短。音符、调号、拍号的记法如图 1-5 所示。

1. 音符与休止符的记法

在五线谱中用音符来代表乐音。如图 1-6 所示，音符分为符头、符干、符尾三个部分。符头有空心和实心两种，有的音

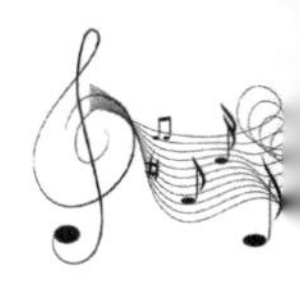

符仅有符头，有的有符头与符干，有的还增加了符尾。

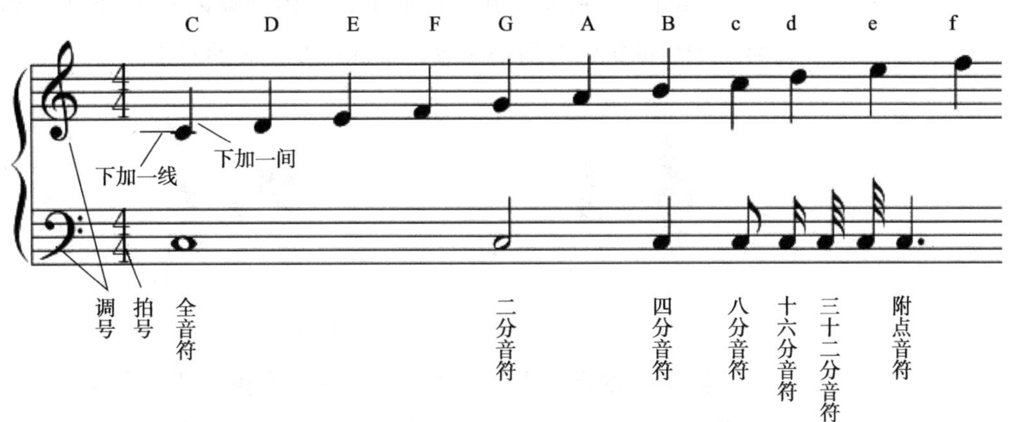

图 1-5 音符、调号、拍号的记法

常见的音符有全音符、二分音符、四分音符、八分音符、十六分音符、三十二分音符等。另外还有相对应的常见的休止符。在音符或休止符的右方还可以通过增加附点的方式来延长音符或休止符的时值，具体指增加该音符或休止符原时值的一半，加了附点以后，分别称为“附点音符”和“附点休止符”。

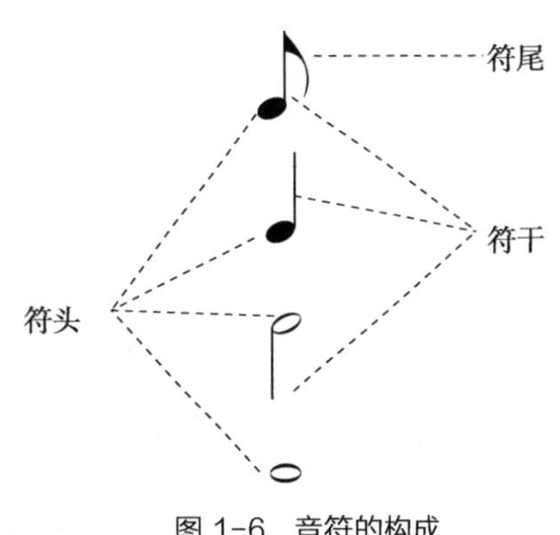

图 1-6 音符的构成

2. 谱号的记法

在五线谱中用于确定各线与间中音的高度和音级名称的记号，叫作谱号。谱号常写在五线谱的左端，现常使用的谱号有 G 谱号、F 谱号和 C 谱号，如图 1-7 所示。

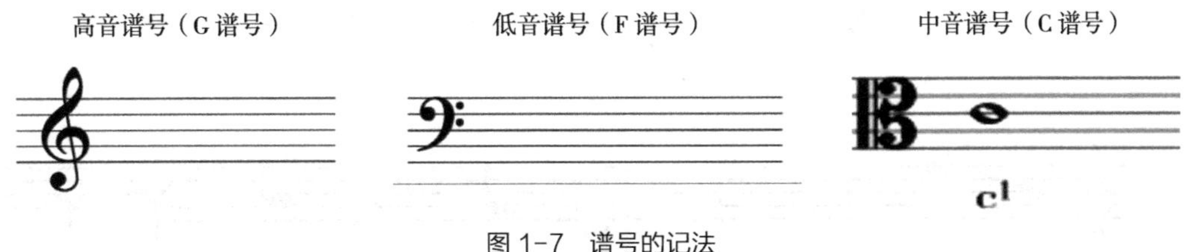

图 1-7 谱号的记法

3. 调号和拍号的记法

如图 1–8 所示，在五线谱中，常用升降记号 #、b 表示调号。拍号的记法与简谱一致，常标记在谱表的左边。

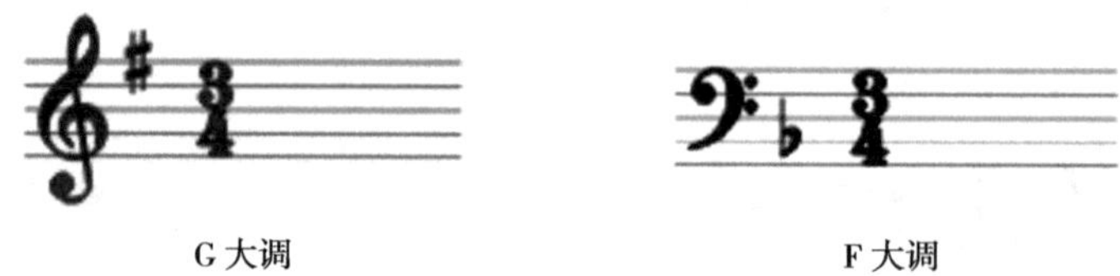

图 1–8　调号和拍号的记法

除了基本音级以外，都存在有变化音级，即升高或降低基本音级而得来的音。变化音级是通过写在基本音级的音名左上方的变音记号（#、b、x、bb 等记号）来表明，在简谱及五线谱中变化音级的写法一致。变音记号有以下五种类型：

1）升记号："#"表示将基本音级升高半音。

2）降记号 ："b"表示将基本音级降低半音。

3）重升记号 ："x"表示将基本音级升高两个半音（一个全音）。

4）重降记号："bb"表示将基本音级降低两个半音（一个全音）。

5）还原记号 ："♮"表示将升高或降低的音恢复到原来的高度。

在简谱与五线谱中的具体写法如图 1–9 所示。

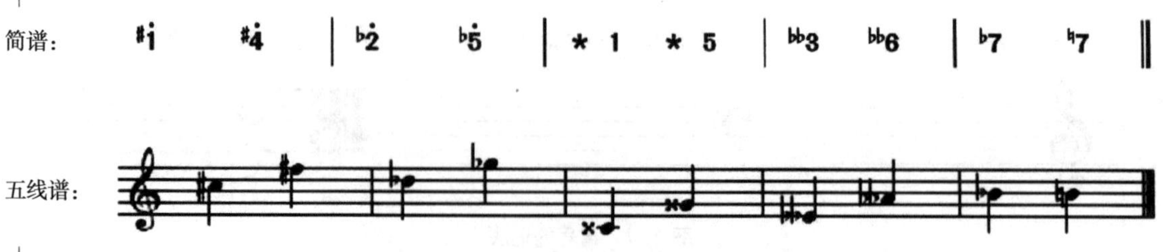

图 1–9　变音记号在简谱与五线谱中的写法

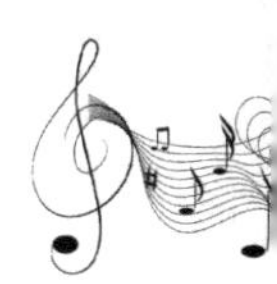

4. 音符与休止符的识记

关于五线谱的音符与休止符的识记口诀，有以下几句口诀可帮助记忆：

全音符一个圈，二分音符加符干；四分音符黑符头，加个符尾短一半。

全休止倒挂一，二分休止横卧一；四分休止像反“3”，八分休止像正“7”。

为方便记忆和对比参照，常见的音符及休止符在简谱与五线谱中的记法可参考表 1–3。

表 1–3　简谱与五线谱对照表

名称	五线谱记法	时值 （以四分音符为一拍）	简谱记法
全音符	𝄞 𝅝	四拍	5 — — — （或 5 5 5 5）
二分音符	𝄞 𝅗𝅥	二拍	5 — （或 5 5）
四分音符	𝄞 ♩	一拍	5
八分音符	𝄞 ♪	$\frac{1}{2}$ 拍（半拍）	$\underline{5}$
十六分音符	𝄞 𝅘𝅥𝅯	$\frac{1}{4}$ 拍（四分之一拍）	$\underline{\underline{5}}$
全休止符	𝄻	四拍	0 0 0 0
二分休止符	𝄼	二拍	0 0
四分休止符	𝄽	一拍	0
八分休止符	𝄾	$\frac{1}{2}$ 拍（半拍）	$\underline{0}$
十六分休止符	𝄿	$\frac{1}{4}$ 拍（四分之一拍）	$\underline{\underline{0}}$

注：简谱在音符的后面每加一条短横线表示增加一拍的长度。

附点音符——记在音符（或休止符）右侧的小圆点，表示将这一个音符的时值延长二分之一（或者说附点的时值是它左边音符长度的$\frac{1}{2}$）

附点二分音符	𝄞 𝅗𝅥.（即 𝅗𝅥‿♩）	三拍	5 — —
附点四分音符	𝄞 ♩.（即 ♩‿♪）	$1\frac{1}{2}$ 拍（一拍半）	5•（或 5 $\underline{5}$）

（续）

附点八分音符	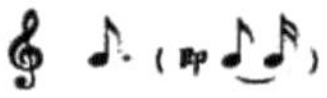 𝄞 ♪.（即♪‿♬）	$\frac{3}{4}$拍（四分之三拍）	$\underline{5}$•
附点二分休止符	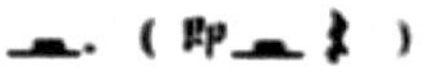 𝄼.（即𝄼 𝄽）	三拍	0 0 0
附点四分休止符	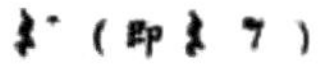 𝄽.（即𝄽 𝄾）	$1\frac{1}{2}$拍（一拍半）	0•（或0 $\underline{0}$）
附点八分休止符	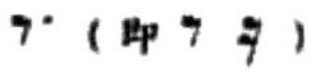 𝄾.（即𝄾 𝄿）	$\frac{3}{4}$拍（四分之三拍）	0•（或$\underline{0}$ $\underline{\underline{0}}$）

第二节　节奏与节拍

在音乐中，节奏与旋律、和声共称为构成音乐的三大要素，节奏可谓是音乐生命的源泉。在我们的生活中，一切事物都伴随着一定的节奏运动着，例如心脏的跳动、呼吸的起伏、海浪的潮汐、日出日落等。

一、认识节奏、节奏型

节奏指的是音的长短、强弱有组织地进行，它是音乐在时间上的组织，对音乐内容与情绪的表达起着至关重要的作用。相同时值的不同音符在强拍和弱拍上有规律地循环出现，叫作节拍。两者经常是同时存在的，脱离节拍的节奏较为少见，如戏曲或民歌中出现的散板。

节奏型指的是在乐曲中具有典型意义，往往一再重复的节奏组合。节奏型在音乐表现中就像是具有不同活力的细胞，往往代表着作品的风格特征。例如，我国维吾尔族就常用一拍切分和一个二八节奏组合的节奏型，伦巴舞曲常用两拍切分和连续两个二八节奏组合的节奏型等。

二、认识小节、拍子与拍号

在乐谱中，由一个强拍到下一个强拍之间，往往划作一个小节，在每个小节结束的地方画一条垂直的竖线，称为小节线，它起着标明乐曲强拍位置的作用。在乐曲某一个段落的结

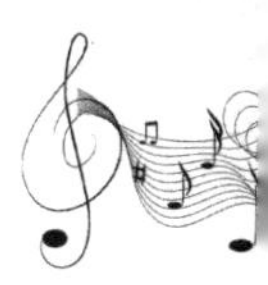

束处画两条垂直的双竖线（粗细一致），称为段落线。在乐曲结束的地方，画两条垂直的双竖线（左细右粗）表示整首作品的结束，称为终止线。如图 1–10 所示。

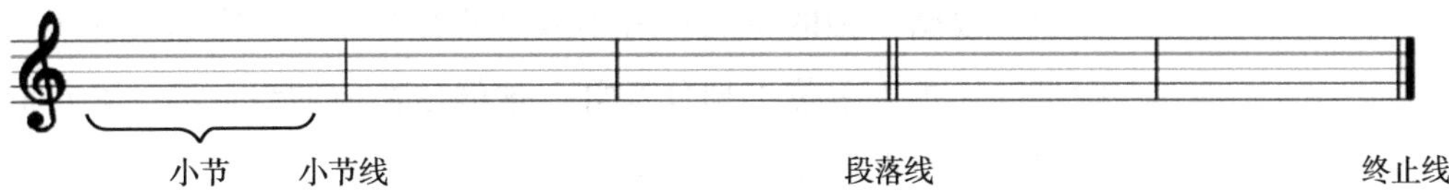

图 1–10　小节线、段落线、终止线的写法

在乐曲中，将不同的节拍单位（如四分音符、八分音符等）按照一定的强弱规律组合起来称为拍子。拍是组成拍子及小节的基本单位，小节是构成乐句的基本单位，乐句则是构成乐段及整首乐曲长度的基本单位。

在记谱法中，用来表示拍子的记号便是拍号。拍号的写法借鉴了数学中的分数形式，如图 1–11 所示。具体含义是横线上的数字代表每小节的拍数，横线下的数字代表以哪种音符为一拍。例如，2/4 拍表示以四分音符为一拍，每小节两拍；3/8 拍表示以八分音符为一拍，每小节三拍。在五线谱的记法中，也常用“C”表示 4/4 拍。

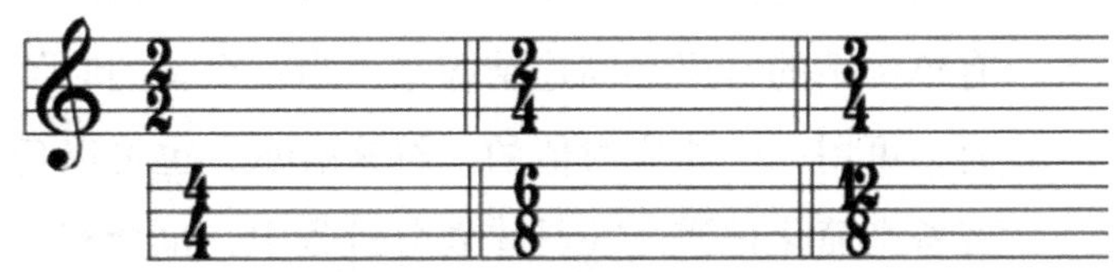

图 1–11　拍号的写法

每一种拍号都代表着特定的强弱规律，拍子常分为单拍子、复拍子及混合拍子三种类型。每种拍子的强弱规律各不一样，具体如表 1–4 所示。

表 1–4　常见的拍子分类及拍子的强弱规律图

拍类		音符	强弱规律	拍号	读法
单拍子	一拍	5	●	1/4	四一拍
	二拍	5 － 5 －	● ○	2/2	二二拍
		5 5	● ○	2/4	四二拍
	三拍	5 5 5	● ○ ○	3/4	四三拍
		5 5 5（下划线）	● ○ ○	3/8	八三拍
复拍子	四拍	5 5 5 5	● ○ ◐ ○	4/4	四四拍
	六拍	5 5 5 5 5 5（下划线）	● ○ ○ ◐ ○ ○	6/8	八六拍

注：●表示强、◐表示次强、○表示弱。

三、节奏音值的组合法

为了演唱或演奏者易于辨认和掌握各种节奏型，在记谱过程中，根据节拍的特点将每小节内的音符按照一定的规律（一般是以一拍为单位）划分音群，这就是音值的组合法。音符时值划分的基本形式如图 1–12 所示。

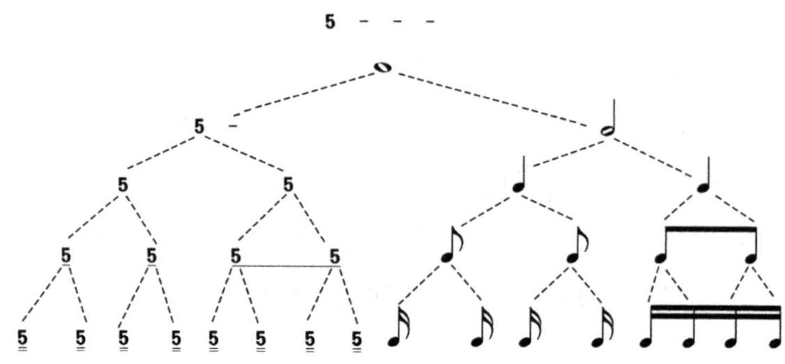

图 1–12　时值划分图

在具体的划分中，常以一拍为单位，将一拍内的音符符尾连结在一起。若某个单位拍的时值低于一拍时，则将小节中所有单位拍的符尾共同连结起来。当一个音的时值占满整个小节时，可用一个相应时值的音符来表示，也可以巧妙地运用附点音符来简化记谱。在具体划分过程中，也会有一些特殊划分的形式，如弱起节奏的划分、三连音、五连音的划分、跨小节切分音的划分等。

特殊划分形式中的连音符号，指将音值自由均分，其数量与基本划分不一致，则用连音符标记。连音符有三连音、五连音、六连音、七连音等。三连音指将一拍的音值平均分成三部分来代替两部分，即形成三连音，常用数字“3”进行标记，特殊划分形式如图 1–13 所示。

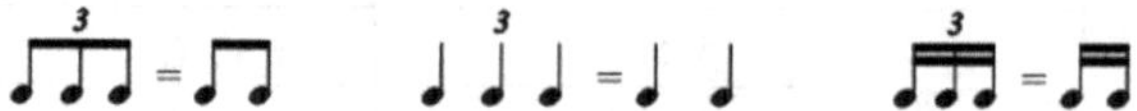

图 1–13　三连音划分图

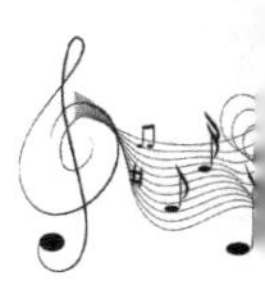

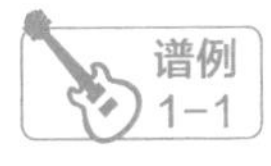

含有三连音歌曲的谱例：

聂耳曲《义勇军进行曲》

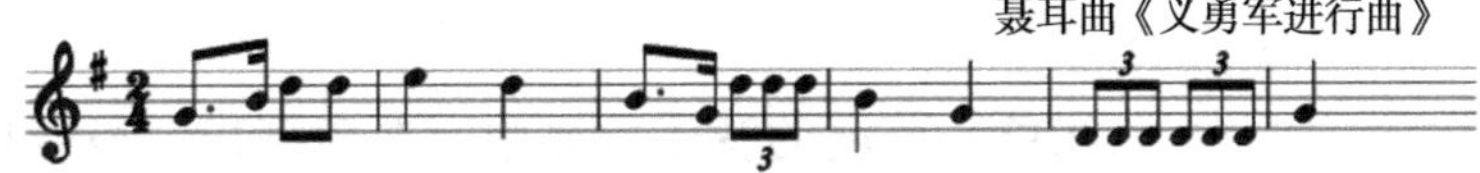

四、击拍与指挥图示

在乐曲演唱或演奏时，我们常要用打拍子的方式来掌握作品的节奏速度。对于初学者，尤其强调这一点。击拍法是最为简单的一种打拍子的方法，用手轻轻敲击或拍打它物，一下一上则为一拍，具体每种音符对应的节拍数如表 1–5 所示。

表 1–5　音符对照击拍图示

常用音符	在以四分音符为一拍的拍号中占用的时值		在以八分音符为一拍的拍号中占用的时值	
♪	$\frac{1}{2}$	↘ 或 ↗	1	
♩	1		2	
♩.	$1\frac{1}{2}$		3	
𝅘𝅥𝅯	$\frac{1}{4}$		$\frac{1}{2}$	↘ 或 ↗

击拍过程中需要注意的是，拍号的不同直接影响着音符及休止符时值的不同。

除了简易击拍法之外，在乐团进行演奏时，指挥常用的是更为专业的挥拍方式。大部分指挥都是通过右手的指挥棒来打拍子。不同的节拍，挥舞指挥棒的方式有很大区别，这称作指挥图示。常见的拍子指挥图示如图 1–14 所示。

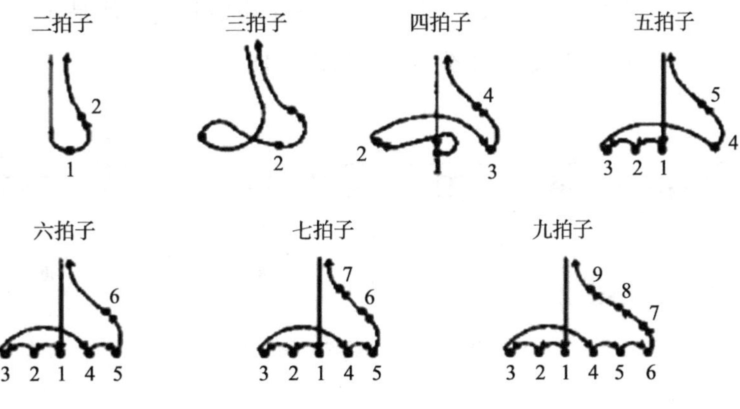

图 1–14　拍子指挥图示

第三节　调的色彩

在色彩斑斓的音乐世界中，要表现出一段音乐、一首作品的艺术形象和音乐性格，仅依靠单调的音符和节奏型组合是难以实现的。因而，需要把一定关系的音符按照一定的规律连结在一起，并以其中的一个音为中心（称为调式的主音）组成一个乐音体系，这样的关系就叫作调式。在调式中，起着支撑作用、带给人稳定感觉的音叫作稳定音，反之，带给人不稳定感觉的音叫作不稳定音。在调式体系中，旋律从不稳定音根据其倾向进行到稳定音上，叫作音的解决。每首乐曲的结束都要解决到稳定音上，只有这样的结束才是让人愉悦且肯定的。

一、西洋调式

（一）西洋调式简介

西洋调式通常分为大调式和小调式，大小调式都由 7 个自然音级组成。区分调式的关键点在于各级音与音之间的距离关系，大调式的七个音级之间构成的是“全 – 半 – 全 – 全 – 半 – 全 – 全”的关系，而小调式的七个音级之间构成的是“全 – 全 – 半 – 全 – 全 – 全 – 半”的关系。音与音之间的关系不一样，调式的主和弦就不一样，这决定了不同调式的音乐的性质和色彩不一样。调的名称以主音和调性命名，如主音是 C 的大调式，便是 C 大调；主音是 a 的小调式，便是 a 小调。两种调式音程关系如图 1–15 和图 1–16 所示。

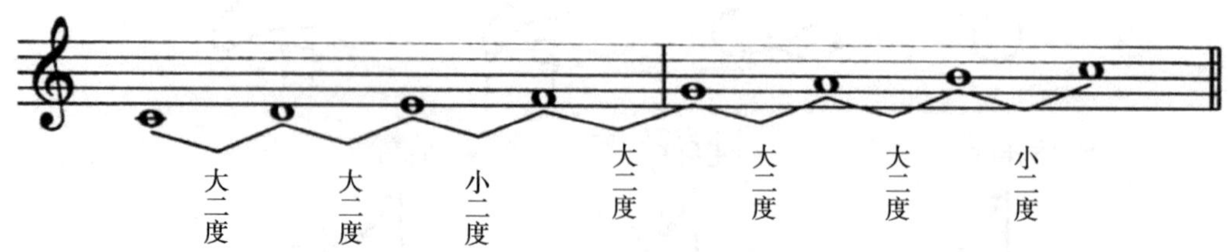

图 1–15　C 自然大调

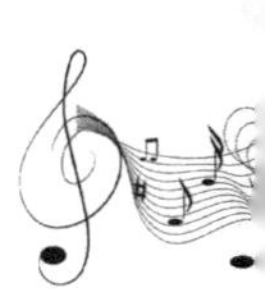

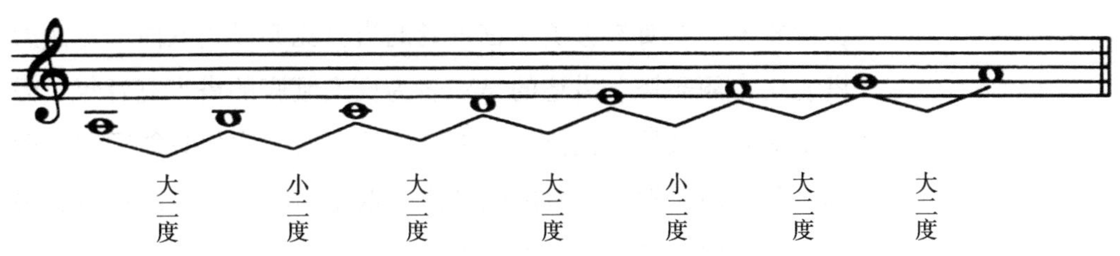

图 1-16 a 自然小调

大调式旋律的作品，因为其调式的主音和它上面每个音的内部关系有三个大音程（1–3 级大三度，1–6 级大六度，1–7 级大七度），而决定了这种调式的音乐作品具有明亮的色彩，常用来表现雄伟壮观、庄严神圣、刚强乐观、喜悦欢快的情绪。例如，《国际歌》《军队进行曲》《我爱你中国》等。

小调式旋律的作品，因为其调式的主音和它上面每个音的内部关系有三个小音程（1–3 级小三度，1–6 级小六度，1–7 级小七度），而决定了这种调式的音乐作品具有柔和的色彩，常用来表现温柔、忧郁、悲凉、沉思、回忆的情绪，与大调式作品有着截然不同的色彩。例如，我国新疆维吾尔族的《青春舞曲》《掀起你的盖头来》、塔吉克族民歌《花儿为什么这样红》，以及俄罗斯民歌《莫斯科郊外的晚上》等。

除了单一大小调式的作品，也有融合两种调式为一体的作品。在音乐史上，很多伟大的作品都融合了大小调两种调式色彩。例如，贝多芬的 c 小调第五交响曲“命运”的开头第一乐章是 c 小调，而结束部分的第四乐章则是 C 大调，表现的便是遭遇不幸到战胜坎坷的人生境遇，赞颂了个人与命运的抗争之路。研究发现，在巴赫的作品中，就算全曲基本都用小调呈现，结尾也多半会结束在大调的和弦上，先抑后扬的创作手法，往往会使作品得到升华。

除了自然大小调，在音乐的调性分析中，还存在有和声大小调、旋律大小调等。

音频 1-1

（二）小调式作品《花儿为什么这样红》

1. 作品简介

《花儿为什么这样红》是电影《冰山上的来客》中的一首著名插曲，由雷振邦先生将传统塔吉克民歌改编而成，歌曲流传至今，已成为塔吉克民族的文化瑰宝。该插曲表现的是一名驻守新疆唐古拉山的解放军边防战士，同当地一名姑娘的一段爱情故事。主要参考了一首古老的塔吉克族民间歌曲《古丽碧塔》。《古丽碧塔》讲述的是一名为商人赶脚的塔吉克青年，爱上了喀布尔城的一位公主，但遭到了反对，青年只能顺着古丝绸之路流浪，把优美凄凉的歌声传遍了所有他路经的地方，最后传回到帕米尔高原他的故乡。

花儿为什么这样红

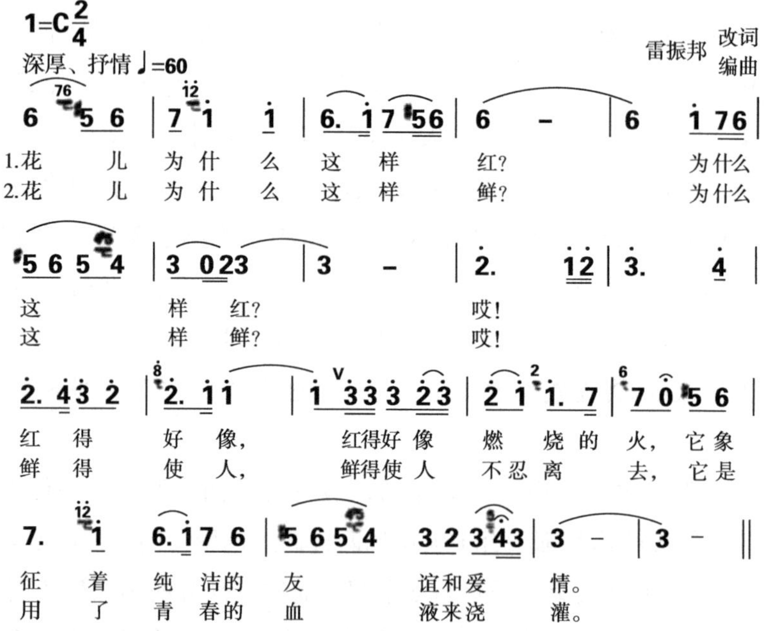

2. 欣赏提示

从作品调式结构上来看，旋律从小调主和弦主音开始，结束在主和弦五音上，曲调中装饰音的加入给旋律带来了鲜明的塔吉克族民族特色，该作品为典型的小调式。该首作品为不对称的三句体乐段结构，曲调中加入变化音形成增二度的旋律进行，突出了塔吉克民族的音乐色彩，在调性安排上非常传统与规范，很好地体现了乐曲的情绪层次与起伏。歌词上保持了新疆塔吉克族民间诗歌的特色，以花象征友谊和爱情，自问自答，简洁明了又诚恳殷切，曲调婉约流畅、富于歌唱性，情感真挚地赞美了友谊和爱情。

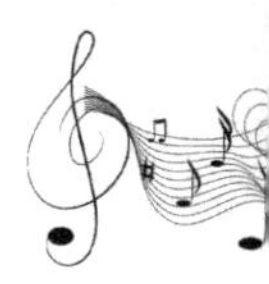

二、中国五声调式

（一）五声调式简介

五声调式是我国古代和民族民间音乐中广泛存在的一种特有的调式，在国际上常被称为“中国调式”或“民族调式”。五声指的是调式中的五个音，这五个音分别叫作“宫、商、角（jué）、徵（zhǐ）、羽”，从唱名法来说指的是 do、re、mi、sol、la，五音之间根据五度相生而来。用这五个音进行排列，从宫音开始到羽音结束，构成的音阶称作五声音阶，如图 1-17 所示。

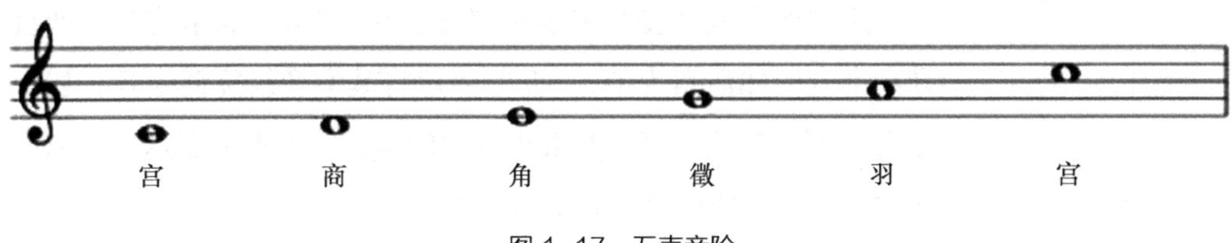

图 1-17　五声音阶

在五声调式中的五个音都可以成为调式的主音，称为同宫音系统调式，例如 C 宫调式（见图 1-18）是以 C 为宫音，同宫系统调式则可分为五个调式，即 C 宫调式、D 商调式、E 角调式、G 徵调式以及 A 羽调式。通常来说，宫调式和徵调式的色彩比较明亮，接近大调式的特点；羽调式和角调式的色彩比较暗淡，接近小调式的特点；而商调式则介于两者之间。

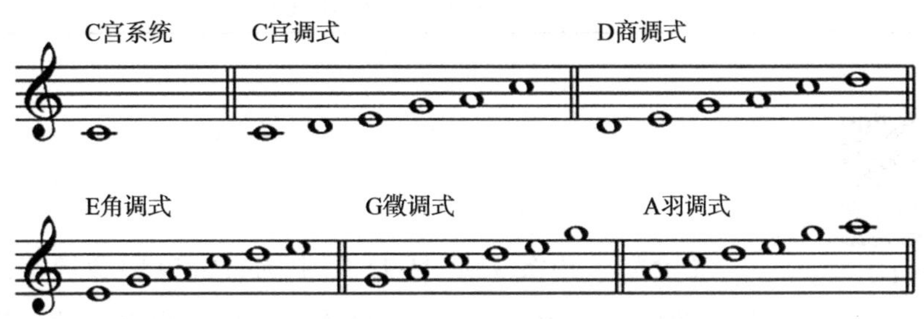

图 1-18　C 宫系统调式图

在中国的传统音乐中，大多仅使用宫、商、角、徵、羽五个音，这五个音被称为正音。因其调式中不含有像大小调式中的小二度音程（半音关系），使得在音程关系中就缺少了增四度和减五度这种具有不协和音乐特性的音程，因此旋律总体较为流畅、平和，易于传唱。从古至今，我国大量的音乐作品中都运用了五声调式，它是中国音乐创作中最为基础的元素，对中国的音乐文化发展也产生了非常深远的影响。例如，《康定情歌》《沂蒙山小调》《草原上升起不落的太阳》《茉莉花》《乌苏里船歌》《红梅赞》《唱支山歌给党听》等，均是采用了五声音阶的作品。这些作品都有着浓郁的地域风情和文化特征，色彩丰富，旋律哼唱起来也是朗朗上口，让人过耳不忘。

在民族五声调式中，fa 和 si 这两个音也并不是绝对不使用，有些时候也会把这两个音放在弱拍或一带而过，或作为倚音等装饰音来使用，所以这两个音也被称为偏音。在五声调式的基础上，用“清”或“变”来表示变化音级，“清”表示将基本音级升高半音，如清角为 fa；“变”表示将基本音级降低半音，如变宫为“si”。如此一来，在五声音阶的基础上就形成了六声、七声调式，具体比较如表 1–6 所示。

表 1–6　五声、六声、七声调式比较图

调式类别	调式音阶	偏音	音程关系
五声调式	宫、商、角、徵、羽	无	大小三度、大小六度、纯四、纯五度等
六声调式	宫、商、角、徵、羽	清角（4）或变宫（7）	增加：小二度
七声调式	宫、商、角、徵、羽	清角（4）和变宫（7） 变徵（#4）和变宫（7） 清角（4）和闰（b7）	增加：增四、减五度

音频 1–2

（二）五声调式作品《沧海一声笑》

1. 作品简介

《沧海一声笑》是 1991 年中国香港电影金像奖最佳原创电影歌曲。1990 年，词曲作家黄霑受命为徐克的电影《笑傲江湖》谱曲，写了六稿，徐克都不满意，无奈之中，黄霑随意翻阅古书《乐志》，看到一句话，“大乐必易”。心想最“易”的莫过于中国五声音阶（宫、商、角、徵、羽），就反用改成“羽、徵、角、商、宫”，到钢琴前一试，婉转动听，声色悠扬，颇具中国古曲风韵，于是就顺着写出了整条旋律，这就是

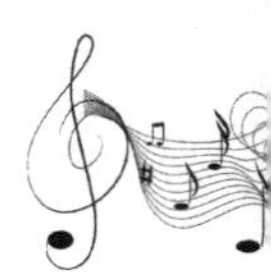

今天大家听到的《沧海一声笑》了。

2. 欣赏提示

这首作品展示了中国传统音乐美学思想中特有的自然形式，对后世有深远影响。中国五声音阶是乐律的溯源之本，是我国传统的民族调式。《沧海一声笑》没有西方音乐的华美，亦没有现代东方音乐的繁复，它用中国传统古乐的音阶技法，自然而成一种清新简洁之美。全曲的主题框架由五个小节构成，这五小节打破常规的创作手法，采用五声音阶倒置的创作手法。“羽、徵、角、商、宫”五音，正是钢琴旋律弹奏的下行体现。

沧海一声笑

作词作曲 黄霑

1 = A $\frac{4}{4}$

6·5 3 2 1 – | 3·2 1 6 5 – | 5·6 5·6 1·2 3 5 | 6·5 321 2 – |
沧 海 笑 滔滔两岸潮 浮 沉 随 浪 记 今 朝

6 65 3 2 1 – | 3·2 1 6 5 – | 5·6 5·6 1·2 3 5 | 6·5 321 2 – |
苍天 笑 纷纷世上滔 谁 负 谁 胜出 天 知 晓

6 65 3 2 1 – | 3·2 1 6 5 – | 5·6 5·6 1·2 3 5 | 6·5 321 2 – |
江山 笑 烟 雨 遥 涛浪汹尽红尘俗世 知 多 少

6 65 3 2 1 – | 3·2 1 6 5 – | 5·6 5·6 1·2 3 5 | 6·5 3 2 1 – ‖
清风 笑 竟 惹寂寥 豪 情 还 剩了 一 襟晚照

第四节 编创与活动

一、一起写一写

请在以下五线谱中写出正确的谱号、音符以及休止符。

高音谱号 低音谱号 二分音符 四分音符 二分休止付 四分休止符 终止线

二、一起唱一唱

1. 跟着钢琴，用科尔文手势帮助自己，来唱唱音阶吧！

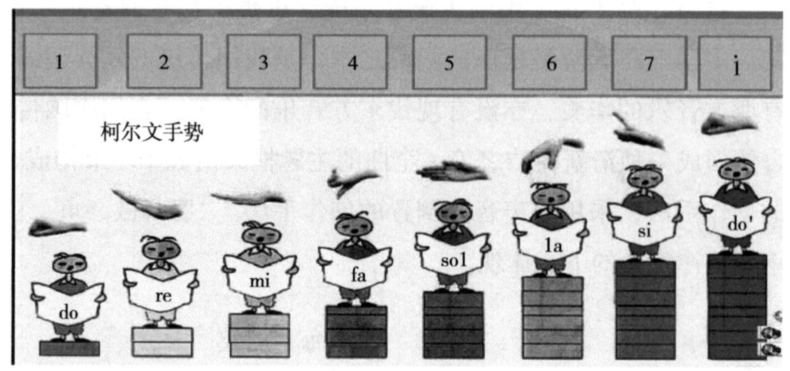

跟着钢琴，依次上行、下行演唱唱名。注意音高与钢琴音高保持一致，可先慢速练习，待熟练后可加快速度或改变节奏，进行演唱。

初学者在练习音阶的上下行演唱时，可辅助采用“柯尔文手势”，该手势图有利于帮助演唱者增强对音高的记忆，帮助理解首调唱名体系中音级之间的高低关系、调式音级倾向，使抽象的音高关系变得直观、形象。

备注：“柯尔文手势”是柯达伊音乐教学法中的一个组成部分，该手势是 19 世纪 70 年代由约翰·柯尔文（1816–1880）首创，所以称之为“柯尔文手势”。

2. 请试着演唱一下谱例 1–4 所示的旋律。

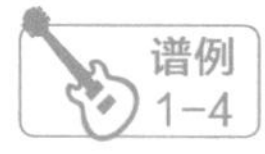

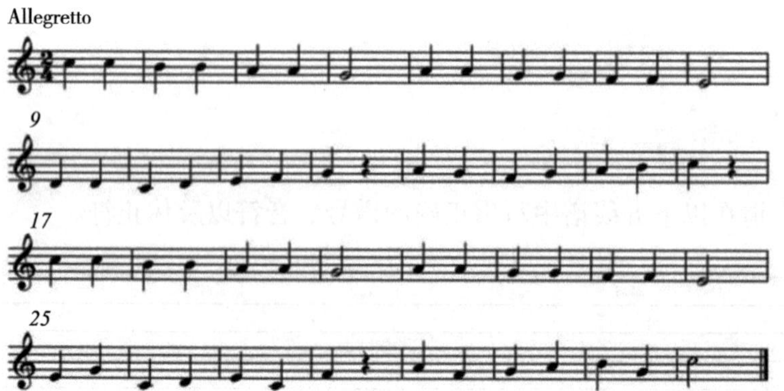

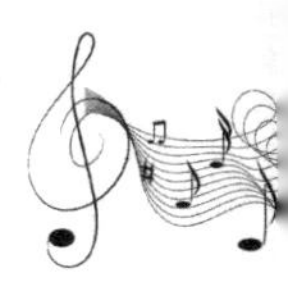

这条旋律以大小二度为主，融入少数三度进行。在视唱过程中需要注意：

1. 注意大二度与小二度在音高距离上的感觉。

2. 相同的乐句要在演唱的力度上有所变化（1–8 小节和 17–24 小节）。

3. 乐曲四小节为一句，二分音符时值不要唱得过满，以防来不及换气。

4. 乐句上行时做渐强处理，下行时做渐弱处理。

三、一起拍一拍：节奏游戏《布谷鸟》

音频 1–3

（一）准备工作

扫描二维码，聆听音乐《布谷鸟》，4 个一次性餐盘、彩色小球或日常生活中常见的水果，如橘子、香梨等。

（二）游戏设计

1. 老师摆放 4 个空盘子，并在盘子上依次摆放上红色和绿色小球，对应 4/4 拍的每一小节。

2. 学生从左到右跟随音乐节奏指向餐盘，一颗红色小球代表双手击掌一次，一颗绿色小球代表拍桌子一次，遇到两颗小球时对应以上行为加倍，没有放置小球的空盘子则不拍。

备注：此项训练可放在节奏讲解内容之前，作为课程引导小游戏。可由易到难，熟练掌握基本节奏后，再升级挑战，加入更复杂的节奏元素，融入团队合作方式，变换出新花样。

第二章 歌唱艺术基础知识

第一节 声乐演唱的类型及分类

一、人声的类型

在声乐艺术中，根据人的生理差异，如声带的大小厚薄、音色差异以及音域的高低宽窄不同而区分为三种不同的类型，分别为童声、女声、男声。而在女声和男声中又可分为：女高音、女中音、女低音；男高音、男中音、男低音，如图 2-1 所示。

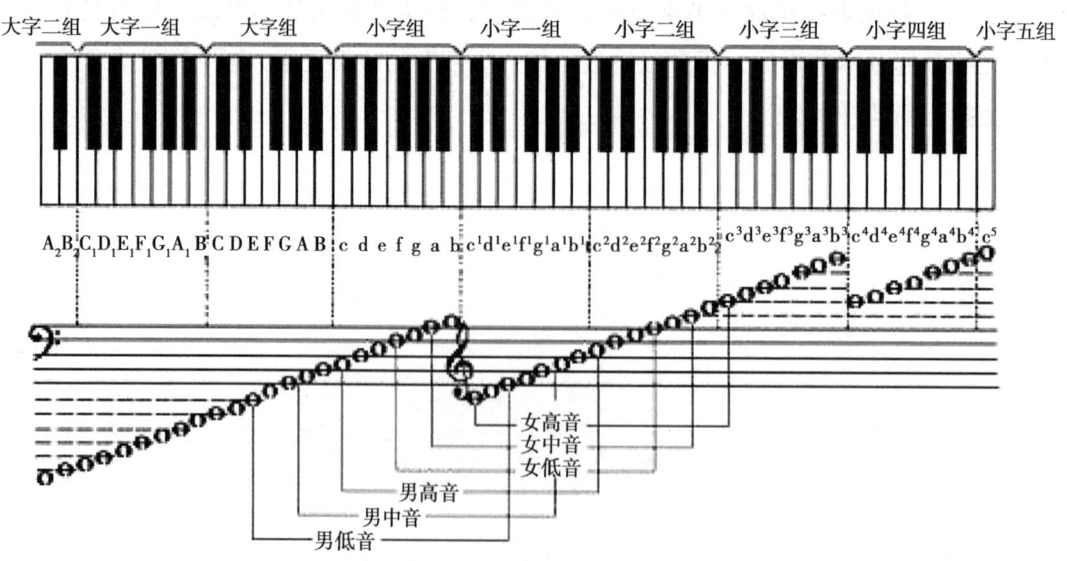

图 2-1 人声类型的音域

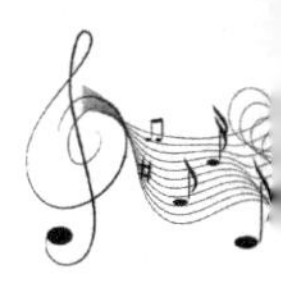

（一）童声

童声一般是指青春期变声以前，少年儿童的声音。男女儿童基本同音高，男孩子的音色与女孩子没有明显的差别，较为接近女声；童声的音域约在小字组 b 到小字二组 c^2 之间，音质清脆、明亮。

当儿童进入青春期后，在十二三岁左右会进入变声期，女孩子比男孩子的变声期通常要早一年。儿童，特别是男孩子的声带有较大幅度的增大、变厚、充血，声音因此变得粗闷、沙哑，音域变窄，音量变弱。

（二）女声

女声依据不同嗓音的特点及音域，具体分为三大类：女高音、女中音、女低音。

1. 女高音

女高音音域通常在小字一组的 c^1 到小字三组的 c^3 之间，高音区音色明亮，圆润，轻松自如，中低音区的力度较弱。根据演唱者的音色、音域和演唱技巧上的特点，女高音又可以分为抒情女高音、花腔女高音、戏剧女高音。

抒情女高音音色柔和、圆润，富于诗意，适合表现优美、非常有歌唱性的旋律；花腔女高音音色秀丽，高音灵巧，富有弹性，适合表现快速有装饰性的华丽曲调；戏剧女高音音色坚实有力，善于表现激动、强烈等具有戏剧张力的歌曲。

2. 女中音

女中音音域在小字组 g 到小字二组的 a^2 之间，整个中音区音色明亮、丰满，浑厚圆润，高音区音色不如女高音光彩夺目，音色略暗，低音时又类似女低音。女中音总是能制造一种温柔伤感，适宜演唱舒展、深沉的旋律。

3. 女低音

女低音音域在小字组 e 到小字二组的 e^2，音色更为宽厚、浓重，适宜演唱沉稳的旋律。女低音和女中音的声音相比更为宽厚、坚实、浓重、深沉，但高音区声音较弱、较暗。

（三）男声

男声依据不同嗓音的特点及音域，具体分为三大类：男高音、男中音、男低音。

1. 男高音

男高音音域通常在小字一组的 c^1 到小字二组的 g^2 或者小字三组的 c^3。男高音的音色明亮、豪放、昂扬。根据演唱者的音域、音色和演唱技巧上的不同，男高音又可以分为轻型抒情男高音、抒情男高音、戏剧男高音、英雄男高音以及假声男高音。

轻型抒情男高音是男声声部中最小型的声音，声音灵巧，音色明亮愉悦；抒情男高音的音色柔美、舒展，适宜演唱富于歌唱性的抒情旋律；戏剧男高音音色结实而饱满，适宜扮演个性鲜明、戏剧色彩性很强的角色，演唱高亢激昂的旋律；英雄男高音具有强大的戏剧力量和张力，歌唱能力既具有抒情性，又具有力量性；假声男高音是男高音中最特殊、音域最高的声部，其音域与音色可接近女声。

2. 男中音

男中音的音域在大字组 A 到小字一组 a^1 之间，音色饱满结实，有阳刚气质，中声区浑厚有力。通常同时具有男高音的明亮和男低音的庄重的音质。

3. 男低音

男低音的音域集中在大字组 E 到小字一组 e^1 之间，音色纯厚重浊、朴实动人，低音区有力、浓厚、响亮，适合表现庄严雄伟和苍劲沉着的情感。

二、演唱形式的分类

在声乐表演当中，经常根据演唱的人数以及相同或不同的人声或声部组合在一起演唱，这样的形式称为演唱形式，并以此分为齐唱、独唱、轮唱、合唱、对唱、重唱、表演唱等形式。而决定一首作品通过什么样的演唱形式来表现更适合，则要根据歌曲题材内容和歌曲情感等来决定。

齐唱是指两个以上的歌唱者同时演唱同一个旋律。要求演唱

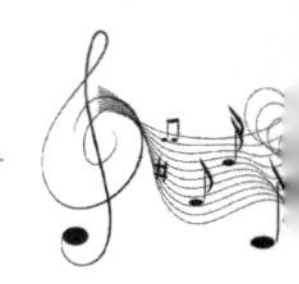

者在歌曲的起止、音准、节奏、速度、风格、力度与音量等方面做到整齐、准确和统一。齐唱根据演唱音色的不同又分为女声齐唱、男声齐唱、混声齐唱、童声齐唱等。

独唱是由一个人演唱并作为独立的表演形式。演唱者在独唱表演中可以充分自由地表现自己的演唱风格、声音特点以及歌唱技巧，在歌曲表达的处理上比较自由。独唱依据音色分为男声独唱、女声独唱、童声独唱等。

轮唱是由两组或两组以上的人按一定的间隔和先后顺序轮流演唱同一旋律，形成如浪花般连绵不断、此起彼伏的效果。轮唱按照声部数量的不同，一般有二部轮唱、三部轮唱、四部轮唱等。

合唱是指两组以上的歌唱者，各按本组所担任的声部，演唱同一乐曲的多声部演唱形式，各声部少则数人，多则数十人。按人声音色分为同声合唱和混声合唱两类，如男声合唱、女声合唱、童声合唱；按声部数量的不同，分为二部合唱、三部合唱、四部合唱；按有无伴奏，又分为有伴奏合唱、无伴奏合唱。合唱的各声部在演唱时既要有相对的独立性，又要有整体融合性，音色多样且圆润融合，音色丰富且音量均衡，是非常具有艺术表现力的表演形式。

对唱是指两个人或两个声部进行互相应答式的演唱形式。按音色的不同可分为女声对唱、男声对唱、男女声对唱等。以对唱的形式表演时，常配合以舞蹈表演，要求彼此配合衔接紧密，表演欢快热烈。

重唱是指同时有两个或两个以上的声部演唱，并且每一个声部由一个人演唱的形式。依据声部和音色的区别分为男声重唱、女声重唱、童声重唱；而再加上声部数量的不同，又分为童声二重唱、女声三重唱、男声四重唱等。

表演唱是一个人或一组人在演唱时辅以简单的舞蹈动作和队形变换，来表达歌曲内容和情节的演唱形式。表演唱具有表现力较强，生动活泼的特点，更能够感染听众的情绪，增添表演的舞台观赏性。

第二节　声乐演唱的训练知识

一、歌唱前准备工作

（一）歌唱的正确姿势

“姿势是呼吸的源泉，呼吸是发声的源泉。”这句话生动地说明了唱歌姿势对唱歌的重要性：如果你想唱好一首歌，首先就必须具备正确的唱歌姿势。歌唱姿势的正确与否，也直接反映到歌唱时形象是否优美、气息是否流畅上。另一方面，歌曲的思想感情不仅要通过演唱来表达，还要通过形体表演塑造各种角色的艺术形象，因而正确的姿势是形体表演不可或缺的重要条件。正确的演唱姿势也是演唱者健康向上的精神、对歌曲准确理解与表达的重要表现。

演唱歌曲一般有两种姿势：站姿和坐姿。无论选择哪种姿势演唱，身体都应该保持直立和放松。但这里所说的放松并不是松散或懒散，而是指一种阳光积极的状态，充满正能量。头部要保持平直，眼睛保持目视正前方，颈部与头部保持水平直线，不要向前伸，也不要倾斜；胸部微微前倾，腹部稍收紧，但不僵硬；手臂自然下垂，放于身体两侧；双脚自然分开站立，与肩膀平行；身体的重量落在脚上，重心要平稳，整个身体的重心微微前倾，全身处于积极准备的状态。坐着唱歌，身体也要端正挺直，不要僵硬，身体不要靠在椅背上，应只坐座椅大约一半的面积。唱歌时身体不要大幅度晃动，更不能趴着唱歌。脸上时刻保持面带微笑，眼神自然。嘴巴应当放松自然张开，切忌嘴巴发紧、咬牙关。歌唱时下颌收回，头部、脖子和后背、腰部连成一线，使气息在身体流通中畅通无阻。两脚自然弯曲在身前，不能跷二郎腿或交叉叠起。

许多演唱者在生活中不注意自己的体态，经常有驼背、高低肩、伸脖子等不良习惯，因此也不自觉地把这些毛病带入歌唱中。因此在初学声乐时，最好准备一面镜子，在演唱中随时检查自己的演唱姿势是否正确。

（二）练声前的准备

一般说来，通畅、明亮的声音才称得上是好的声音，我们练声的目的是能够使演唱者更快地获得这种声音。而有一些演唱者错误地认为只要是明亮的声音就是好声音，在发声时过分追求明亮的音色效果，往往出现喉头紧、舌根挤卡的现象，这

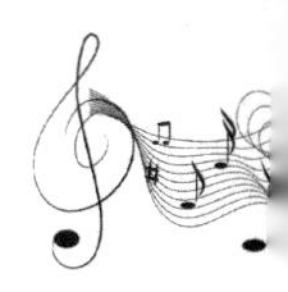

是初学者中最常见的毛病。为防止这种现象的出现，在练声前可以尝试做一些放松口腔、喉头的练习。首先嘴巴自然松开微张，感受唇齿舌头都不存在的感觉。然后保留上述感觉，仰面朝天，头和整个脖子靠在后颈上打圈滚动。

吸气时要注意不要耸肩、提胸、憋气，这样很容易造成气息短浅、僵硬等问题。在训练前要做些如伸懒腰、甩手臂、扩胸等有助于放松肩膀和松弛胸腔的练习，去体会正确自然放松的感觉。

二、歌唱的呼吸

（一）呼吸器官及呼吸原理

歌唱的呼吸器官（见图 2-2）由口、鼻、喉、气管、支气管、肺、胸腔、横膈肌（又称横膈膜）等组成。空气从口鼻吸入，经咽、喉、气管、支气管，分布到左右肺叶的肺泡；然后在相反的方向上，从肺部出口分支的气管将空气收集到大气管中，并通过喉咙，从嘴和鼻子呼出。歌唱依靠这些器官进行吸气和呼气的循环，完成歌唱活动的全过程。

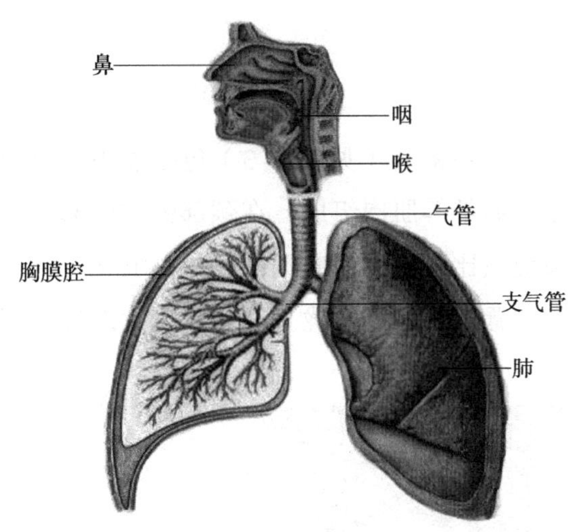

图 2-2　呼吸器官

（二）吸气的方式及保持运用

与呼吸系统相关的各肌肉群的运动是歌唱动力和能量的来源。我们日常的呼吸是人的本能动作，比较平静也比较浅，且一般距离较近时所需音量就较小，气息较浅，不用很大的力度，也不用传得很远，所以不必使用全部的肺活量，只要把横膈膜慢慢地轮流作收缩与放松的动作，就能供给所需要的空气量。

但歌唱时的呼吸运动就不同了，唱歌是为了抒发情感，是要唱给别人听的，必须将歌声传至每个角落，因此要求声音既要有一定的音量，又具有力度变化。歌唱时的呼吸不是随意的，而是一种有意识、有控制的呼吸，吸气动作较快，呼气动作较慢，这种气息律动要与歌唱时所需要表达声音的高低、强弱相适应。因此，歌唱的呼吸必须讲究姿势和方法，吸气时，胸部自然挺起，两肋扩张，身体各部分要放松，将气吸入肺底，横膈膜要保持吸气的状态。呼气时要将气集中吹在一个点上，有控制地呼气，形成横膈膜与腹肌之间力的对抗。在歌唱时要根据歌曲的需要有计划地用气，如果遇上较长的乐句，气息就必须坚持住。一首歌曲的演唱，声音抑扬顿挫地变化，全靠吸气和呼气时肌肉群的运动来控制完成。

三、歌唱的发声

（一）发声器官及发声原理

发声器官（见图 2-3）包括喉头、声带、会厌。喉头由软骨、韧带等肌肉组成，在颈部的前中部。一般来说，歌唱时喉头应该比平时说话时偏低一些，喉头应始终处于低而自如的稳定位置，且保持喉咙打开的状态。声带是两片对称的又富有弹

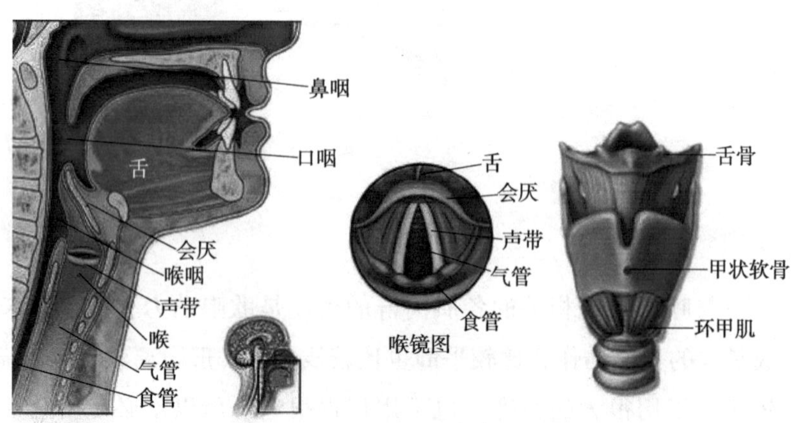

图 2-3　发声器官

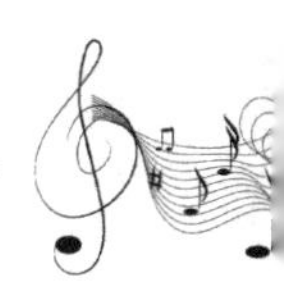

性的白色韧带，性质坚实，呈水平状，左右并列在喉头位置的中间。声带正中间叫作声门，吸气时两条韧带向两边分开，声门开启，吸入气息；发声时，则是由两边韧带闭合震动发出声音。在我们喉咙与舌根之间，有一块叫会厌的软骨，当我们吞咽食物时，它会自动盖住气管，防止食物通过时误入气管；在我们歌唱时，会厌则会竖起，形成通道流畅发声。

（二）发声训练的方法

在歌唱中，打开喉咙是一个非常重要的动作，它意味着喉咙稳定在了正确的位置上。上颌打开，积极向上形成一个拱形，舌根放松，平放在下面的牙齿后，放松下巴。做完这些动作时，喉咙就是打开的。

模仿“打哈欠”的动作可以让口腔做到自然放松地打开，口腔内空间增大。在唱歌时，要使咽喉打开，让气息自如地送出来，“哈欠”状态是打开喉咙的好办法，也能保证演唱者具备很好的演唱状态，发出的声音圆润悦耳，不会直白挤卡；用微笑状态来打开喉咙，就是指要做到鼻咽腔、大牙关打开，面部两边的笑肌呈微笑状，获得高位置的声音。

四、歌唱的共鸣

（一）共鸣器官及共鸣原理

人体的共鸣器官（见图 2-4）主要包括胸腔、口腔和头腔。头腔包含鼻腔、鼻烟腔和鼻窦；胸腔包含喉头以下的气管和支气管，以及整个肺；口腔包括喉、咽腔及口腔。

歌唱的共鸣是气息流通过声带在口咽腔、头腔、胸腔等腔内产生共振的声音。它通过腔体的适当调整，让声音有了圆润丰满、优美动听的效果。

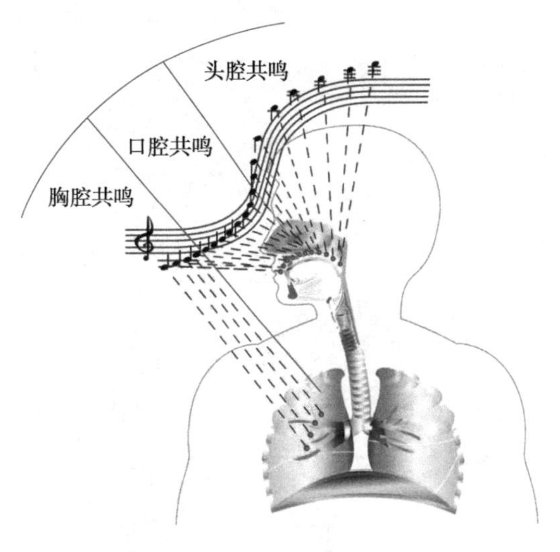

图 2-4　共鸣器官

（二）共鸣腔的运用

演唱者在演唱高声区旋律时，主要依赖于头腔共鸣。抬软腭、小舌，使口、鼻、咽腔、头腔的通道宽敞，笑肌上提，声波传递到头腔，这种共鸣效果清脆、丰富，富有光彩。

口腔共鸣主要运用在演唱者演唱中声区旋律时。发声时口腔自然打开，笑肌上抬，让声音随气息通过咽喉部推送到口腔的前上部引起震动，产生共鸣。

低音区旋律演唱主要采用胸腔共鸣。用“打半哈欠”的状态，打开咽喉部，喉头下放并扩张，发声时在口咽腔共鸣的基础上，继续传送到胸腔产生共鸣。

五、歌唱的咬字

（一）语言器官

语言器官（见图 2-5）包括舌头、牙齿、嘴唇和上颚等，这些器官在活动时的位置和不同的着力部位形成了语言。在民族声乐理论中，把歌唱的字分为字头、字腹、字尾三个部分，要求口腔的吐字器官灵活，把歌词清晰地传递给听众。歌唱时，咬字、吐字的动作比平时说话要更加夸张，使美化的元音或韵母更完整地演唱，咬字更准确清晰。所以语言器官可以说是演唱者吐字咬字的基础。

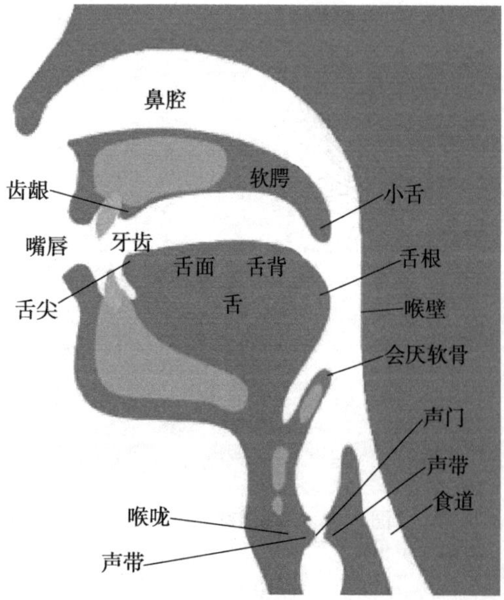

图 2-5　语言器官

（二）汉字发音的一般规律

我国的汉字大多由声母和韵母组成。歌唱中的吐字咬字与平常说话相比，说话的字音更加快速短促，字音的字头、字腹、字尾并不明显；而歌唱中的字音是随着歌曲旋律节奏的快慢变化而变化的。

唱好每个字的具体要求是：字头分清楚，字腹不变形，字尾要收稳，四声需念准。歌唱中，字头要说得清楚准确，字头的准确性会直接影响到字腹和字尾归韵的准确与否。在吐字咬字的过程中，字腹所

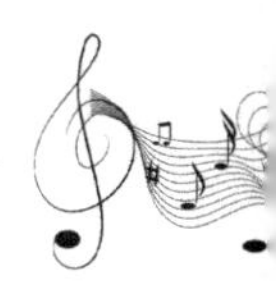

占的时值是最长的，它是表达字意和情感的关键和核心，必须稳定从容地唱出来。字尾是字腹的延伸，又是一个字的结束，字尾的归韵会直接影响字意和情感的表达是否清晰圆满。因此，吐字咬字过程中的字尾一定要清晰准确。

六、歌唱中的嗓音保护与疾病预防

（一）嗓音常见疾病症状及原因

一般来说，嗓音疾病的含义就是对嗓音质量造成直接影响的疾病，例如，声带充血水肿、喉炎、声带小结等病症。

1. 声带充血水肿

声带充血水肿是一种比较常见的嗓音疾病。引起声带充血水肿最常见的原因是高声喊叫、发声不当、用嗓过度等。症状较轻时，可能仅感觉到咽喉微痛、发声费力或者声音嘶哑等；严重时，可能会出现咽喉疼痛明显、发声非常困难并且干咳不断等状况。出现上述情况时，应立即减少用嗓，做好充分的休息，如果声带充血及水肿太频繁，则会对嗓音质量造成永久的损害。

2. 急慢性喉炎

喉炎分为急性喉炎和慢性喉炎。急性喉炎的致病原因很多，在歌唱时引起的急性喉炎一般是因为高声喊叫、用嗓过久、情绪激动时发音等因素。声乐演唱者若经常演唱不适合自己音域的歌曲或者感染了导致咽喉疾病的一些病原体，而且身体疲劳受凉、烟酒过度、吸入化学气体粉尘等，都可能导致急性喉炎。当症状比较轻的时候，音质会变得低沉粗糙，失去圆润清亮；如果情况加重，则有可能变得沙哑，甚至失声。

慢性喉炎最主要的致病原因是长期的演唱方法不正确，或者过度使用嗓音，在出现症状时又没有及时合理地治疗，使喉咙持续受到刺激，从而导致声带或喉部出现不同程度的慢性充血，声音沙哑。如果在出现症状的情况下继续错误地进行高强度声乐训练，就有可能使得声音沙哑变成持续性的。而人们在患了慢性喉炎之后，经常会为了缓解喉咙不适而清嗓，这种清嗓的动作又有可能对嗓音造成进一步的影响，进而形成一个恶性循环。

3. 声带小结

发生声带小结最直接的原因就是声带过度使用，影响声带震动，妨碍声门闭合，导致发声障碍或声音嘶哑。声乐演唱者若在演唱时出现演唱方法错误、过度演唱自己能力以外的歌曲、在疲惫状态下坚持歌唱等情况，就有可能导致声带部分过度使用摩擦而发生声带小结。症状表现为声音嘶哑、声带容易疲劳及用嗓之后会有痛感等，在唱高音时有“破音”出现，严重者甚至连说话声音也变沙哑，更加不能唱歌了。

（二）嗓音常见疾病的防治

1. 运用正确的发声方法

如果在演唱中长时间用错误的方法发声，会导致声带和咽喉非常容易疲劳，日积月累就会导致嗓音疾病。因此在演唱中遇到问题时，应及时请教声乐老师，对发声方法中的错误之处进行辨别纠正，令演唱者能够始终遵循正确的发声方法来进行练习和演唱。若症状严重，则应停止歌唱训练，在一定时期内不用嗓，及时根据嗓音的状态做出适当的调整，让声带得到休息。

2. 控制用嗓时间和强度

声乐演唱中高音练习要遵守循序渐进的原则，要掌握正确方法，并注意时间和强度，重视劳逸结合。要注意用嗓卫生，不过度用嗓，保持合理的作息及清淡的饮食，劳逸结合，遵循嗓音训练的规律，避免声音遭到急性或慢性的损坏。

3. 选择合适的声部作品演唱

在声乐训练伊始，首先应做的就是声部鉴定，由此选择适合自己声部演唱的作品进行练习。长期演唱歌曲的音域超过自己嗓子的实际适应音域与承受能力，会对演唱者的嗓音造成严重损害。

4. 保持良好的生活习惯

声乐演唱者一定要保持良好的作息，保证足够的睡眠时间，否则会使肌肉产生疲劳的感觉，演唱时间稍长，嗓音就会感到疲劳沙哑。在这种情况下，就应该立刻调整状态，注意休

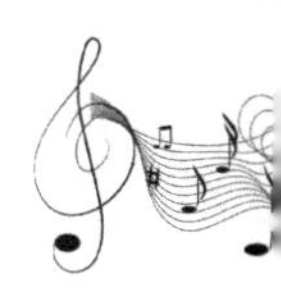

息，养成良好的生活习惯。生活中还应经常参加体育运动，有助于扩大肺活量，且经常运动者更容易理解歌唱呼吸的扩张感和收缩力量。

第三节　声乐演唱的三种唱法

一、美声唱法

（一）美声唱法的起源和演唱方法

美声唱法起源于欧洲，主要是指产生于意大利佛罗伦萨的一种歌唱风格。意大利文为 Bel Canto，意思是美妙的歌唱。而歌剧艺术的诞生推动了美声的发展。

据传中世纪时期，罗马教皇格里高利一世选编了圣咏集，即著名的《格里高利圣咏》，规定了教堂中演唱教义的歌调。圣咏也是欧洲声乐艺术的萌芽。由于社会经济的发展，从 11 世纪开始，针对宗教音乐的世俗音乐在城市中出现。世俗音乐主要反映人们的生活和世俗的情感。此后又陆续出现了游吟歌手、恋诗歌手、民歌手等专业的歌唱者。13 世纪欧洲盛行复调音乐，多声部的合唱成为主要的歌唱方式，开始出现声部划分。16 世纪末，意大利佛罗伦萨具有人文主义思想的音乐家佩里和利努契尼创作了历史上第一部歌剧《达芙尼》；1600 年，佩里和卡契尼、利努契尼再度合作创作了歌剧《尤丽狄茜》，这也是第一部完整保存下来的歌剧，并由此在前人的演唱经验基础上发展出了适应歌剧演唱的“美声唱法”。到了 17、18 世纪，阉人歌手的出现丰富了美声歌唱的技巧，因此这段时期在声乐史上也被称为“美声歌唱的黄金时期”。而自 19 世纪以来，美声随着歌剧艺术的发展得到了极大的发展，形成了具有足够气息支持、丰满声音共鸣、富有穿透力的声音。

美声唱法的演唱，声音圆润饱满，歌唱风格真挚强烈而富于感情，技巧和风格的形成主要建立在歌剧不断发展的基础上。意大利歌剧演唱十分注重音乐与语言的结合，元音口腔打开较大，子音吐音流畅，演唱在母音上结束，这样的演唱特点使得声音在演唱中较易形成共鸣，产生饱满宽阔、圆润明亮的音质。

在演唱方法上，美声唱法要求打开共鸣腔，喉头位置保持稳定，具备良好的气息支持，声音明亮、吐字清晰，重视呼吸器官在气息流动中的协调。歌唱者在保证共鸣的基础之上，吐字自如运用。无论在强音时的声音饱满坚实，还是弱音时的细腻优美，保持统一的口型和歌唱位置，保证声音在各音区之间的转换自如、统一，是演唱中最为重要的问题。美声唱法至今在世界声乐艺术中有广泛的影响，成为世界各国歌唱家所喜爱和推崇的一种歌唱方法。

音频 2-1

（二）歌剧《复仇的火焰在我心中燃烧》

1. 作品简介

《复仇的火焰在我心中燃烧》是歌剧《魔笛》中的经典唱段。《魔笛》是莫扎特晚期创作的一部集古典歌剧之精华的精品。

《魔笛》的故事发生在古代埃及，塔米诺王子来到了夜后的王国，看到了夜后的女儿帕米娜的画像并爱上了她。夜后要求王子在三个小神的陪伴下前往萨拉斯特罗的寺院救出被抢走的帕米娜。王子历经各种磨难找到了帕米娜，两人经受了保持沉默和水与火的考验，取得了胜利。在金色的殿堂里，人们欢呼，感激光明之力，歌颂神圣的爱情。

《复仇的火焰在我心中燃烧》出自歌剧第二幕第八场，是夜后交给女儿帕米娜一把匕首，命令她杀死萨拉斯特罗时所演唱。

2. 作者简介

莫扎特，奥地利作曲家，古典主义音乐时期维也纳古典乐派的代表人物之一。莫扎特的创作几乎涵盖了当时所有的音乐体裁且数量极多，他的一生完成了 600 余部（首）不同体裁与形式的作品，包括交响曲、协奏曲、奏鸣曲、歌剧，以及大量的器乐小品、独奏曲、歌曲等。他与海顿、贝多芬一起，被称为维也纳古典乐派的代表。

3. 欣赏提示

咏叹调开始就充满力量，利用旋律跳进，表现出紧张和激烈的情绪，反复强调着复仇的主题。旋律通过精彩花腔乐句巧妙地发展，到咏叹调的第二部分，八度大跳、长短乐句相结

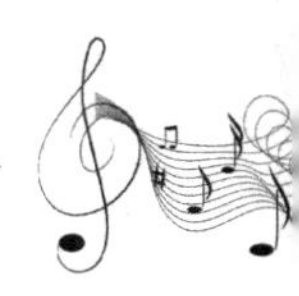

合，使得旋律更具有动力感，生动地刻画出夜后的形象。作曲家采用了一长串极具高难度的连续花腔来表现夜后的愤怒，最高音达到了 High F，这是花腔女高音声部技巧与表现力高水平的体现，这首作品被视为花腔女高音声部难度最高的歌剧选段之一。

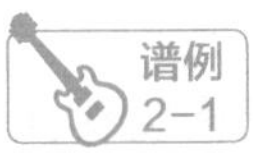

复仇的火焰在我心中燃烧

1=F $\frac{4}{4}$　　　　莫扎特　曲

♩=120 急速地

00 03 33 | 6. 3 11 77 | 6 3 0 0 | 2 - 207 #5 | 3 6 00 |

复 仇的 火 焰 在我 心中 燃 烧　死　亡和 毁 灭。

♭7 - #1. 1 | 2 3 4 - | 4 2 ♭7 6 | #5 0 0 0 | 1 - 3 5 |

死 亡 和 毁 灭 在 胸 中 咆 哮！ 你 须 记

1 - 0 05 | 32 1765 43 | 4 2 0 02 | 43 21 76 54 |

牢， 萨 拉 斯特罗 深 仇 未 报。 萨 拉 斯特罗 深 仇

二、民族唱法

（一）民族唱法的起源和演唱方法

民族唱法是我国民间的一种唱法，是我国在各时期、各地区、各民族间不同的歌唱艺术方法、歌唱艺术形式和流派唱法艺术体系的总和，其中包括各民族的民歌、戏曲和说唱艺术。

中国古代的民族声乐产生于劳动人民的生产劳动和生活实践中，演唱形式多以吆喝、呐喊为主。民族声乐从劳动中产生的“号子”开始萌芽，到歌、舞、乐相结合的原始音乐形式，再发展成歌舞和各种戏曲、杂剧、曲艺及民歌等等，直到歌唱成了一门独立的艺术形式。

从 20 世纪的四五十年代以来，民族声乐进入一个新的发展阶段。这个时期的民族唱法在发声方法上，融入戏曲的发声方法和特点，演唱主要以真声为主，表达自然

细腻。到了20世纪的六七十年代，歌唱家们在演唱方法上改变了之前以真声为主的发声技巧，打开喉咙、真假声相结合，使声音圆润流畅、整体贯通。直至20世纪80年代，在保持中国民族声乐特色的基础上，又融合了美声唱法的科学发声方法，创造了新的民族唱法。

民族唱法的特点是声音明亮清澈，吐字清晰，音调旋律比较高亢，十分注重“字正腔圆”，特别强调发音服从吐字，因为在歌唱艺术中，清晰明确的歌词是抒情达意，与听众进行内容和感情交流的关键所在。

我国早期的民族唱法在演唱上旋律与语言结合紧密，普遍带有非常强烈的地方风格，具有说唱性，其声音音质明亮，发音位置比较靠前。新中国成立之后，民族声乐在演唱技巧上大胆地借鉴了美声唱法的发声原理，由此产生的新民族唱法既有民族唱法咬字吐字清晰、声音甜美、气息灵活的优点，又有美声唱法声区统一、音域宽广、声音圆润有力量的特点，使歌唱演员能自如地演唱民族歌曲的大段唱腔。

原生态唱法也可以认为属于民族唱法的一种，采用原生态唱法演唱的歌手一般没有经过专业的声乐训练，采用本民族、本地区语言和独特的演唱方式进行演唱。原生态民歌具有很大的即兴性，歌词结构短小，通俗易懂，演唱语言是本地方言，歌唱嗓音明亮，演唱的旋律优美动听。总体上说原生态唱法是最接近民族、民间的一种唱法。

（二）山歌《对鸟》

音频 2-2

1. 作品简介

《对鸟》是一首山歌体裁的民歌。山歌是人们在上山砍柴、赶路放牧、从事农事耕耘等野外劳动或行走时，用来消愁解闷、抒发心情时唱的民歌。山歌是中国民俗文化重要组成部分，也是中国民歌的基本体裁之一。山歌的演唱形式大多是以独唱或对唱为主，见景生情、即兴编词，内容多表现人们的劳动生活和爱情生活等。

我国各地区的山歌风格各异，都具有当地独特的地域色彩，南方有“弥渡山歌”“客家山歌”“江浙山歌”等；北方有“信天游”“花儿”“山曲”等；少数民族地区有苗族的“飞歌”、蒙古族的“长调”、藏族的“哩噜”等。

浙江温州乐清山歌《对鸟》是一首关于“鸟”的问答歌，题材内容比较特殊。它与“对花”体在文学题材和形式上属于同类，但“对花”体民歌几乎遍布全国，而“对鸟”大概只有这一首。这首山歌是劳动和生活的产物，从儿童歌谣的基础上演化而来。歌曲展现了一群孩童在雁荡群山间游玩，听得百鸟争鸣，触景生情，开始玩游戏猜鸟名，放声对唱起高亢嘹亮的山歌。

2. 欣赏提示

歌曲描写两组孩童们在山林间看到各种鸟儿，相互对歌猜鸟名的生动情景。歌曲是由两段歌词组成的分节歌形式，采用浙江乐清方言演唱，南方民歌色彩颇浓。整首曲调高亢悠扬、旋律优美舒缓、节奏自由舒展，在当地被广泛传唱，经久不衰。

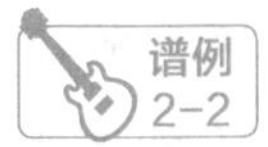

对鸟

乐清民歌

1=♭E $\frac{2}{4}$

2 2 2 2 | 3 3 2 2 | 1 1 1 1 | 1 6 5 | 5 5 6 | 1 1 1 2 3 |
介 姆 飞 过 青 又 青 哎？介 姆 飞 过 打 铜 铃？介 姆 飞 过 红 夹

6 0 | 6 6 6 6 | 6 6 5 6 | 2 6 1 6 6 | 6 5 5 | 2 2 2 2 |
绿？ 介 姆 飞 过 抹 把 胭 脂哎 搽 嘴 唇 哦 呵？ 青 翠 飞 过

3 3 2 2 | 2 1 2 1 6 | 3 6 1 1 1 | 1 6 5 | 5 5 6 | 1 1 1 2 3 |
青 又 青 哎， 白 鸽 飞 过 打 铜 铃哦。天 主 鸟 飞 过 红 夹

6 1 6 0 2 3 | 6 1 1 1 | 1 1 6 1 | 2 6 1 6 6 | 5 – ‖
绿， 长 尾 巴 丁 飞 过 抹 把 胭 脂哎 搽 嘴 唇 哦 呵。

注：“介姆”浙江乐清方言“什么”的意思。

音频 2-3

（三）小调《茉莉花》

1. 作品简介

《茉莉花》是一首小调体裁的中国江苏民歌。小调又被称为“小曲”“俚曲”等。小调内容广泛，涉及社会各阶层人民的生活。农村小调以反映农村妇女的爱情、婚姻生活内容居多；城市小调则以表现处于城镇底层人民的生活内容居多。

小调旋律流畅、节奏鲜明、富于动感，分布于大多数汉族地区，以山东、河北、江苏更具代表性。小调可分为三类：第一类曲目流传较广，由明、清俗曲演变而来，如《四季调》；第二类流传于一定地域，属于地方性小调，由群众随口编唱，如《小白菜》；第三类可载歌载舞，属于歌舞性小调，如北方的秧歌调、南方的茶歌等。

江苏民歌《茉莉花》起源于南京六合民间传唱百年的《鲜花调》，这首小调有许多同名版本，目前最广为人知的《茉莉花》是作曲家何仿在 20 世纪 50 年代改编创作的。歌曲旋律流畅、感情细腻，通过赞美茉莉花，含蓄地表现了少女的爱慕之情。

《茉莉花》可以说是在全世界范围内最广为人知的一首中国民歌。1924 年，意大利作曲家普契尼把《茉莉花》曲调作为歌剧《图兰朵》的主要音乐素材之一，中国民歌《茉莉花》的芳香，也随着这部经典歌剧而流传于世。

2. 欣赏提示

《茉莉花》是单乐段的歌曲。这首曲子在原《鲜花调》结构不变的情况下，做了旋律加花修饰，有典型的南方小调的色彩特点。歌曲采用了中国传统五声调式，具有鲜明的中国曲风，旋律婉转流畅、朗朗上口，表达了含蓄的深情。旋律以曲折的级进为主，生动刻画了少女被芬芳美丽的茉莉花所吸引，欲摘不忍、欲弃不舍的爱慕和眷恋之情。

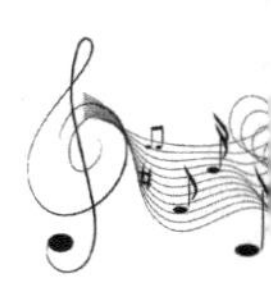

谱例 2–3

茉莉花

1=C $\frac{4}{4}$

江苏民歌

中速 亲切地

mp

3 3 5 6 1̇ 1̇ 6 | 5 5 6 5 – | 3. 2 3 5 6 1̇ 1̇ 6 | 5 5 6 5 – |

好一朵美 丽的茉莉花，好 一朵美 丽的茉莉花。

mf

5 5 5 3 5 | 6 6 5 – | 3 2 3 5 3 2 | 1 1 2 1 – | 3 2 1 3 2. 3 |

芬芳美丽 满枝桠，又香 又白 人人夸。让 我来将

5 6 1̇ 5. 3 | 2 3 5 2 3 1 6̣ | 5̣ – 6̣ 1 | 2. 3 1 2 1 6̣ | 5̣ – – 0 ‖

你摘下，送给别人家，茉莉花，茉莉花。

三、流行唱法

（一）流行唱法的起源和演唱方法

流行音乐起源于欧洲，后在美国发展壮大，逐渐形成了爵士、布鲁斯、摇滚、说唱、民谣、舞曲等风格门类。流行音乐在我国的发展至今已有百年历史，尤其是在改革开放以后，随着社会经济的发展、人们生活水平的提高，流行音乐有了迅猛的发展。

20 世纪初的上海，开始了我国流行音乐最萌芽的阶段。这个阶段的流行唱法还是以民歌的演唱方法为主，但流行唱法的一些特质却在此阶段初见萌芽，歌唱状态比以前的表达更加亲切自然，明显地增加了真实感、诉说感。20 世纪 40 年代中后期的演唱，借鉴了西洋演唱方法，更加注重声音位置、歌唱气息和咬字的科学规范化，在演唱方法上更具艺术性。此时正值美国爵士摇摆乐的兴盛时期，很多歌手也模仿起了摇摆乐的演唱方式，加强了歌曲的律动性来传递情感。自改革开放后的 80 年代以来，流行唱法更加追求声音的真实度，以人声最本真的音色为主，倾向于说话式的咬字，少了刻意的乐句处理，这也表现出了当时人们乐于展现最真实的自我。进入 21 世纪，我国的流行唱法通过多年的演唱实践发展，从最初的模仿逐渐走向成熟，并呈现出风格繁多、歌手类别繁多、表现形式繁多、歌曲内容和欣赏层面繁多的欣欣向荣景象。

流行唱法不像美声那样规格化，强调自然诉说与个性展示的特色。在体现“声情并茂”这一歌唱艺术准则上，流行唱法更注重对“情”的要求，在保持自然与个性的基础上，更要求情感的直接表现。换言之，好感觉比好嗓子和好技巧更为重要。流行唱法要求歌唱时下巴放松，不压喉咙，强调气息的支持和运用，声音的位置靠前，声带的张力较小，无需有意识地去追求共鸣的空间和作用，要求声道顺畅，不受堵塞即可。

音频 2-4

（二）歌曲《天涯歌女》

1. 作品简介

《天涯歌女》是上映于 1937 年的电影《马路天使》中的插曲，由 20 世纪三四十年代著名的歌星“金嗓子”周璇演唱。曲调采用了江南民歌的音乐素材。歌词一共三段，第一段描写出“天涯海角觅到知音”哥哥妹妹之间的浓情蜜意，第二段则话锋一转，诉说了情侣分离的思念之情。歌曲的第三段道出了女孩的愿景，想要和哥哥永远在一起不分离。

2. 作者简介

贺绿汀，湖南邵东九龙岭人，当代著名音乐家、教育家。贺绿汀创作作品体裁十分广泛，共有三部大合唱、二十四首合唱、近百首歌曲、六首钢琴曲、六首管弦乐曲、十多部电影音乐以及一些秧歌剧音乐和器乐独奏曲，并著有《贺绿汀音乐论文选集》等。

田汉，湖南省长沙县人，词作家、剧作家、戏曲作家、电影编剧、诗人，中国现代戏剧三大奠基人之一。他创作歌词的歌曲《万里长城》的第一段后来成为中华人民共和国国歌《义勇军进行曲》的歌词。

3. 欣赏提示

歌曲为舒缓的江南小调，采用 4/4 拍，速度缓慢，一字多音，显得婉转，情感表达细腻而多情。节奏多为附点、前八后

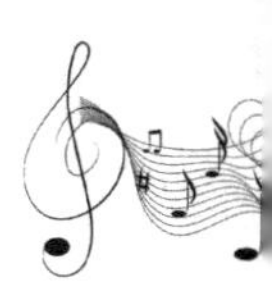

十六、前十六后八、倚音节奏，简单而有着独特的味道。《天涯歌女》在影片中一共演唱过两次，第一次是女孩倚坐窗前，用浓情蜜意的唱曲表达情意。第二次是小情侣发生误会互不理睬，歌声充满了怨怒和伤感的情绪。《天涯歌女》表面上虽是表现小儿女之间的情感，却反映了当时社会的不公与黑暗，是时代造就了各种人物的命运，让大众看到了20世纪30年代上海底层人民真实的生活与情感。

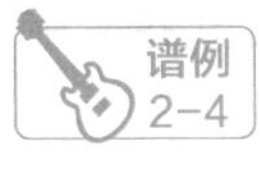

天涯歌女

1=A 4/4

田　汉　词

贺绿汀　曲

(3 3 5 6 6 1 2 3 5 | 1 6 3 2 6 5 3 2 5 5 2 | 1 6 5 1 2 2 3 5 3 3 2 |

1. 2 3 5 2 1 6 5 5 1) |: 6. 5 3 2 3 5. 6 | 1. 6 3 2 10 |

天　涯　呀　海　角

家　山　呀　北　望

人　生　呀　谁　不

1. 2 3 5 3 3 2 3 1 5 | 1. 6 6 5 3 2 5 – | 3. 2 1 3 2. 3 1 |

觅　呀　觅　知　音，　小　妹妹唱　歌

泪　呀　泪　沾　襟，　小　妹妹想　郎

惜　呀　惜　青　春，　小　妹妹似　线

3.5 6 5 6 5 0 5 5 3 | 3 3 2 1 2 6 6 1 5 6 5 | 3. 2 (1 2 1 1 6 6. 2 |

郎　奏　琴，郎呀　咱们　俩是一条　心。

直　到　今，郎呀　患难　之交恩爱　深。

郎　似　针，郎呀　穿在　一起不离　分，

1.2 3 5 2 5 3 5 1 0 1 6) | 3 5 6 5 6 5 0 5 5 3 | 3 3 2 1 2 6 6 1 5 6 5 |

哎呀哎　呦，郎呀　咱们　俩是一条

哎呀哎　呦，郎呀　患难　之交恩爱

哎呀哎　呦，郎呀　穿在　一起不离

3. 2 1 (2 1 1 6 6. 2 |1.2. 1.2 3 5 2 5 3 5 1 5 5 1) :||3. 1. 2 3 5 2 5 3 5 1 –) ||

心。

深。

分。

音频 2-5

（三）歌曲《月亮代表我的心》

1. 作品简介

20 世纪 70 年代，由邓丽君演绎的《月亮代表我的心》，一唱而红。但由于陈芬兰是最早拿到这首作品的，所以陈芬兰通常被算作是这首歌的原唱歌手。之后又被数百位中外歌手翻唱或演唱，并被选用于众多影视作品之中，成为华人世界家喻户晓的经典名曲和海外传唱颇广的中文歌曲。

2. 作者简介

翁清溪，艺名“汤尼”，1936 年出生于台北，知名作曲家，曾创作《月亮代表我的心》《小城故事》《追梦》等歌曲。

孙仪，词作家，从 20 世纪 70 年代起和笔名“汤尼”翁清溪合作填词谱曲，创作出《月亮代表我的心》《爱的小雨》《爱神》《爱的礼物》《情海》等歌曲。

3. 欣赏提示

《月亮代表我的心》是一首带反复的三部曲式结构的歌曲，旋律朗朗上口，曲调委婉动人，富有东方色彩的浪漫。歌词情真意切，充满遐想。这首歌词运用了中国古典文学的借喻手法，为了抒发内心真诚和纯真的情感，借着月亮的柔美和清澈，表达了对爱情的渴望和忠贞。

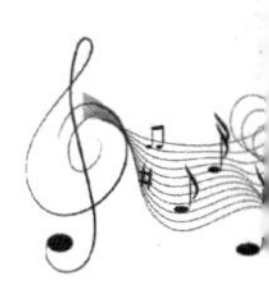

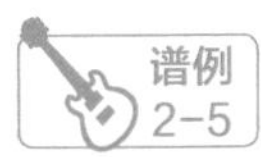

月亮代表我的心

1=D $\frac{4}{4}$

♩=60 深情地

孙 仪 词
翁清溪 曲

你

问我爱你有多深，我爱你有几分，我的

情也真，我的爱也真，月亮代表我的心。你

问我爱你有多深，我爱你有几分，我的

情不移，我的爱不变，月亮代表我的心。轻

轻的一个吻，已经打动我的心，深

深的一段情，叫我思念到如今。你

问我爱你有多深，我爱你有几分，你去

1.

想一想，你去看一看，月亮代表我的 *D.S.* 心。

轻

2. 结束句

心。你去 心。

第四节　编创与活动

一、听乐辨声

请听音频 2–6 ~ 音频 2–9，根据音乐风格特征，辨别演唱者所属人声类型并填写表 2–1。

表 2–1　听乐辨声

音频名称	二维码	演唱者所属人声类型
音频 2–6 《我的太阳》		
音频 2–7 《美丽的草原我的家》		
音频 2–8 《在希望的田野上》		
音频 2–9 《滚滚长江东逝水》		

二、呼吸练习

（一）吹纸片练习

撕一张 1 厘米左右宽的长纸片，用手捏着一头，放在离嘴巴约 10 厘米的距离，吸气后向纸条的下方吹气。要求纸片振动的频率均匀、有力，同时体会呼气时腹部的对抗。在熟练掌握要领之后，可逐步将纸条与嘴巴的距离适当拉长。这一练习主要锻炼腹部的力量，并增强气息的控制力。

（二）数葫芦练习

准备好深吸一口气，边向外送气，边念："金葫芦，银葫

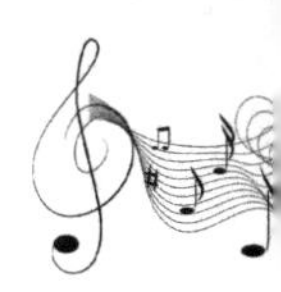

芦，一口气数不完 24 个葫芦，1 个葫芦，2 个葫芦，3 个葫芦，4 个葫芦……”中间不换气，直到这一口气气尽为止，看看可以数多少个。

三、咬字练习

（一）绕口令

1）凡与韵母 a、ia、ua 拼读成字的都属发花类。

例：

墙头上一个瓜，
落下来打着娃娃。
娃娃叫妈妈，
妈妈摸娃娃，
娃娃骂瓜瓜。

注意读好“瓜”（gua）“娃”（wa）“花”（hua）等字。

2）本类汉字发响韵母实际上都属 e 音。韵母 e 音在汉字中只有一个感叹词“欸”字，而其余汉字均由声母与复合韵母 ie、ue 相拼读，由介母 i 或 u 迅速过渡到主要发响韵母 e 上。

例：

打南来了个瘸子，
手里托着个碟子，
碟子里装着茄子，
地下钉着个橛子，
绊倒了瘸子，
撇了碟子里的茄子，
气得瘸子撇了碟子，
拔了橛子踩了茄子。

读好“瘸”（que）“碟”（die）“茄”（qie）和“橛”（jue）“撇”（pie）等字。

3）本类汉字属于窄韵，“出声”后在主要发响韵母 a 上“引腹”。“归韵”时口形略为收拢，往发 i 的部位靠。

例：

白奶奶，买白菜，
买来白菜排开摆。

搬白菜，摆白菜，
搬来白菜摆开晒。

读好“奶”（nai）“菜”（cai）“摆”（bai）“晒”（shai）“白”（bai）“开”（kai）等字。

4）本类字属鼻韵。“引腹”发响的主要韵母是 a，但必须加强鼻腔共鸣。“归韵”时，气息要穿鼻而过，发出明显的 ng 音。

例：

红木方，黄木方，
红黄木方搭木房。
红木方搭红木房，
黄木方搭黄木房。
红黄木方一起搭，
搭的木房红混黄。

读好“方”（fang）“房”（fang）“黄”（huang）等字。

（二）发声练习

1. 哼鸣练习

目的：主要为了打开鼻腔、头腔共鸣。

方法：模仿蚊子叫的声音，口腔作打哈欠的状态，在高位置轻轻地哼唱出来。

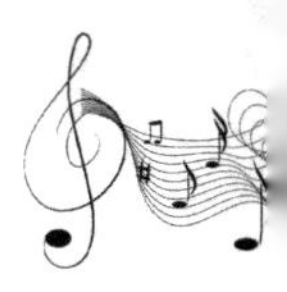

1=C 2/4

3 2 |1 — ‖

嗯— — — — —

2．跳音练习

目的：训练弹跳有力的唱法。

方法：跳音练习要求音唱得短促、有弹性，音色明亮、结实。练习时要控制好气息，着重找“对抗”的感觉，做到“声断，气不断”。

1=C 3/4

▾ ▾ ▾ ▾ ▾ ▾

3 2 1 | 3 2 1 ‖

咪 咪 咪 吗 吗 吗

（三）演唱练习

从美声唱法、民族唱法、流行唱法三种唱法中，自由选择一种擅长的唱法练习演唱。

第三章
中国器乐作品欣赏

第一节　中国乐器发展史

中国音乐是星光灿烂的中国文化的一个重要组成部分。中国音乐历史悠久，文化底蕴深厚。乐器是音乐艺术的表现工具，中国是世界公认的乐器生产古国，乐器产生至今已有约 8000 年的历史。

中国民族乐器以其多变的音色、宽阔的音域、丰富的演奏技法、大幅度的力度变化、自由转换的调式调性、复杂的节奏型、多种形式的乐队组成形式来表现乐思。中国民族乐器的演奏技法既能表现各个乐器本身所具有的独特旋律个性，又能成为展现乐曲地方风格不可缺少的要素。

自古以来，当中国的文人墨客听到美妙音乐时，都会乐于抒发自己的情怀，释放内心的豪情壮志。可以说，乐器与人民的生活息息相关。乐器是人类交流感情、表情达意的工具。不过乐器在产生之初是作为劳动生产和生活的工具之一。

一、远古时期

中国古代乐器的发展与生产力相适应，原始社会生产力不发达，这个时期的乐器以狩猎和伴奏的用途最为广泛。出土实物证明最早出现的乐器为吹奏类乐器。

1987 年，在河南省舞阳县贾湖裴李岗文化遗址中，发现了 16 只完整的骨笛如图 3–1 所示。据专家检测，这些骨笛距今

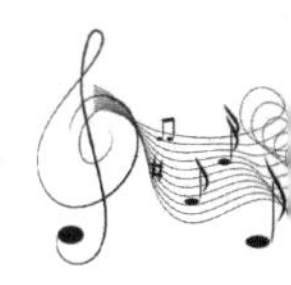

约 7800~9000 年之久，是迄今为止中国考古发现最古老的乐器实物，同时也是世界上最早的可吹奏乐器。这些骨笛是用鹤类尺骨制成，大多钻有 7 孔，在第六孔与第七孔之间有一个小孔，经测音可以发两个变音，音乐学家根据乐器发展规律确定这是为调整第七孔音而钻的调音孔。这说明，中国远古先民已对音高的准确有了一定的要求。这类乐器中除了原始时期的吹奏乐器骨笛外，还有出土于浙江河姆渡遗址，距今 7000 年左右的骨哨。骨哨形制略小于骨笛，通常为单孔或双孔制。它的主要作用为模拟动物声音，吸引动物并将其捕获。此外，还出现了埙这件古老的乐器。在西安半坡村出土了距今 6000 多年的古代乐器埙，形如橄榄，以一吹孔贯穿上下两端，如图 3–2 所示。

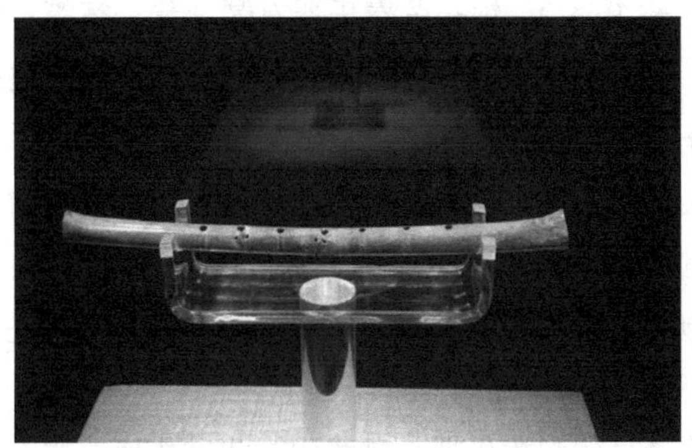

图 3–1　河南舞阳贾湖骨笛

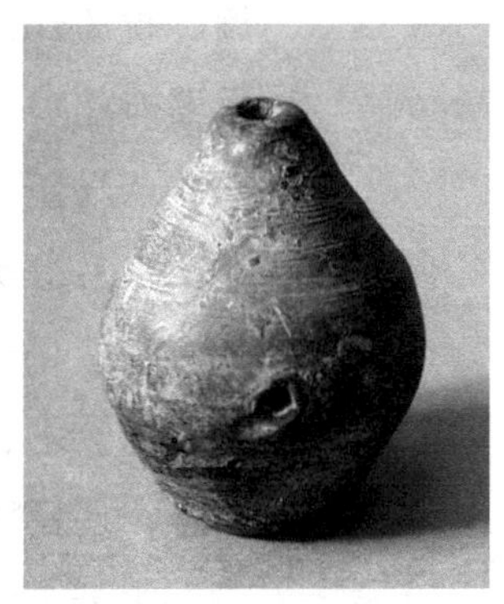

图 3–2　西安半坡遗址陶埙

这一时期的出土文物还包括打击类乐器：磬（qìng）、鼓，还有典籍中出现的足鼓、缶、鼗（táo）。唯一不可确定的是弦乐器是否存在。这时期打造的乐器虽然缺少美观与修饰，且实用性大于表演性，却是祖先智慧的凝聚。

二、夏商时期

夏商时期是奴隶社会发展时期，由于祭祀舞乐十分盛行，部分奴隶成为这一时期专门从事音乐的人，从而推进了宫廷音乐的发展。随着生产力的改进以及人们对音乐的要求有所提升，乐器的种类也随之增多，出现了钟、磬、鼓、铃等。

夏商时代青铜冶炼技术提升，并出现在乐器制作上。其中编钟、铜铃（见图 3–3）为主要的青铜

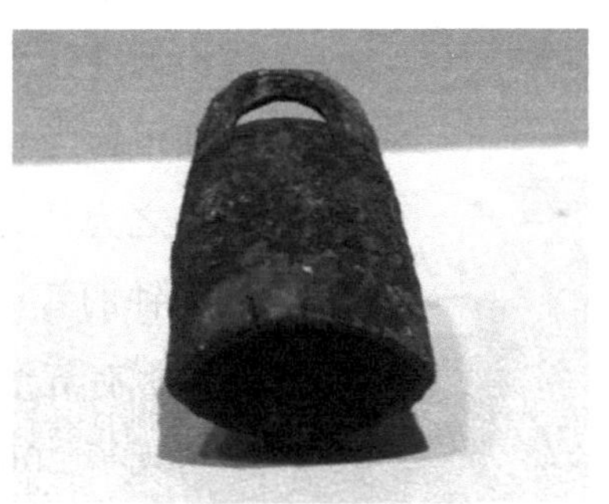

图 3–3　商朝铜铃

乐器。编钟是一种金属撞击乐器，当时的乐匠将三到五只不同音律的编钟进行组合，用以演奏乐曲。铜铃形态类似钟，体积比钟小，内部有一铜舌，需靠摇摆发出声响。夏商时代乐器无论是在做工还是质量上较远古时期都有显著的提高，对音程关系和调式也有了一定的认识，为日后十二平均律的发明起了铺垫作用。

三、先秦时期

先秦时期是我国音乐大繁荣、大发展时期，同时也是乐器发展史上的第一个高峰时期，乐器种类丰富。其中打击乐器有鼓、镛、柷（zhù）、敔（yǔ）、钟；弦奏乐器有琴、瑟、筝等；吹奏乐器有笙、箫、管、埙、龠（yuè）等。先秦时期的音乐成就主要有“八音”分类法、古琴和曾侯乙编钟。

八音分类法是我国最早的乐器分类法，一直沿用到清初。这是一种按乐器的制作材料进行分类的方法，分为“金、石、土、革、丝、木、匏、竹”八大类，它的出现带领中国乐器前进了一大步，是我国乐器发展的一个里程碑。

古琴是汉族最早的弹拨乐器，是我国古代文化地位非常崇高的乐器，位列四艺“琴棋书画”之首，自古以来一直是文人必备的知识和必修的科目。古琴音色深沉浑厚，其中独特的五声音阶更是带有浓重的中国民族特色。

1978 年在湖北随县擂鼓墩曾侯乙墓中出土了一件大型编钟类乐器，史称曾侯乙编钟，如图 3-4 所示。该编钟拥有完整的十二乐音体系，打破了过去认为十二平均律是古希腊传来的说法。曾侯乙编钟分为钮钟、甬钟和镈（bó）钟，如图 3-5 所示。其中钮钟和甬钟为和瓦形钟，敲击正鼓面和侧鼓面能发出两个音高，我们称之为“一钟双音”，正是因为这一项技术的出现增加了曾侯乙编钟的音律。曾侯乙编钟采用七声音阶，并且具有十二个半音，拥有五个半八度，这比拥有七个八度的西方乐器之王钢琴提早出现了 2000 多年。曾侯乙编钟的出现改写了世界音乐史，它以其精良的制作和强大的音乐表现力被音乐界誉为“世界珍宝”。

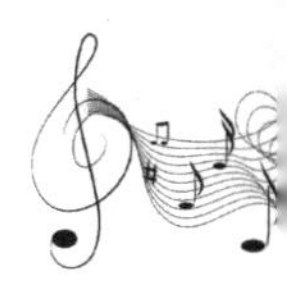

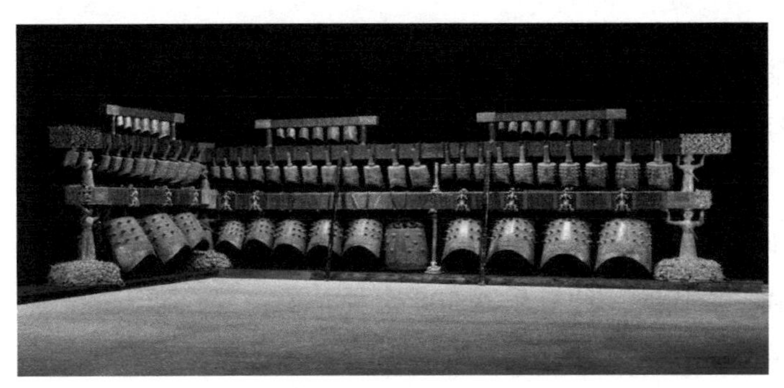

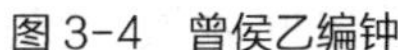

图 3-4　曾侯乙编钟

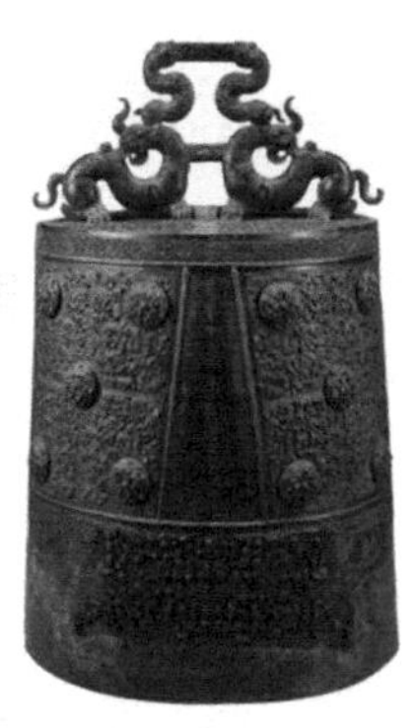

图 3-5　曾侯乙编钟——镈钟

四、秦汉时期

先秦时期出现的弦乐器全部都是横放在案上或膝盖上演奏的，而到了秦朝出现了我国音乐史上最早的抱在怀中演奏的弹拨乐器——弦鼗（táo），这种乐器以拨浪鼓为原型，在鼓面安上琴弦，把鼓柄作为音板来弹奏。三弦、阮咸、月琴一类弹拨乐器正是在弦鼗的基础上发展演变而来的。

汉朝国力逐渐强大，中央开始了对外的交通联系，外来器乐不断传入中原。吹奏乐器在此时发展到了一个新的阶段，由西域传进横吹笛，由西南羌族传进竖吹羌笛（见图 3-6），由西北游牧民族传进了“胡笳（见图 3-7）、角”等乐器，这些乐器的传入丰富了当时的吹奏乐器，对后世吹奏乐器的发展产生了深厚的影响。

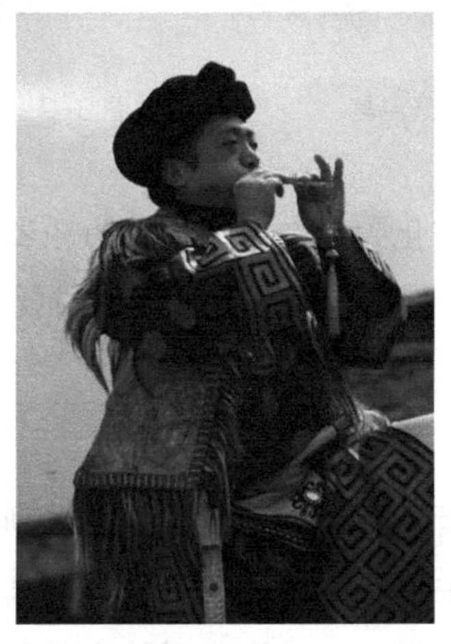

图 3-6　羌笛

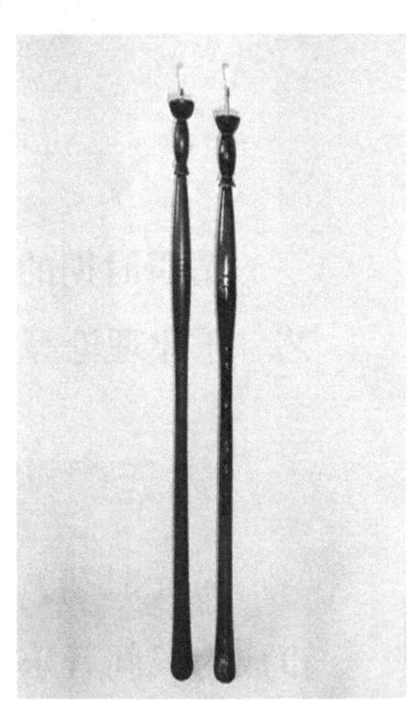

图 3-7　胡笳

五、隋唐时期

隋唐时期我国乐器发展进入鼎盛发展时期。这一时期，我国政治经济稳定，统治者推行开明的外交政策，鼓励东西方文化交流，周边各族及域外乐舞大量涌入，并在当时的社会背景下进一步充分发展，其中弹拨乐器发展最为突出。据《乐府杂录》记载，唐代时，约有乐器300余种，如：琴、瑟、筝、琵琶、箜篌、筑等，其中琵琶（见图3-8、图3-9）在唐代尤为盛行，上至宫廷燕乐，下至民间表演，琵琶都作为领奏乐器出现。在弹拨乐器中，古琴在唐朝也得到了很好的发展。在唐朝发现了中国最早的琴谱《幽兰》，同时拉弦乐器开始在民间流传。

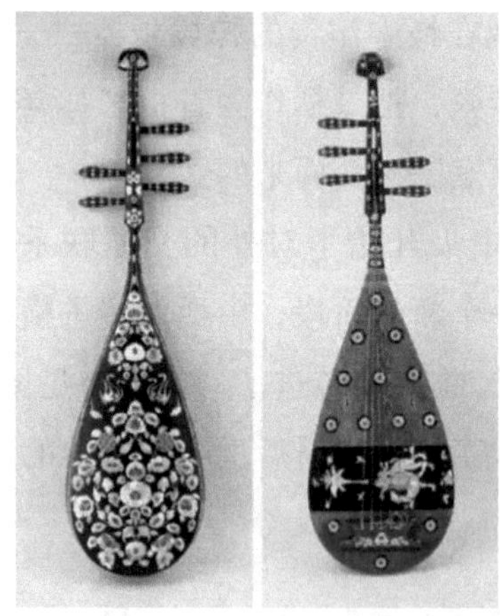

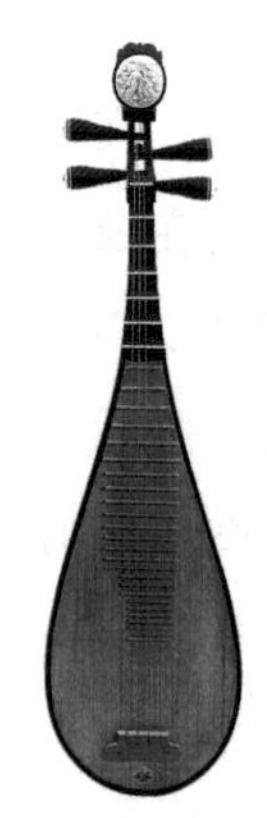

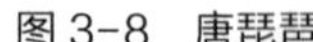

图3-8　唐琵琶

图3-9　当代琵琶

隋唐时期的器乐文化无论在表演形式、乐器种类、制作工艺、乐律理论等方面，都取得了令人瞩目的成就。

六、宋元时期

宋元时期，中国音乐发展由宫廷音乐转移到民间音乐，都市成为民间音乐的集中地，产生了鼓子词、陶真、诸宫调、货郎儿等多种题材的说唱形式，民间曲子的广泛传播，促进了文人的词曲创作。

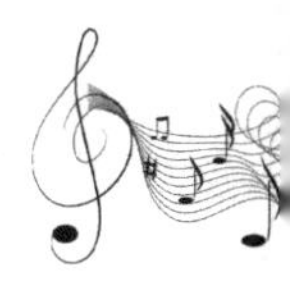

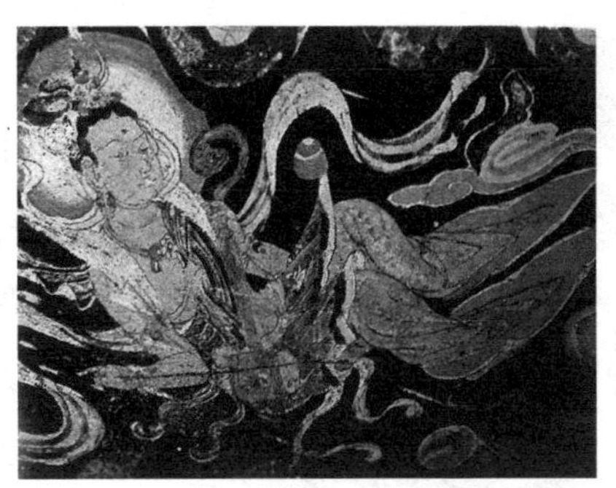

图 3-10　马尾胡琴

说唱音乐和戏剧的迅速发展，使得吹奏类和拉弦类乐器的地位越来越高，许多新型乐器相继出现，如葫芦笙、火不思、马尾胡琴等。马尾胡琴（见图 3-10）流行于中国北部边疆地区，是以马尾作为弓毛拉弦擦奏的乐器，外观独特新颖，演奏曲目多样，乐声柔美。这种用马尾弓代替竹片拉弦发音的乐器是拉弦乐器向前发展的一个里程碑。

七、明清时期

这一时期，民俗活动繁多，民间音乐在宋元时期的基础上更进一步发展，达到中国封建社会的顶峰时期。民间音乐中，戏曲和说唱类音乐发展尤其繁盛，这在客观上促进了弓弦乐器的发展（见图 3-11），出现了四胡、板胡、粤胡、京胡、三弦胡琴等新型拉弦乐器。在复古派的推崇下，古琴和笙再度被人重视，音乐地位逐步提升，其中古琴出现了多种流派，比如虞山派、广陵派、浦城派、诸城派等，其中虞山派演奏风格轻微淡远、中正广和，在社会上广受好评。

民间音乐的兴盛带动地方性音乐的崛起。纵观历史，当时社会分为四大乐种，分别为北方弦索乐、南方丝竹乐、辽晋冀鲁豫皖的鼓吹乐、陕苏浙粤闽等地的鼓吹乐（见图 3-12）。不难发现，这一时期的乐器无论在音量、音域还是音色上，都有了更高的要求。器乐演奏也突破了传统独奏模式，变为多种乐器合奏的形式。

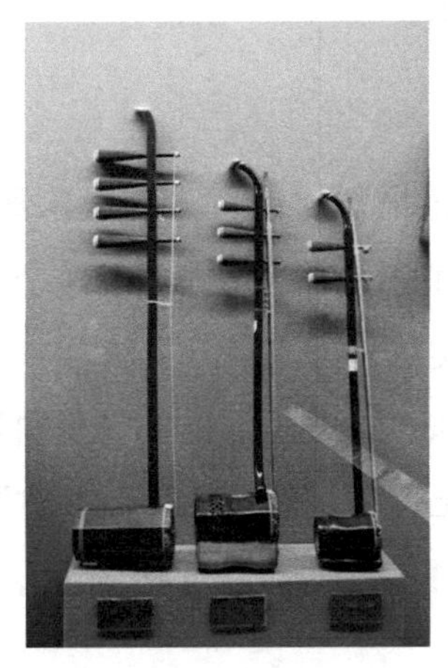

图 3-11　弓弦乐器四胡、三胡、二胡

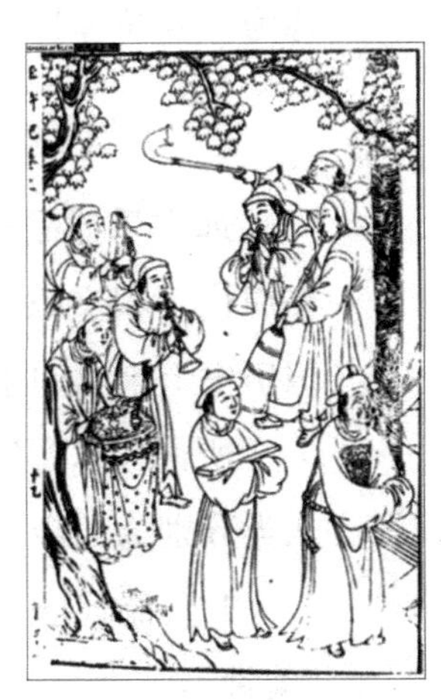

图 3-12　明清鼓吹乐演奏场面

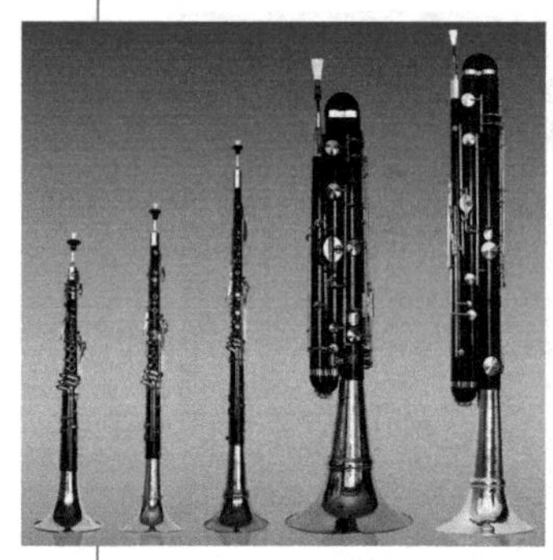
图 3-13　加键唢呐

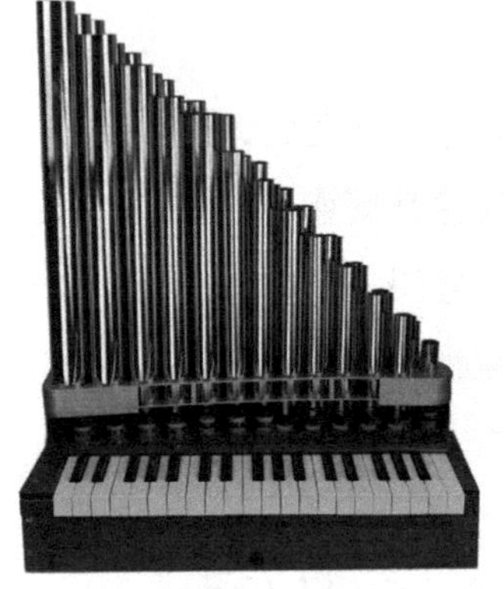
图 3-14　键盘笙

八、近现代时期

近现代中国，战火纷纷，社会动荡，中国音乐文化面临空前的灾难，宫廷音乐彻底失传，但民间音乐得到保留并且长足发展。在五四运动的影响下，民族器乐的发展走上了一条新的道路，二胡演奏家刘天华就是这条道路的先驱者，他改进二胡记谱法，探索民族乐器系统化的教学法，创作了不少二胡曲和琵琶曲，提高了民族乐器的艺术表现力。

新中国成立以后，民族器乐得到了蓬勃发展。广大民族音乐工作者进行了大量且卓有成效的乐器改良工作，改良的乐器有新笛、加键唢呐（见图 3-13）、键盘笙（见图 3-14）、云锣、中胡、革胡等，其中革胡的出现填补了中国民族乐器缺少低音的空白，扩大和丰富了民族乐器的品种和艺术表现力。

第二节　中国乐器的分类与介绍

一、民族乐器的分类

根据不完全统计，目前我国正在使用和尚存的民族乐器有近 500 种。为了方便乐器的统计，可以按照乐器材质进行分类，称为“八音分类法”；也可以按照乐器演奏方式进行分类，称为“吹拉弹打”分类法。

（一）八音分类法

远古乐器品种的大量增加，使古人有了乐器分类的需要。在周代，仅文献记录的中国乐器就达 70 多种，至此便出现中国历史上最早的乐器分类法——八音分类法。

所谓“八音”分类法，指按乐器的制作材料进行分类，这八类分别为“金、石、土、革、丝、木、匏、竹”。

1）金，金属类材料，通常为青铜材料，常见乐器为“编钟”。

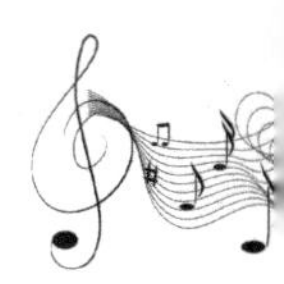

2）石，石头或玉石类材料，主要乐器为“编磬”。“八音之中，金石为先”，商周时代的金石类乐器在宫廷和贵族中往往被视为“重器”，它们不仅是乐器，还是代表权力和地位的礼器。

3）土，陶土类乐器，代表乐器为埙、缶、陶笛等。

4）革，以动物皮革为乐器制作原材料，源于先民狩猎生活，多为打击乐器，鼓为其中典型乐器。

5）丝，丝弦类乐器，代表乐器为琴、瑟、筝等。

6）木，木头制乐器，代表乐器为柷（见图 3-15）、敔（见图 3-16）。

7）匏，葫芦类植物果实，由瓜壳和竹管、簧片一起制成乐器，吹奏发声，代表乐器为笙、竽。

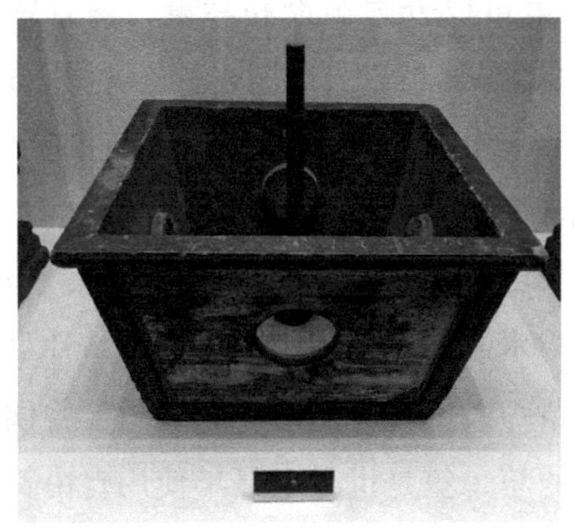

图 3-15　柷

图 3-16　敔

8）竹，用竹类植物制成乐器，代表乐器为笛、箫、管等。

（二）“吹拉弹打”分类法

1. 吹管乐器

我国民族吹管乐器的发音体大多为竹制或木制。根据其振动方法的不同，分为三类：一类是气流通过吹口引起空气振动发声，如埙、笛，箫；一类是以气流通过簧片振动发声，如笙；一类是通过哨片振动发声，如唢呐、管子。

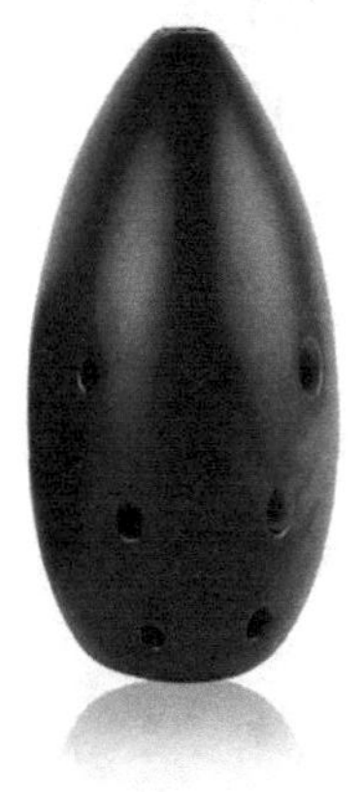

图 3-17　埙

1）埙（见图 3-17）是我国最古老的吹管乐器之一，为闭口吹奏乐器。埙以陶制最为常见，也有石制和骨制，形状

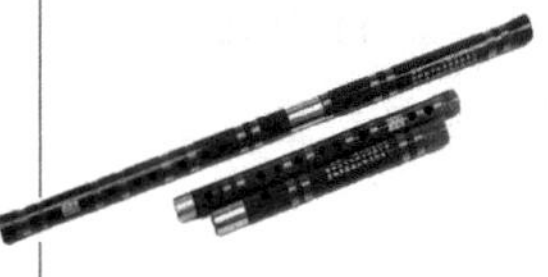
图 3-18 笛

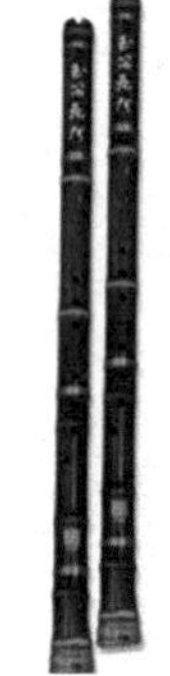
图 3-19 箫

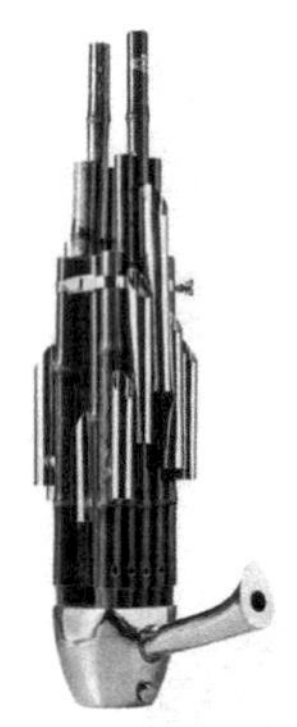
图 3-20 笙

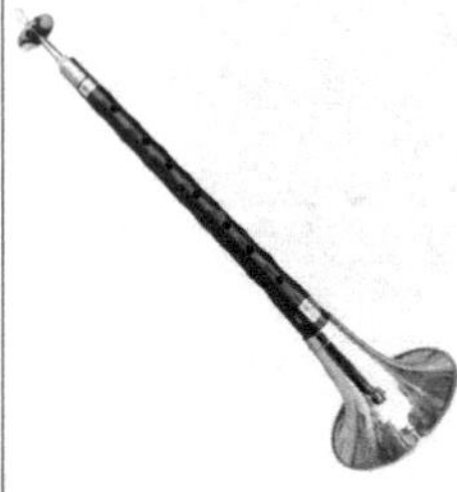
图 3-21 唢呐

有圆形、椭圆形等。埙的音色浑圆醇厚、古朴深沉，在世界原始艺术史中有重要的地位。

2）笛（见图 3-18）古名横吹、横笛，早在战国末年就在中原大地流行。笛子是极具民族特色的吹奏乐器。一般分为曲笛、梆笛两种。曲笛多分布于中国南方，管身粗而长，音色浑厚而柔和、清新而圆润，是江南丝竹、苏南吹打等地方音乐，以及昆曲等戏曲音乐中富有特色的重要乐器之一。梆笛多流行于北方，管身较短，音色高亢、明亮，多用于北方的评剧，以及梆子戏曲等地方戏曲的伴奏，具有浓郁的地方色彩。

3）箫（见图 3-19）是一种非常古老的吹管乐器，其历史可以追溯到远古时期。箫可以分为洞箫和琴箫，两者皆为单管、竖吹的吹管乐器。洞箫通常流行于民间，一般用于独奏。琴箫直径比洞箫略细，音量比洞箫小，通常用于与古琴合奏。箫总体音色圆润轻柔，幽静典雅。

4）笙（见图 3-20）由笙斗、簧片、笙苗等组成。笙斗最早用匏制成，唐代后改为木制，现在则多用铜制。簧片最早为竹制，后改为铜制。笙苗一般用竹管制成。湖北随县曾侯乙墓中出土了中国目前最早的笙，笙是世界上最早使用自由簧的乐器，它的出现对西洋乐器的发展曾起过积极的推动作用。笙音色柔和甜美，能同时吹奏数音。在现代的中国民族乐队中，笙既可当旋律，又可用作伴奏。

5）唢呐（见图 3-21）又名琐奈、喇叭、海笛等，是双簧吹管乐器。早在公元 3 世纪，唢呐随丝绸之路的开辟，从东欧、西亚一带传入我国。唢呐由哨子、芯子、杆、铜碗等部件组成。管身木制，呈圆锥形，上端装有带哨子的铜管芯子，下端套着一个喇叭形铜碗。唢呐音色高亢嘹亮，刚中带柔。唢呐在我国民间广为流传，是一件具有特色的独奏乐器，并且广泛运用于戏曲、歌舞伴奏。

6）管子（见图 3-22）和双簧吹管乐器，古称筚（bì）篥（lì）、笳管或芦管，汉代起源于西域龟兹国（今新疆库车一

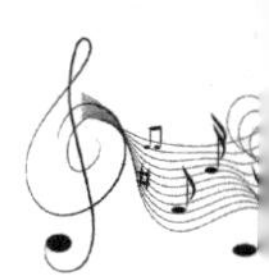

带），约在东晋传入中原。现代流传的管子一般为木制，开 8 孔，根据管身粗细分为小管、高音管、中管、大管。管子音色高亢明亮、粗狂质朴，音量较大，流行于中国北方民间。

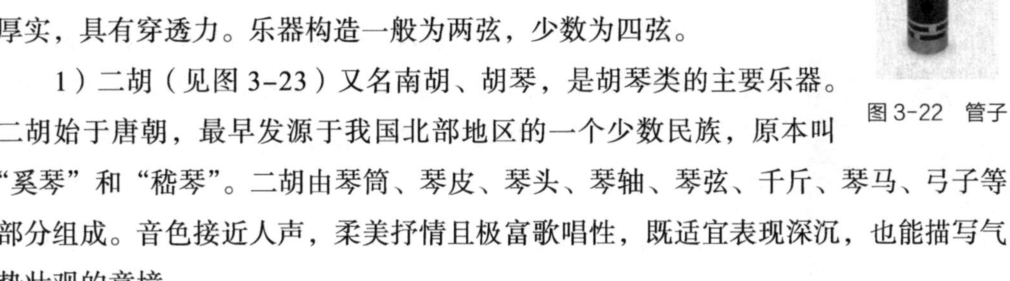

图 3-22　管子

2. 拉弦乐器

拉弦乐器是我国民族乐器中历史最短的一类乐器。唐代出现的奚琴和轧筝是迄今公认的最早的拉弦乐器。我国民族拉弦乐器主要指胡琴类乐器，有的音色优美、柔和，有的清晰、明亮，有的圆润、厚实，具有穿透力。乐器构造一般为两弦，少数为四弦。

1）二胡（见图 3-23）又名南胡、胡琴，是胡琴类的主要乐器。二胡始于唐朝，最早发源于我国北部地区的一个少数民族，原本叫“奚琴”和“嵇琴”。二胡由琴筒、琴皮、琴头、琴轴、琴弦、千斤、琴马、弓子等部分组成。音色接近人声，柔美抒情且极富歌唱性，既适宜表现深沉，也能描写气势壮观的意境。

2）板胡（见图 3-24）又名梆胡、秦胡、胡呼等，是伴随着中国地方戏曲梆子腔的出现而产生的，约于明末在胡琴的基础上改制而成。因其音箱用椰子壳或硬木制成而得名。板胡品种繁多，音色明亮、高昂、坚实，具有很强的穿透力，是北方戏曲、曲艺的主要伴奏乐器。

3）京胡（见图 3-25）曾名胡琴、二鼓子，清乾隆末年伴随中国传统戏曲京剧而产生。京胡的构造与二胡大致相同，琴筒较小，琴杆长度较短。京胡音质坚亮，

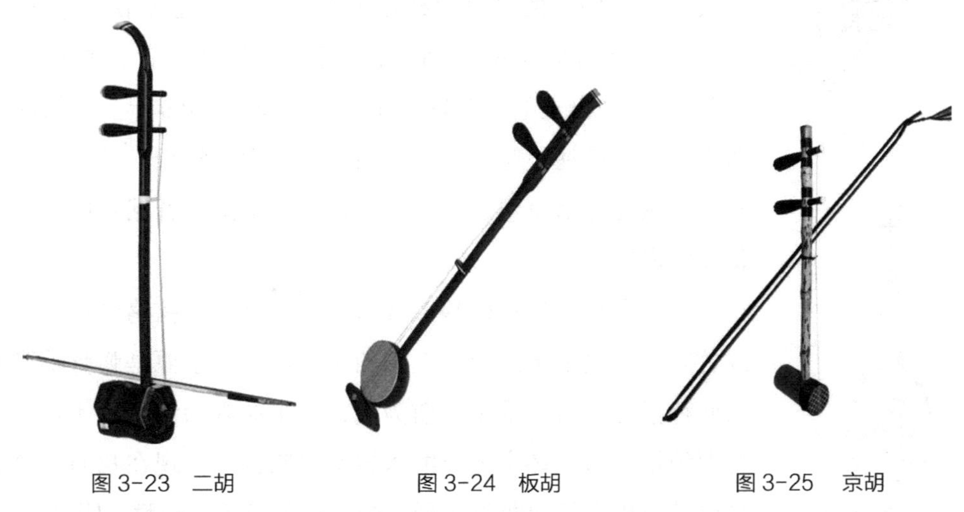

图 3-23　二胡　　图 3-24　板胡　　图 3-25　京胡

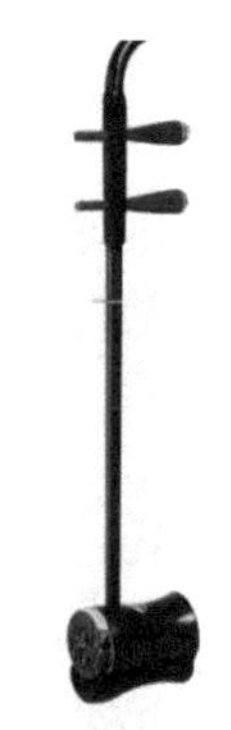
图 3-26　高胡

发音刚劲有力，在合奏中有很强的穿透力。

4）高胡（见图 3-26）是“高音二胡”的简称，由二胡改制而来，其形、构造、演奏弓法与技巧，以及所用的演奏符号等均与二胡相同，只是琴筒比二胡略小，常用两腿夹着琴筒演奏。高胡音色明朗、清澈，是中国民间乐种广东音乐和粤剧伴奏的主奏乐器。

3. 弹拨乐器

我国弹拨乐器的历史悠久。弹拨乐器音色明亮、清脆，种类形制繁多，按照乐器构造分横式与竖式两类，横式有筝、琴、瑟、扬琴等，竖式有琵琶、阮、扬琴、三弦、柳琴、箜篌、冬不拉等。

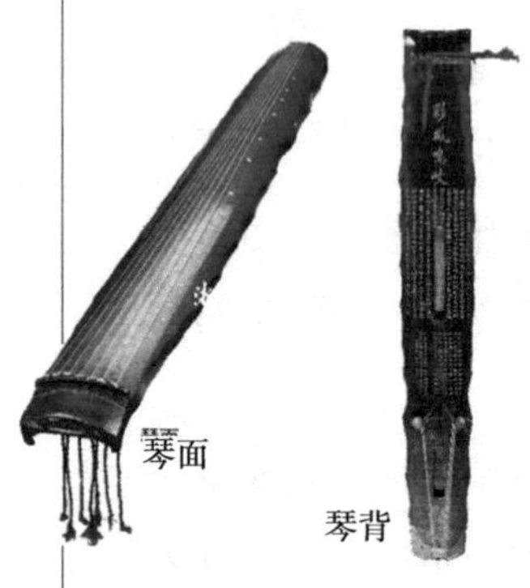

图 3-27　古琴

1）古琴（见图 3-27）又称七弦琴、瑶琴，距今有 3000 年以上的历史，是我国现存最古老的弦乐器。据史籍记载，古琴由伏羲氏或神农氏发明制造，最初只有五弦，后来周文王加一弦，武王加一弦，变成了现在的七弦形制。古琴音色安静幽远、细微悠长，淡雅敦厚，缥缈多变，因其清、和、淡、雅的音乐品格寄寓了文人超凡脱俗的处世心态，3000 多年来和古琴结缘的文人雅士多若繁星，并发生了许多动人的故事。

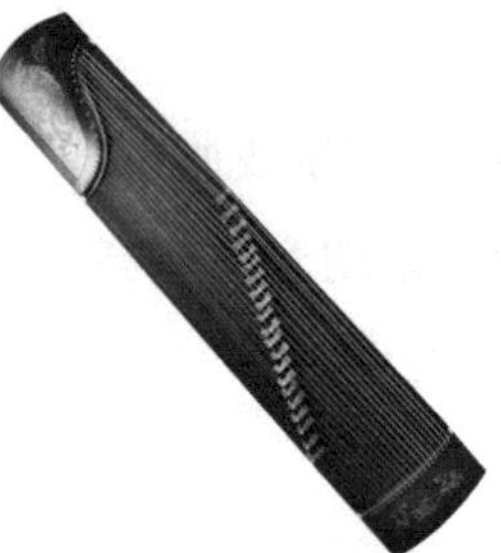
图 3-28　古筝

2）古筝（见图 3-28）又名秦筝、汉筝等，战国时期盛行于秦地。中国筝的最早记载见于李斯的《谏逐客书》“夫击瓮叩缶，弹筝搏髀（bì），而歌呼呜呜，快耳目者，真秦之声也”。而迄今出土的江西贵溪崖墓筝距今约 2650 年。古筝的构造由面板、雁柱、琴弦、前岳山、后岳山、背板、琴足、出音孔、穿弦孔等部位组成，古筝音色圆润饱满、音域宽广，具有很强的表现力。

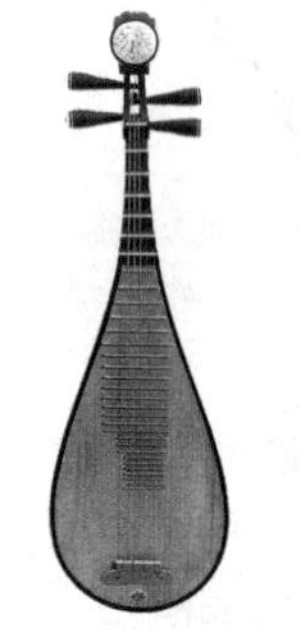
图 3-29　琵琶

3）琵琶（见图 3-29）曾名枇杷，拨弦类弦鸣乐器。木制或竹制，音箱呈半梨形，上装四弦。琵琶二字原是弹弦乐器上的两种指法，右手推手向前为琵，反手向内为琶。古代凡是用这两种指法抱在怀中演奏的乐器都曾叫琵琶。现在我们所说的琵琶是专指古代的曲项琵琶。琵琶音色清澈、清脆、明亮。

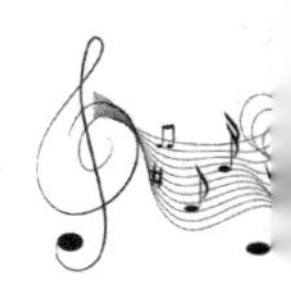

4）阮（见图 3–30）是阮咸的简称，相传西晋阮咸善弹此乐器，因而得名。据史籍记载，阮起源于公元前 217 年至公元前 105 年，汉时称为秦琵琶或秦汉子。阮琴身为圆形，直颈、四弦。阮族乐器种类繁多，现有低音阮、大阮、中阮、小阮和高音阮等，音色各有特点，可用于独奏、重奏、伴奏或民乐合奏。

5）扬琴（见图 3–31）又名洋琴、打琴、铜丝筝、扇面琴、蝙蝠琴、蝴蝶琴，明末由波斯传入。扬琴由共鸣箱、山口、弦钉、弦轴、马子、琴弦和琴竹等构成。扬琴音色颗粒感强，音量宏大、刚柔并济，可以独奏、合奏或为戏曲、曲艺伴奏。扬琴因其宽广的音域在民族乐队中充当“钢琴伴奏”的角色。

6）三弦（见图 3–32）又名“弦子”，起源于秦朝，秦朝时称之为“弦鼗”。三弦构造分为琴头、琴颈、琴身。三弦琴颈较长，琴身两面蒙以蛇皮。三弦音色粗犷、豪放，普遍应用于戏曲音乐、说唱音乐。

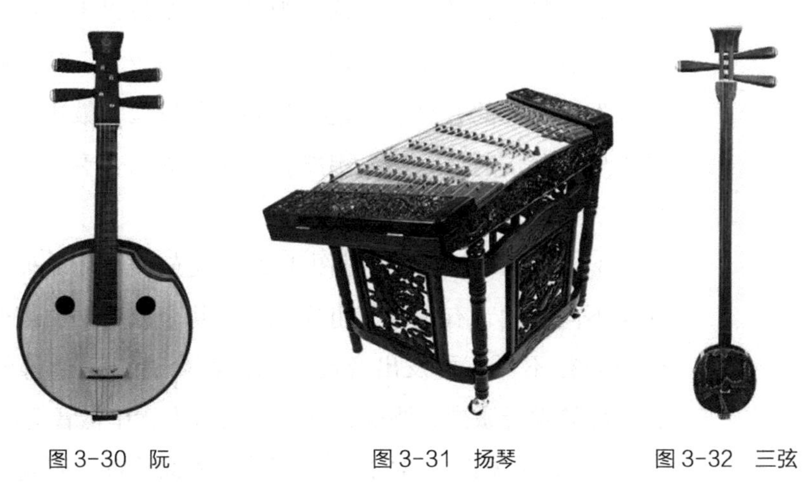

图 3–30　阮　　图 3–31　扬琴　　图 3–32　三弦

4. 打击乐器

打击乐器也叫“敲击乐器”，是指敲打乐器本体而发出声音的乐器。我国民族打击乐器种类繁多，演奏技巧丰富，具有鲜明的民族特色。从音高来区分，分为有固定音高和无固定音高两类。若根据打击乐器不同的发音体来区分，可分为两类：①“膜鸣乐器”，就是通过敲打蒙在乐器上的皮膜或革膜而发声的乐器，如各种鼓类乐器；②“体鸣乐器”，就是通过敲打乐器本体而发声的，如钟、木鱼、各种锣、钹（bó）、铃等。

1）编钟（见图 3–33）是中国汉族重要的打击乐器，兴起于周朝，盛于春秋战国直至秦汉，迄今考古发现春秋战国时期的编钟数量已经相当可观。编钟由青铜铸

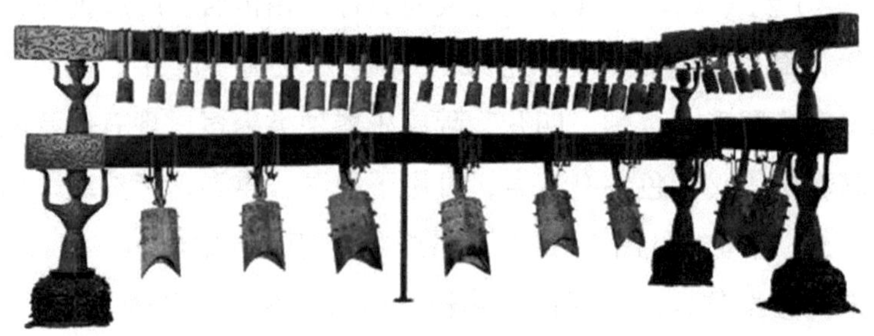

图 3-33　编钟

成，由大小不同的扁圆钟按照音调高低的次序排列，悬挂在木架上编成一组或几组，用木槌敲击。

2）堂鼓（见图 3-34）是汉族传统捶击膜鸣乐器之一，堂鼓又名同鼓、站鼓，清代称其为杖鼓。堂鼓以木为框，两面蒙牛皮，有大、中、小三种规格。堂鼓鼓面较大，从鼓心到鼓边可以发出不同的音高、音色，鼓心音色较低，鼓边音较高。堂鼓类乐器敲击时使人热血沸腾，常用于器乐合奏、舞蹈和戏曲伴奏。

3）中国民族排鼓（见图 3-35）是鼓类的新品种，由五个大小不同、发音有别的鼓组成一套，每个鼓的两面鼓框外径相同而内径不一，可发出音高不同的两个音，一套排鼓有十个音。排鼓发音激烈、跳荡，高音坚实有力，中低音宽厚洪亮。

4）钹（见图 3-36）古称铜钹，民间称镲，目前通用钹分为中国式和土耳其式两种。钹是一对金属圆片，中间凸起，各有一条钹巾系在中央，演奏时手持钹巾将两片对击。钹外形尺寸与声调高低有多种，最常见的为大钹、小钹。钹不仅在民

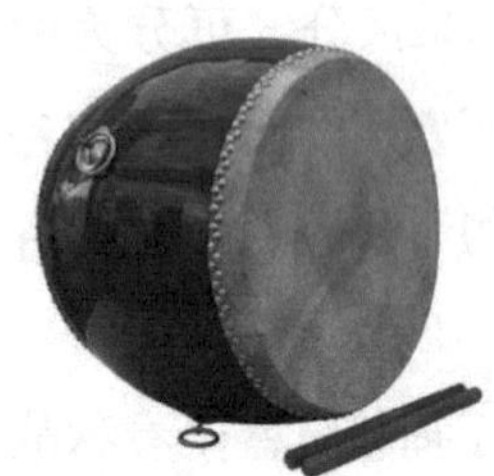

图 3-34　堂鼓

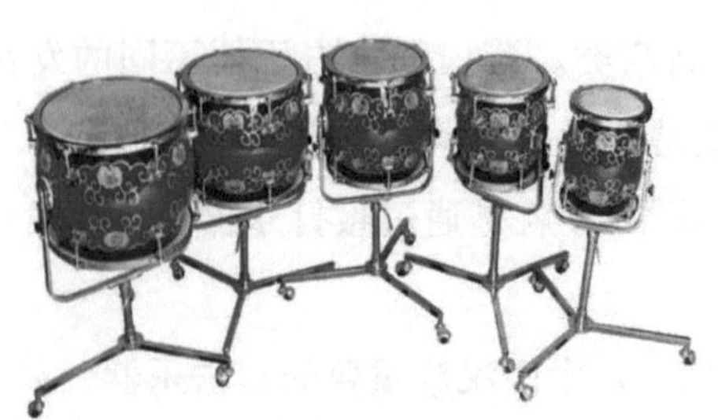

图 3-35　民族排鼓

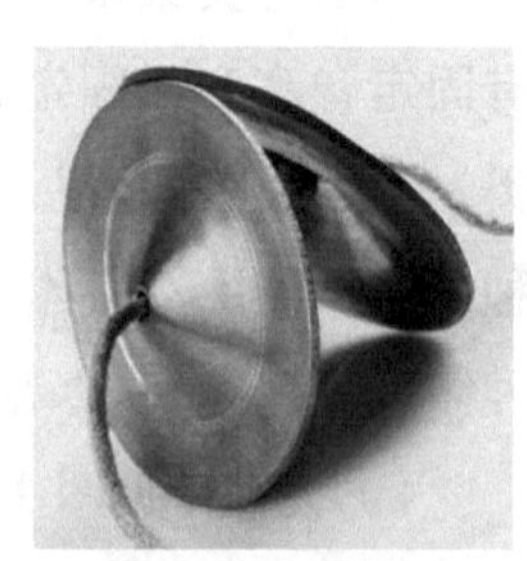

图 3-36　铜钹

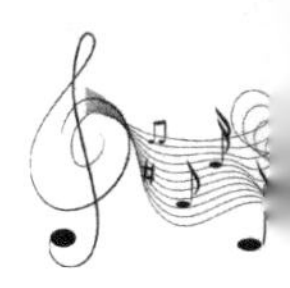

族音乐、地方戏剧、吹打乐和锣鼓乐中使用，还广泛运用于民间歌舞和文娱宣传活动。

5）板鼓（见图 3–37）又名单皮、班鼓。板鼓演奏员演奏时常与拍板同时进行，因此而得名。板鼓是中国戏曲乐队中的指挥乐器。板鼓是一种矮小的单面鼓，鼓身用桦木等硬质木料制作，音色清脆，多用于地方戏曲伴奏。

6）锣（见图 3–38）是一种属于多类的打击乐，通常可见的锣为铜制，它结构简单，锣身呈圆形弧面，四周以边框固定。锣身大小有多种规格，分为大型锣和小型锣。大锣音响深沉而雄厚，音色柔和，余音悠长持久，可用来增强节奏、渲染气氛。小型锣音色明亮清脆，起着衬托和加强效果。

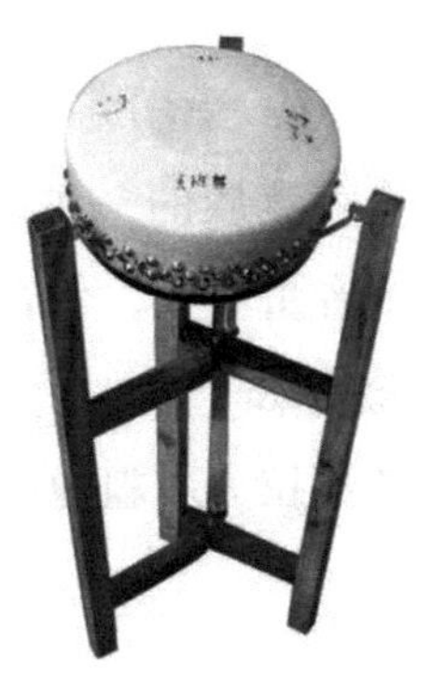

图 3–37　板鼓

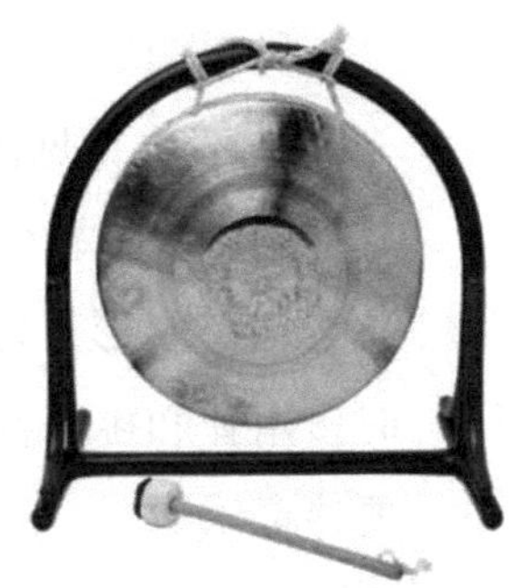

图 3–38　锣

二、少数民族器乐

我国 55 个少数民族能歌善舞，各族都有着丰富的民间乐器。据不完全统计，各种形制的乐器达 500 余种，涵盖吹拉弹打四种演奏方式，其表演性能丰富多彩。少数民族的乐器各有特色，在这些特色乐器演奏的基础上，出现了风格多样的少数民族乐曲，代表性的有马头琴、朝鲜族长鼓、冬不拉、独弦琴、羌笛等。

1. 马头琴

马头琴（见图 3–39）是蒙古族最具特色的传统乐器，是一种两弦的弦乐器，其琴身为梯形，琴柄雕有马头，故此命名为马头琴。马头琴历史悠久，从唐宋时期拉弦乐器奚琴发展演变而来，其音乐深沉粗犷，体现了

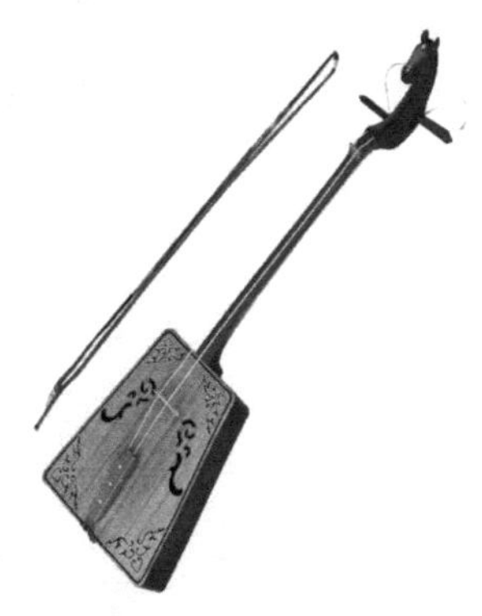

图 3–39　马头琴

蒙古族人民的草原风情，是适合演奏蒙古族古代长调最好的乐器。马头琴音乐在蒙古族文化中极受尊重，已成为蒙古族文化极为重要的表现形式。

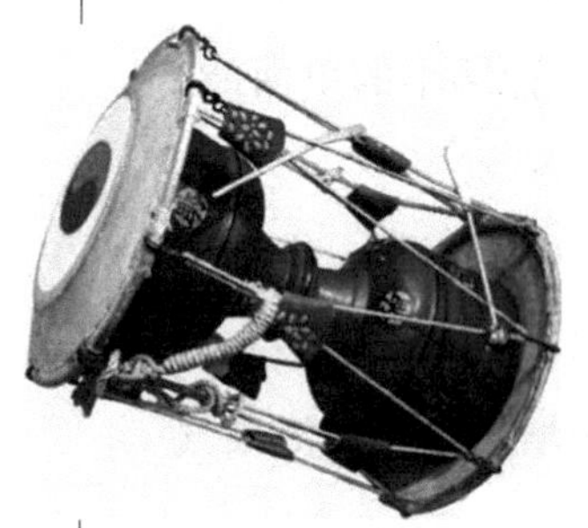
图 3-40　朝鲜族长鼓

2. 朝鲜族长鼓

朝鲜族长鼓（见图 3-40）又名杖鼓，是混合击膜鸣乐器。朝鲜族长鼓起源于印度细腰鼓。公元 4 世纪，细腰鼓通过丝绸之路传入我国中原，后又东传朝鲜。长鼓演奏时将鼓横挂胸前，或放在木架上，左手拍鼓，右手执竹片敲击，音色较柔和。长鼓多用在舞蹈中，也可在合奏或伴奏中作为节奏乐器使用。

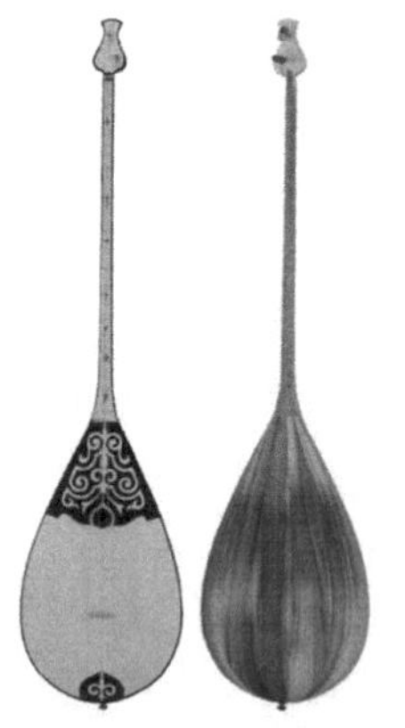
图 3-41　冬不拉

3. 冬不拉

冬不拉（见图 3-41）是哈萨克族的一种民间弹拨乐器，其形制不大，轻便易于携带，虽音量不大，但音色优美。冬不拉音箱呈梨形，琴杆细长，上嵌有 8 个或 10 个品位。在演奏时多用弹和挑两种弹奏方法。冬不拉为新疆地区弹唱音乐的重要伴奏乐器。

4. 独弦琴

独弦琴（见图 3-42）是京族弹弦乐器，也是京族古老的民间竹制乐器。独弦琴顾名思义只有一根弦，它是以大竹管为琴体，完全依靠一条琴弦和一个摇杆，通过弹、挑、揉弦、推、拉等诸多手法来演奏。独弦琴音色优美，高音清晰、中音明亮、低音丰满，表现力极为丰富，能淋漓尽致地抒发人们的思想感情。

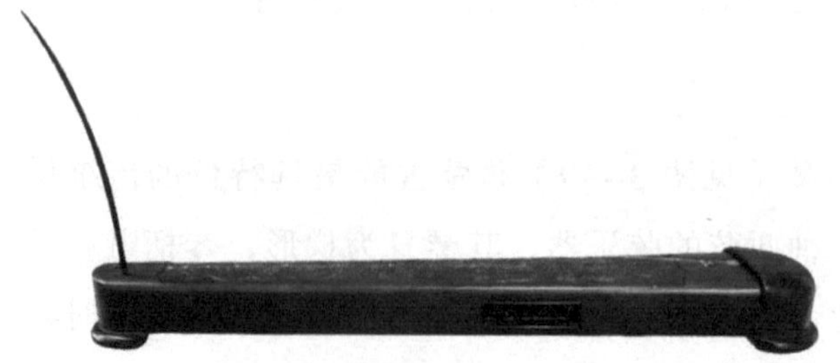
图 3-42　独弦琴

5. 羌笛

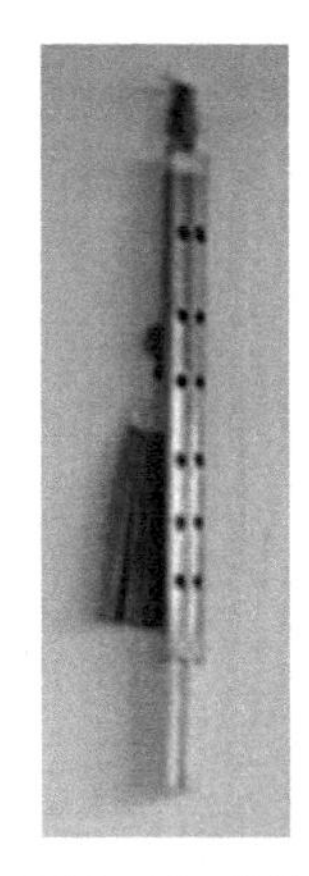

图 3-43　羌笛

羌笛（见图 3-43）是我国古老的单簧气鸣乐器，距今已有 2000 多年历史，是羌族的传统民间竖吹乐器，流行于四川北部阿坝藏族羌族自治州。羌笛由两根长约 15 厘米、筒孔大小一致的竹管缠绕连接在一起，管头插着竹簧。羌笛音色常给人以虚幻迷离、动人心魄的感觉，羌族人常用它来抒发自己的喜怒哀乐。

三、中国古代记谱法

纵观古代音乐史，为了适应和推动音乐的发展需要，为了记录、传播和保存音乐，出现了各种各样的记谱法。古代音乐记谱法主要以文字形式记录，它们的出现为后世留下了大量的宝贵音乐遗产。

1. 声曲折

声曲折是汉代诗歌演唱时常用的曲谱，是目前有文字可考的中国古代最早的记谱方法。声曲折即曲调，或依据曲调的高低上下而绘制的一种乐谱。《汉书·艺文志》载有《河南周歌诗》7 篇、《河南周歌声曲折》7 篇；《周谣歌诗》75 篇、《周谣歌诗声曲折》75 篇。

2. 文字谱

文字谱（见图 3-44）是用文字记述古琴弹奏指法和弦位的一种记谱法。我国

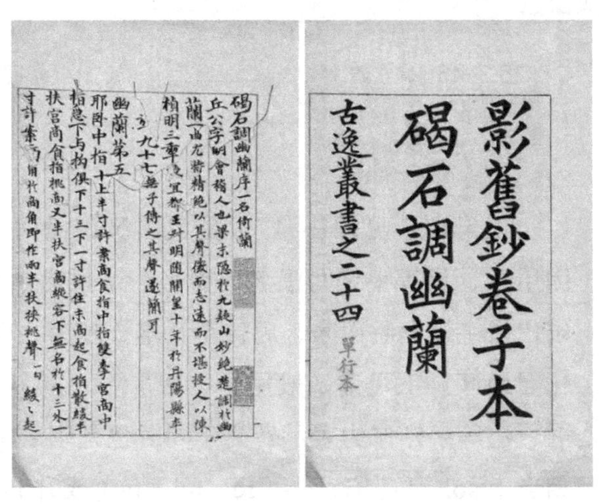

影舊鈔卷子本
碣石調幽蘭
古逸叢書之二十四
單行本

碣石調幽蘭序一名倚蘭
丘公字明會稽人也梁末隱於九疑山妙絶楚調於幽
蘭一曲尤特精絶以其聲微而志遠而不堪授人以陳
禎明三年授宜都王叔明隋開皇十年於丹陽縣卒
年九十七無子傳之其聲遂簡耳
幽蘭第五
耶卧中指十上半寸許案商食指中指雙牽宮商中
指急下與構俱下十三下一寸許住末商起食指散緩半
扶宮商食指挑商又半扶宮商縱容下無名於十三外一
寸許案商

图 3-44　文字谱

现存唯一的文字谱是《碣（jié）石调·幽兰》，它由六朝梁代丘明传谱，由于文字谱过于繁复，使用不便，后逐渐被其他记谱法取代。

3. 减字谱

减字谱由文字谱发展而来，为唐朝曹柔所创立，如图 3–45 和图 3–46 所示。减字谱顾名思义是将文字进行了简化，运用减字笔画拼成某种符号作为左、右双手演奏技法，是一种只记录弹奏音高与方法，而不计音名、节奏的记谱法。减字谱是对文字谱记谱法的一次重大改革，是一种沿用千年而未被取代的古老记谱法。

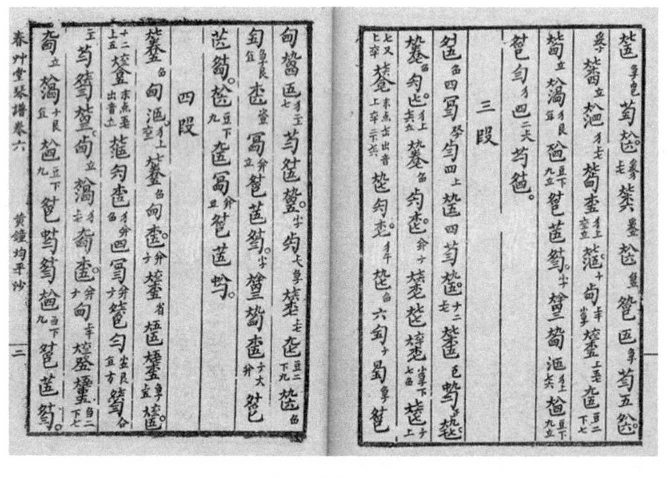

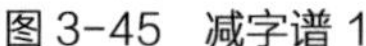
图 3–45　减字谱 1

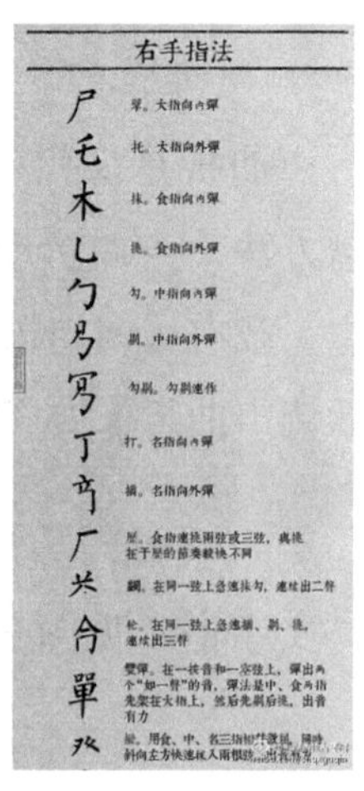

图 3–46　减字谱 2

4. 工尺（chě）谱

工尺谱（见图 3–47）是我国汉族民间传统记谱法之一，因用工、尺等字记写唱名而得名。工尺谱由唐代燕乐半字谱、宋代俗字谱发展而来，后传至日本、越南、朝鲜半岛等汉字文化圈地区。工尺谱一般用合、四、一、上、尺、工、凡、六、五、乙等字样作为表示音高（同时也是唱名）的基本符号，可相当于 sol、la、si、do、re、mi、fa（或升 Fa）、sol、la、si。

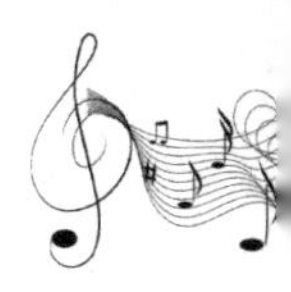

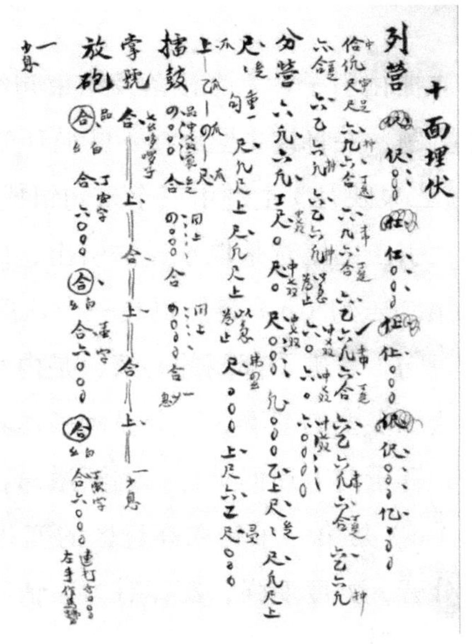

图 3-47　工尺谱谱例

四、二胡名曲《二泉映月》

音频 3-1

1. 作品简介

《二泉映月》是作曲家阿炳一生坎坷、悲惨生活的真实写照，该曲是伴随作者人生遭遇而形成的，自始至终流露的是一位饱尝人间辛酸和痛苦的盲艺人的思绪情感。作品展示了独特的民间演奏技巧与风格，以及无与伦比的深邃意境，显示了中国二胡艺术的独特魅力。

2. 作者简介

华彦钧（1893—1950），江苏无锡人，民间音乐家。小名阿炳，自幼随其父当道士，习音乐，后沦为街头流浪艺人，双目失明。阿炳出生在中国末代封建王朝行将灭亡的时代，他经历了中国历史上最为动荡的黑暗时刻，饱尝人间的悲苦磨难，其作品渗透着传统音乐的精髓，表现了他对现实生活的深刻感受，情真意切，感动人心，充满艺术的生命力。

阿炳的演奏技艺是他二胡艺术成就中的重要部分，他的二胡演奏细腻深刻、潇洒磅礴、苍劲有力、刚柔相济、感人至深。阿炳民间音乐修养广博，使得《二泉映月》演奏中呈现的技巧与当时的学院派使用的技能不尽相同，因此这首作品在当时中国二胡圈引起了轰动。

3. 欣赏提示

本曲由引子、六个段落及结束句组成。全曲以一段旋律为音乐主题，并将该主题旋律不断循环变奏。

《二泉映月》主题由三个乐句组成。第一乐句（a）共 4 小节，由引子的尾音采取承递法引出，旋律在宁静中透出忧伤之情。第二乐句（b）突然提高一个八度，以强力度奏出明亮有力的短句，打破了郁闷的心情，是内心情感的直接披露，强奏的弓法和多变的节奏，充分显示了作者独特的旋律个性。在音高上，音乐向上迂回进行，逐渐激昂，充满了无限感慨。第三乐句（c）是第一乐句在高音区的变化和发展。出现在弱拍上的切分音，力度变强，旋律有力，情绪也更为激动，达到段落高潮，诉说着内心的愤懑不平。

主题音乐从不同层次加以陈述、引申、展开，奠定了全曲的基本情感性质和形象特征。在五次变奏中，a、b 两句变化较小，c 句变化较大，使主题不断深化。

在弓法上，阿炳经常使用一字一弓，音量饱满、坚实有力。他的连弓用得不多，但很有特点，他吸取了戏曲音乐中弦乐的运弓方法，由弱拍进入强拍，形成弓法上的切分进行和延留进行。

在指法上，阿炳应用的是民间演奏中的定把滑音，在演奏时左手始终放在二胡的第二把位上，在第一、三把位上的旋律多采用滑音演奏，这种技巧既减少了频繁的换把次数、又能通过手指滑弦效果使旋律的进行更加浓郁连贯。

全曲的速度比较统一，但力度的变化却相当大。阿炳根据感情的需要随心所欲地运弓，运弓的强弱起伏配合以左手的按弦，通过指力的轻重造成音的顿挫，让人听起来感到连中有断，音断意不断，曲调显得更为生动、富有活力。

五、古琴名曲《广陵散》

音频 3-2

1. 作品简介

《广陵散》，又名《广陵止息》，中国十大古琴曲之一，其

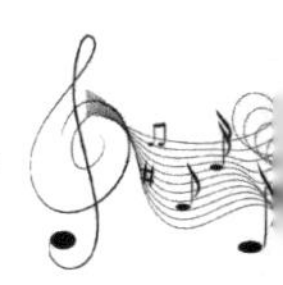

古谱如图 3-48 所示。《乐府诗集》中曾记载《广陵散》最早不只是古琴曲，还是被琵琶、笙、�等乐器演奏的“但曲”。但其他所有乐器演奏的《广陵散》曲谱均已失传，唯有琴曲保存至今。《广陵散》曲谱最早见于明朱权《神奇秘谱》。

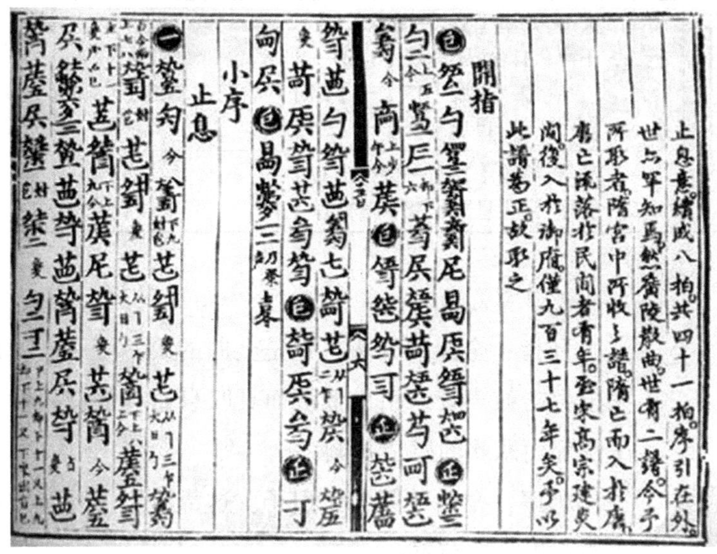

图 3-48 《广陵散》古谱

《广陵散》在音乐创作上运用了模进、节奏紧缩、变奏、转调、调式交替等多种手法，把原本十分简练的素材发展扩充成一首复杂而统一的大型琴曲。定弦上使用“慢商调”，将二弦降低与一弦音高相同，两条弦共同演奏，加重低音效果，使全曲在沉郁、凝重之外又另有超旷、飘逸之悠扬，形成了强烈的音响效果。在演奏技巧上运用五度、八度等和音的双音奏法保留了全扶、间勾、长锁等古老的古琴指法充分调动了古琴散音、泛音和按音等音色。魏晋琴家嵇康以善弹此曲著称。

2. 欣赏提示

《广陵散》是古代琴曲中结构最长的作品，共有四十五段，分为六个部分，即开指（一段）、小序（三段）、大序（五段）、正声（十八段）、乱声（十段）、后序（八段），每段皆冠以小标题，如“取韩”“呼幽”“冲冠”“投剑”“长虹”等。从这些标题可以判断出，此曲的表现内容与聂政刺韩王的故事情节相符。根据西方音乐体系，我们将这六部分再进行整合，最后整合为序引、主体、尾声三大部分如表 3-1 所示。

表 3-1 《广陵散》的曲体结构和功能

曲体结构		功能
序引	一、开指【1】 二、小序 止息【2】—止息【4】	引子
主体	一、大序 井里【5】—因时【8】 二、正声：1. 主题呈现【11】—【16】 2. 发展【17】—【24】包含三次转折 3. 再现【25】—【26】	起承转
尾声	一、乱声 峻迹【28】—微行【37】 二、后序 会止息意【38】—亡计【45】	合

序引（开指 + 小序）

开指：全曲的开头，也是全曲的第一个引子，以泛音乐句来模拟击鼓声音，引出低沉而具叹息意味的叙事性音调，奠定了忧郁而悲欢的感情基调。

小序：全曲的第二个引子。这部分用重复音重叠反复演奏来模拟击鼓的节奏。

这部分音乐轻松自如，引人入胜，其中运用泛音表现了对聂政悲惨命运的同情与韩王的残暴政策，为故事的开始埋下伏笔。这部分让人产生一种既平淡深远、幽静，又不乏深重的审美感受。

主体（大序 + 正声）

大序：主体部分的连接段落，音调平稳，速度适宜，总体情绪稳定，起到一个承上启下的作用。

正声：主题的核心部分，同时也是全曲的精华所在。将正声十八段再进行总结可分为三个部分，即主题呈示部、主题发展部、主题再现部。它以低音区的按音、滑音以及顿挫跌宕的节奏表现一种压抑的情绪。

正声的第二段出现了第一个主题音调，突出主导作用。正声的主调进行以后，进一步发展了主调旋律，乐曲缓慢沉稳，表现出作曲家凄凉苍白、悲痛怨恨的情绪。到了正声的第八

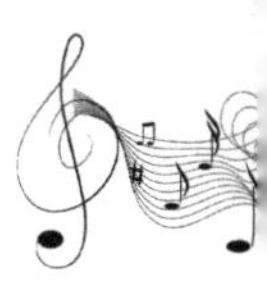

段，音乐进入了低音区，速度减慢，旋律较之前部分更加舒缓，左手大量使用按音、滑音的演奏技巧突出聂政内心压抑的情绪。随着音乐的力度不断加强，到了正声第九、十段，这部分用了古琴中最强烈的拨、刺的演奏手法，表现出戈矛纵横的杀伐气息，将乐曲激昂、愤慨的情绪表现得淋漓尽致，从而达到了全曲的高潮。乐曲第十一段节奏力度逐渐舒缓，情绪慢慢得到平息。正声的第十六段运用了泛音和散音激发，表现出视死如归、壮阔豪迈的气势。最后用拂的演奏手法，结束正声部分。

尾声（乱声＋后序）

乱声：在乱声部分出现了该曲的第二个主题音调，即乱声主调，它使各种变化了的曲调归结到一个共同的音调之中，具有标志段落，统一全曲的作用。乱声的出现也表明了《广陵散》在创作中对自由、开放的音乐形式的艺术追求。

后序：《广陵散》用“慢商调”定弦，根据这一特点，乐曲的后序部分多用拨刺手法装饰旋律，有如阵阵鼓声，以此渲染壮烈的场景，从而极大地抒发了作曲家心中的愤懑之情。

《广陵散》是我国琴曲中唯一一部具有戈矛杀伐的战争气势的琴曲，全曲气势磅礴，沉郁激昂。该作品曲式结构变化多端，演奏形式丰富多彩。可以说这首作品在当时的音乐创作中达到了顶峰，为后人提供了极为丰富的借鉴素材。

第三节　编创与活动

一、听乐识器

扫描二维码，聆听下列乐曲，辨别所使用的乐器并填写在表 3–2 中。

表 3–2　听乐识器

序号	乐曲	二维码	乐器
1	《情霜》	音频 3–3	

（续）

序号	乐曲	二维码	乐器
2	《十面埋伏》	音频 3–4	
3	《孔雀开屏》	音频 3–5	
4	《睡莲》	音频 3–6	
5	《百鸟朝凤》	音频 3–7	
6	《雨打芭蕉》	音频 3–8	

二、音乐延展

古筝在中国拥有悠久的历史，深厚的文化底蕴，不但是宫廷音乐的主要演奏乐器，在民间也广为流传。公元 6 世纪，中国筝开始走向世界。筝在南北朝传入朝鲜，唐代东渡日本、南渐缅甸，元朝传入蒙古，近代流入东南亚、盛行港台，远播欧美。在这个过程中，古筝与当地音乐文化碰撞，从而诞生了伽倻琴（见图 3–49）、日本筝 koto（见图 3–50）、蒙古筝雅托噶（见图 3–51）、越南筝（见图 3–52）、柬埔寨卧箜篌等具有当地特色的古筝。

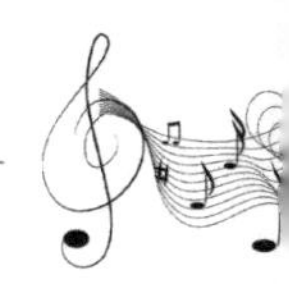

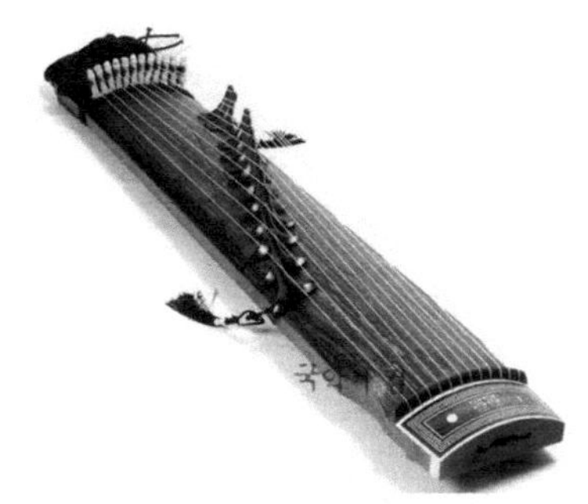

图 3-49　伽倻琴

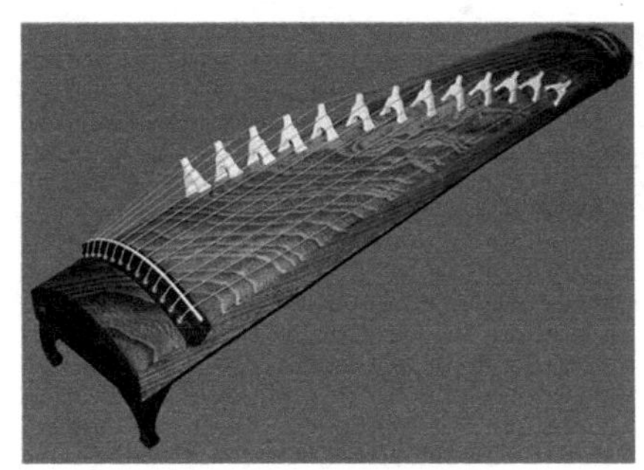

图 3-50　日本筝 koto

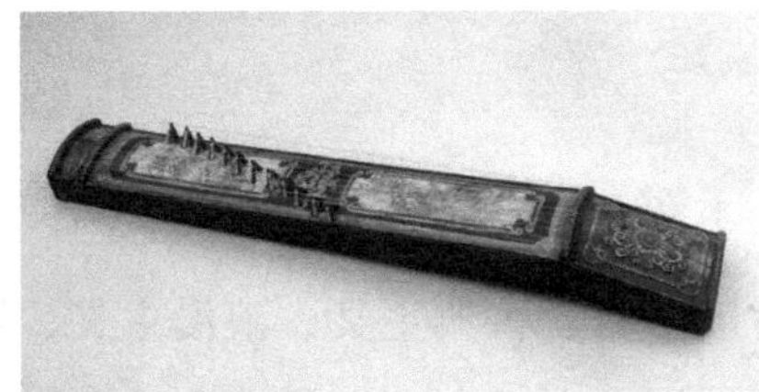

图 3-51　蒙古筝雅托噶

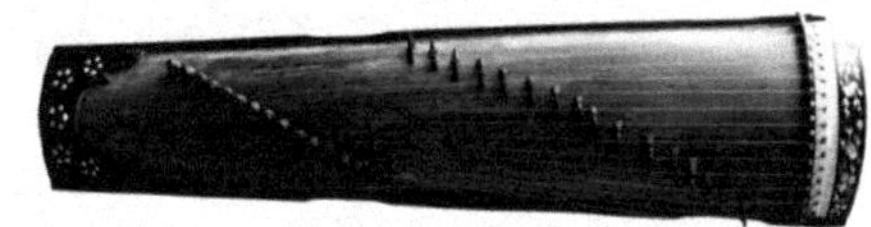

图 3-52　越南筝

请以小组为单位，以一种乐器为原型，拓展研究由该乐器延展出与之相关不同国家、不同民族的同种类乐器，并简要阐述。

第四章
外国器乐作品欣赏

第一节　西方音乐概述

一、西方音乐流派简介

本章节主要通过欣赏巴洛克、古典主义、浪漫主义、民族主义、近现代时期的音乐，探索音乐在人文艺术中的奥秘；同时，言简意赅地总结了古希腊、中世纪、文艺复兴时期的音乐背景概况，音乐爱好者如有兴趣可以深度探索。

西方音乐可追溯到古希腊、古罗马时期。古希腊音乐通常与对神的崇拜、传说融为一体，音乐作为一种精神媒介驱赶魔，陶冶人的思想和灵魂。古希腊音乐以诗、乐、舞三位一体；音乐形式通常以单声部为主，且丰富多样，比如歌唱、抒情诗、器乐演奏及音乐伴奏等。

中世纪音乐（Middle Ages，476—1450），从狭义上来说，学者认为始于公元476年西罗马帝国灭亡，结束于土耳其人攻陷君士坦丁堡的1453年。中世纪音乐以宗教音乐为中心，它具有不可替代的统治地位，如格里高利圣咏，因此乐器的地位在当时并不突出。中世纪主要有五种乐器类型，分别为管乐器，比如小号、长号、短号、横笛、长笛、角号等；拨弦乐器，比如琉特琴（Lute）、索尔特里琴（Psaltery）、竖琴（Harp）等；弓弦乐器，比如维埃拉琴家族乐器（Viola Family）；打击乐器，比如钟琴、三角铁、铃鼓和鼓；键盘乐器，比如管风琴。中世纪音乐相较于古希腊音乐，是从单声部

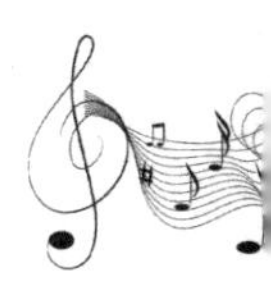

音乐走向最初的对位法复音音乐。约 11—13 世纪中期，中世纪音乐中，相继出现了中古调式、纽姆谱、圭多·达莱佐唱名法和弗朗科有量记谱法。

由于欧洲中世纪封建制度日益衰退，文化艺术在中世纪“黑暗时代”衰败湮没。从 14 世纪至 16 世纪，欧洲兴起“文艺复兴”运动，即一场新兴资产阶级反封建、反愚昧的欧洲思想文化运动，围绕科学与艺术的革新，提倡人文主义精神。音乐史上的文艺复兴时期却推迟了一百年。文艺复兴时期的音乐，情感表现力大大提高，词曲之间紧密联系；逐渐摆脱中古调式体系，渐渐尝试建立大小调式体系。文艺复兴时期，出现了重要的音乐流派，分别是勃艮第乐派、法国—佛莱芒乐派（即尼德兰乐派）、罗马乐派、威尼斯乐派。文艺复兴时期流行的乐器分别有拨弦乐器，如琉特琴、竖琴等；弓弦乐器，如维奥尔家族乐器等；管弦乐器，如短号、小号、笛、低音管、双簧管等；键盘乐器，如管风琴、击弦古钢琴、拨弦古钢琴等。

（一）巴洛克时期（1600—1750）

“巴洛克”一词来源于葡萄牙语 baroque，译为不规则的珍珠。巴洛克主义最初起源于罗马，是用艺术作品去颂扬反宗教改革的一种方式。由于西方殖民化和资本主义高速发展，中产阶级和资产阶级崛起，专制制度保护宫廷音乐，宫廷音乐成了重要的音乐文化中心，推动了巴洛克音乐的发展。

巴洛克时期的音乐特征有：第一，从中世纪的教会调式中解放出来，大小调取代了中古调式；第二，多声部音乐发展产生了功能和声的理论和实践，复调音乐全盛发展；第三，旋律连绵不绝，节奏律动频繁，扩展了乐曲篇幅，多变华丽的音乐风格在乐段之间形成鲜明对比；第四，在音乐体裁方面，出现了许多重要的体裁，如前奏曲、赋格、托卡塔、协奏曲、奏鸣曲、组曲等；第五，巴洛克时期许多音乐家都关注“情感论”美学，并相信音乐的主要目的是激发人们的情感，他们相信音乐的基本元素：音程、调式、调性、节奏型、速度、节拍等都具有爱、恨、悲、喜的情感性。巴洛克时期著名的音乐代表人物及代表作如表 4–1 所示。

表 4–1　巴洛克时期的音乐代表人物及代表作

音乐代表人物	代表作
（德）巴赫 （1685—1750）	《受难曲》《弥撒曲》《马太 . 受难曲》《约翰 . 受难曲》《b 小调弥撒曲》《农民康塔塔》《咖啡康塔塔》《平均律钢琴曲集》等
（英）亨德尔 （1685—1759）	《水上音乐》《焰火音乐》《哈利路亚》、清唱剧《弥撒亚》等

（二）古典主义时期（1750—1820）

18 世纪中叶，随着工业革命与科学技术领域的突飞猛进，西方音乐艺术也在文明的摇篮里蓬勃发展。在 17 至 18 世纪期间，启蒙运动主张“以人为本”，强调认识事物科学性、理性化、客观性；反封建、反宗教，批判传统的信仰和专制统治。启蒙运动提倡“自由、平等、博爱”，唤醒了欧洲人的思想觉悟。古典主义的音乐、哲学、文学、艺术、建筑等作品正是社会历史背景下的一种映射。

古典主义一词，被译为两种含义：第一种代表“严肃”“高雅”；第二种代表永久流传般的经典。古典音乐作品以提倡均衡、平衡、循规蹈矩的发展为前提。如在海顿、莫扎特、贝多芬早期作品中，曲式结构有规则、乐器分配均衡性、旋律流畅，不像巴洛克时期有许多的装饰音，织体并非以复调为主体。

古典主义音乐特征有：第一，音乐不再仅仅只是贵族阶级享受的娱乐活动，它更趋向于音乐大众化，市民音乐、歌剧院、音乐厅、乐谱出版、乐器制造业等蓬勃发展；第二，古典主义音乐摆脱了教会和宫廷的束缚，音乐家的地位从为贵族阶级服务的仆人走向职业音乐家；第三，古典主义音乐强调主调和声的写作风格、大小调体系，为结构严谨的交响乐和室内乐奏鸣曲曲式奠定了基础；第四，古典主义时期创建了许多音乐体裁和样式，如交响乐、室内乐作品、交响套曲、奏鸣套曲、室内乐重奏、协奏曲等。古典主义时期著名的音乐代表人物及代表作如表 4–2 所示。

表 4–2　古典主义时期的音乐代表人物及代表作

音乐代表人物	代表作
（奥）海顿 （1732—1809）	《军队交响乐》《惊愕交响曲》《小夜曲》《时钟交响曲》《狩猎交响曲》《奇迹》《受难交响曲》《云雀四重奏》等
（奥）莫扎特 （1756—1791）	《弦乐小夜曲》《狡猾的姑娘序曲》《巴黎交响曲》《后宫诱逃》《狩猎》《费加罗的婚礼序曲》《唐璜》《小步舞曲》《土耳其进行曲》等
（德）贝多芬 （1770—1827）	《悲怆奏鸣曲》《英雄交响曲》《命运交响曲》《田园交响曲》《暴风雨》《皇帝协奏曲》《小步舞曲》《艾格蒙特序曲》等

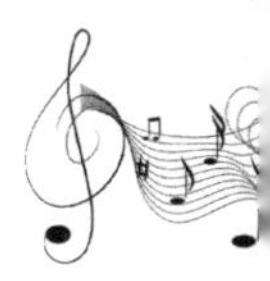

（三）浪漫主义（1820—1900）

浪漫主义是泛指19世纪欧洲文学与艺术的思潮风格。从纵向上来理解，浪漫主义是指在法国大革命后，人们继承文艺复兴时期人文主义理念，发扬启蒙运动时期“自由、平等、博爱”精神，传播自由民主的进步；反对君主专制，批判僵化的法国古典主义。由于浪漫主义音乐产生于法国大革命后的复辟与反复辟特定时期，因此浪漫主义代表人物渴望脱离现实黑暗，追求“个人”情感。相较于古典主义音乐流派，音乐学家于润洋写道：人们常用一些与古典主义相对比的词句来形容浪漫主义：感情与理性、主体与客体、本能与理智、想象与规范、神秘与常识、超自然与可理解、无尽的渴望与节制条理、无拘地表达情感与冷静深思、狄奥尼索斯（酒神）与阿波罗（日神）精神等，这前一半的词汇确实描述了浪漫主义的特征。

浪漫主义时期的音乐特征概括为：第一，强调个人情感宣泄，这点正好同古典主义音乐形成鲜明对比；第二，通过富有幻想性的古代神话和民间传说，表达对黑暗社会现实的强烈不满；第三，其中一个主题特征是描绘大自然景物的眷恋，作曲家将人世间的温暖寄托于大自然，希望在与世无争、宁静和谐、诗情画意的大自然中，寻找心灵的平衡；第四，提倡标题性、文学性，主张音乐形式的多样化，在音乐体裁和作曲技术表现手法上有大胆的创新，如即兴曲、叙事曲、练习曲、夜曲、幻想曲、随想曲、狂想曲、前奏曲、无词歌、谐谑曲、圆舞曲等。浪漫时期音乐代表人物及代表作如表4–3所示。

表4–3　浪漫时期音乐代表人物及代表作

音乐代表人物	代表作
（德）韦伯 （1786—1826）	《邀舞》《尤里扬特序曲》《魔弹射手》《奥伯龙》等
（奥）舒伯特 （1797—1828）	《魔王》《鳟鱼五重奏》《死神与少女》《小夜曲》《圣母颂》《冬之旅》等
（德）门德尔松 （1809—1847）	《仲夏夜之梦》《圣保罗》《苏格兰交响曲》《猎歌》《乘着歌声的翅膀》《春之歌》《纺织歌》等
（波）肖邦 （1810—1849）	《革命》练习曲、夜曲21首、《军队波兰舞曲》《英雄波兰舞曲》《华丽的大圆舞曲》《告别圆舞曲》《少女的愿望》《摇篮曲》等
（德）舒曼 （1810—1856）	《莱茵交响曲》《童年情景》《森林景色》《d小调小提琴协奏曲》等
（意）威尔第 （1813—1901）	《茶花女》《阿依达》《麦克白》《游唱诗人》《奥泰罗》等

（续）

音乐代表人物	代表作
（奥）小约翰·施特劳斯（1825—1899）	《维也纳森林的故事》《蓝色多瑙河圆舞曲》《春之声》《皇帝圆舞曲》《闲聊波尔卡》《雷鸣电闪波尔卡》等
（俄）柴可夫斯基（1840—1893）	《睡美人》《胡桃夹子》《天鹅湖组曲》《悲怆》等

（四）民族主义音乐时期（19 世纪 30 年代初）

民族主义音乐多以本国民间音乐为素材，结合东欧和北欧各国音乐作曲技法，音乐作品展现了本民族精神及艺术特色，体现了爱国主义精神。19 世纪 30 年代，东欧、北欧各国民族觉醒意识日益高涨，在音乐艺术上涌现了许多民族主义代表人物，例如，匈牙利的艾凯尔，捷克的斯美塔那和德沃夏克，波兰的莫纽什科，挪威的格里格，芬兰的西贝柳斯，俄国的格林卡和“强力集团”穆索尔斯基、里姆斯基－科萨科夫、鲍罗丁等。民族主义时期音乐代表人物及代表作如表 4–4 所示。

表 4–4　民族主义时期音乐代表人物及代表作

音乐代表人物	代表作
（俄）波菲里耶维奇·鲍罗丁（1833—1887）	《在中亚西亚草原上》《伊戈尔王子》《波罗维茨舞曲》《夜曲》等
（捷）德沃夏克（1841—1904）	《新世界》交响曲、《狂欢节》序曲、《母亲教我的歌》《阿尔米达》《幽默曲》等
（挪）爱德华·格里格（1843—1907）	《霍尔堡组曲》《培尔·金特》第一组曲、《培尔·金特》第二组曲、《挪威舞曲》《致春天》《哈林舞》《宣誓进行曲》等
（芬）简·西贝柳斯（1865—1957）	《芬兰颂》《图翁内拉的天鹅》《忧郁圆舞曲》《卡勒利亚》《塔皮奥拉》《卡莱瓦拉四传奇》《波西奥拉的女儿》等

（五）近现代时期（1880 年至 20 世纪初）

1918 年第一次世界大战结束，也标志着浪漫主义的衰亡。在这一时期，思想潮流、各种艺术流派百花齐放，百家争鸣。各种流派，如印象主义、民族主义、表现主义、新古典主义、序列主义等异彩纷呈。多元化的音乐艺术开启了近现代音乐史。

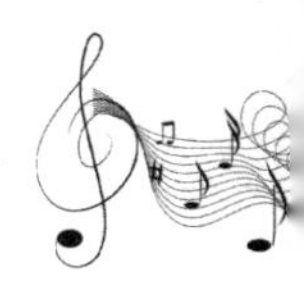

20世纪音乐变化主要有：法国出现了德彪西、拉威尔等印象派代表人物；新古典主义提倡复兴古典主义，要求音乐整体均衡、完美、稳定，但是在情感方面排斥浪漫主义时期不切实际的幻想，强调理性、客观性。新古典主义代表人物有苏联作曲家斯特拉文斯基，意大利的卡塞尔、马利皮埃罗、皮采蒂，法国的六人团以及美国的辟斯顿、汤姆森、科普兰等；奥地利表现主义作曲家勋伯格创造了无调性音乐作品以及十二调性音乐作品；巴托克、科达伊等一批20世纪民族主义代表人物继续采用民族风格进行创作。

1. 印象主义音乐特征

印象主义音乐内容上通常以描绘自然风景或诗歌绘画为题材，给人一种朦胧模糊、若隐若现的氛围。在曲式结构上，印象派音乐更为自由，通常采用短小的篇章、不规则的曲式结构。在调性结构中，印象主义音乐突破大小调体系，采用色彩斑斓的和声、层次丰富的织体。印象派音乐代表人物及代表作如表4–5所示。

表4–5　印象派音乐代表人物及代表作

音乐代表人物	代表作
（法）克罗德·德彪西（1862—1918）	《牧神午后序曲》《棕发少女》《浪子》《大海》《夜曲》《贝加马斯克组曲》《佩利亚斯与梅丽桑德》等
（法）莫里斯·拉威尔（1875—1973）	《西班牙狂想曲》《波莱罗》《高贵而伤感的圆舞曲》《夜之幽灵》《左手钢琴协奏曲》《茨冈》等

2. 新古典主义音乐特征

新古典主义是20世纪20年代末开始盛行的一个重要的流派。第一次世界大战后，战争的浩劫使整个欧洲经济衰退严重，人们渴望复兴古典主义。意大利作曲家布索尼在《论音乐的本质和统一性》中认为新古典主义的音乐特征是：风格统一、复调繁荣发展和质朴的客观性气质。从美学角度来说，新古典主义要求艺术整体均衡、完美、稳定。从情感表现来说，新古典主义强调理性、有控制；强调事物客观的感情色彩，而非强调个人主观情绪和模糊不清、若隐若现的景象。新古典主义提倡“纯音乐”，注重音乐本身。新古典主义音乐代表人物及代表作如表4–6所示。

表 4-6　新古典主义音乐代表人物及代表作

音乐代表人物	代表作
（俄）斯特拉文斯基 （1882—1971）	《火鸟》《春之祭》《彼得鲁什卡》《浦契涅拉》等
（德）欣德米特 （1895—1963）	《画家马蒂斯》及其同名交响乐、《葬礼音乐》《韦伯主题的交响变奏曲》《八重唱》《作曲家的世界》等

3. 表现主义音乐特征

表现主义是源于德奥，兴起于第一次世界大战前夕的一种现代流派。表现主义时常与印象主义相对立；它强调的并非客观物体的景象、抽象模糊的概念，而是艺术家自我内心的感受。表现主义代表人物勋伯格说："作曲家力求达到的唯一的、最大的目标就是表现他自己。"20 世纪初，德奥区域内忧外患，社会矛盾加剧。表现主义艺术家在绘画、文学、音乐等领域，用相对"极端"的方式，表达内心的苦闷、孤独、恐惧、绝望等。表现主义代表人物有勋伯格、贝尔格、韦伯恩等。表现主义代表人物及代表作如表 4-7 所示。

表 4-7　表现主义代表人物及代表作

音乐代表人物	代表作
（德）阿诺德・勋伯格	《佩利亚斯与梅丽桑德》《五首管弦乐小品》独唱套曲《月迷彼埃罗》《幸运之手》等
（奥）阿尔贝・贝尔格	弦乐四重奏《抒情组曲》、歌剧《沃采克》《小提琴协奏曲》等
（奥）安东・韦伯恩	《帕萨卡利亚》《五首管弦乐曲》、弦乐四重奏等

二、西方乐器分类

西方乐器按照不同的构造和发音方式，通常可以分成六大类（见表 4-8）：木管乐器、弦乐器、铜管乐器、键盘乐器、弹拨乐器和打击乐器。

表 4-8　西方乐器分类

<table>
<tr><td rowspan="6">木管乐器</td><td>长笛</td><td rowspan="6">铜管乐器</td><td>圆号</td><td rowspan="12">打击乐器</td><td>定音鼓</td></tr>
<tr><td>短笛</td><td>小号</td><td>小军鼓</td></tr>
<tr><td>英国管</td><td>短号</td><td>大鼓</td></tr>
<tr><td>双簧管</td><td>长号</td><td>钹</td></tr>
<tr><td>单簧管</td><td>次中音号</td><td>三角铁</td></tr>
<tr><td>大管</td><td>大号</td><td>钟琴</td></tr>
<tr><td rowspan="6">弦乐器</td><td>小提琴</td><td rowspan="4">键盘乐器</td><td>钢琴</td><td rowspan="6">木琴</td></tr>
<tr><td>中提琴</td><td>管风琴</td></tr>
<tr><td rowspan="2">大提琴</td><td>手风琴</td></tr>
<tr><td>羽管键琴</td></tr>
<tr><td rowspan="2">低音提琴</td><td rowspan="2">弹拨乐器</td><td>竖琴</td></tr>
<tr><td>吉他</td></tr>
</table>

18 世纪随着欧洲工业革命，科学技术领域的一系列重要发明横空出世，西方乐器也得到了迅猛发展，变得更加精细化、标准化。在古典与浪漫主义时期，音乐艺术逐步从宗教权贵阶级走向平民化和社会化，因此交响乐队的编制和规模也逐渐扩大。交响乐队的真正形成在严格意义上来说是伴随着维也纳古典乐派的兴起。从海顿、莫扎特的小型乐队，直到贝多芬交响乐创作中双管或三管编制的交响乐队得到基本确定，交响乐队的编制最终达到完善。从 19 世纪早期到浪漫主义后期，交响乐队编制和组合进一步进行改革。大型四管交响乐队的加入更加丰富了交响乐队的音响层次、融合了多元化艺术风格。这些艺术特征均在普洛菲耶夫、肖斯塔科维奇、斯特拉文斯基、马勒、理查·施特劳斯等人的创作中发挥到了极致。交响乐队编制如图 4–1 所示。

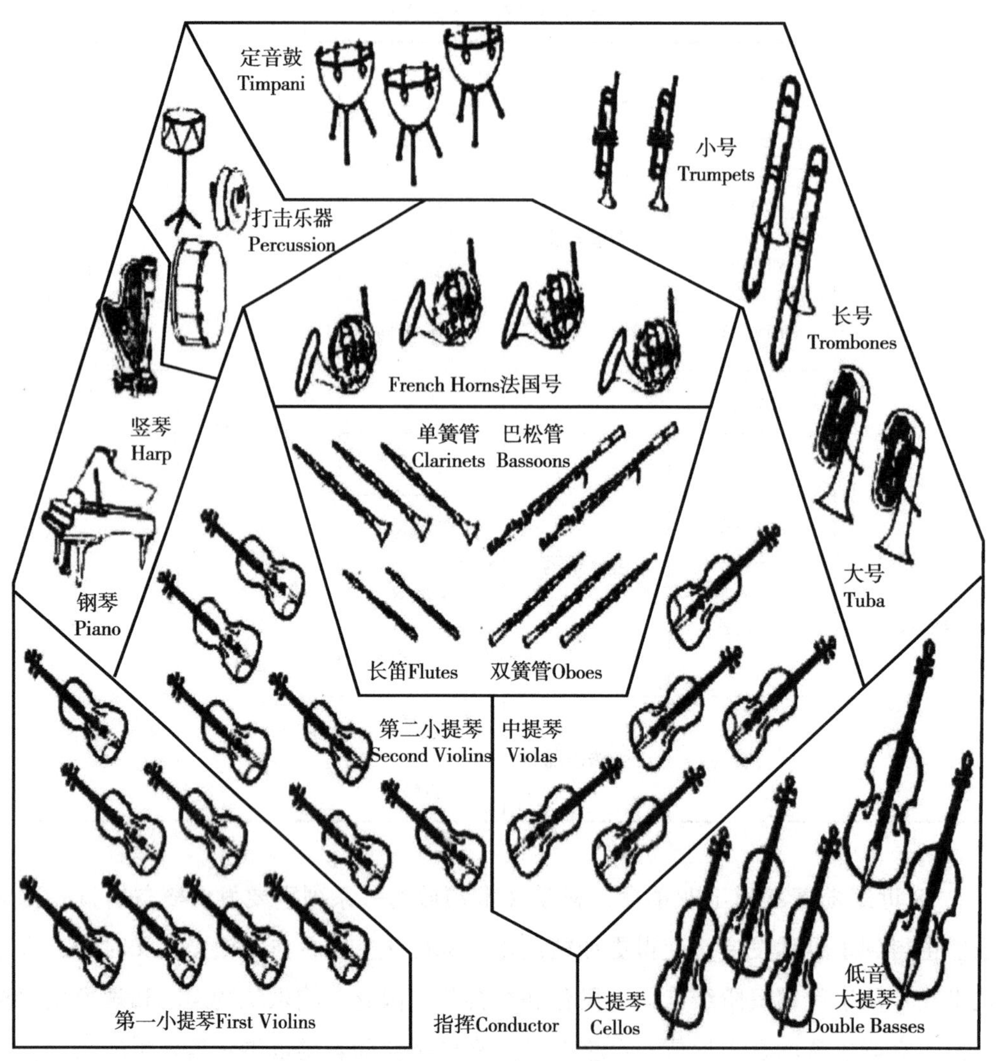

图 4-1　交响乐队编制

第二节　西方音乐的体裁与风格

一、前奏曲（Prelude）和赋格（Fuge）

（一）前奏曲和赋格曲概述

“前奏曲”一词源于拉丁文 Prae“准备”和 Ludus“表演”，即序言的意思。前奏曲是从 15、16 世纪开始，演奏家常

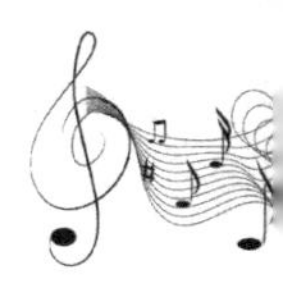

用琉特琴、管风琴或古钢琴在正式表演前，为了试奏乐器、灵活手指而进行的即兴表演。17 世纪至 18 世纪中叶，前奏曲作为一种被当成“引子”的小型器乐曲，常与赋格、组曲、众赞歌或奏鸣曲组合。德国作曲家约・塞・巴赫创作了大量的前奏曲。19 世纪，浪漫主义代表人物，波兰作曲家肖邦将前奏曲发展成为独立的钢琴乐曲。随后，斯克里亚宾、拉赫玛尼诺夫、德彪西、肖斯塔科维奇等作曲家也创造了不少同类前奏曲集。在近代歌剧中，开场音乐或幕间音乐也称作前奏曲或序曲。

赋格曲是盛行于巴洛克时期的一种单一主题的复调音乐体裁，一般包括三个部分：呈示部、中间部和再现部。在呈示部中，乐曲首先在一个单声部将贯穿全曲的主要音乐思想，即“主题”呈现出来，随后其他声部将运用模仿对位法，使富有趣味性的主题在乐曲的各声部轮流出现一次。赋格曲有一种不断加强的紧迫感，增添了一种川流不息的氛围；各声部巧妙地运用增值、减值、逆行、倒影等作曲技巧，描绘出一幅生气蓬勃的景象。

（二）巴赫《C 大调前奏曲 BWV846》和《C 大调赋格 BWV846》

1. 作品简介

从 1718 年到 1723 年间，巴赫在科滕宫廷担任乐队指挥。由于亲王由衷热爱世俗音乐，巴赫在此期间主要创作了《平均律钢琴曲集》《勃兰登堡协奏曲》等。其中《C 大调前奏曲 BWV846》与《C 大调赋格 BWV846》选自巴赫的《平均律钢琴曲集》第一卷第一首。《平均律钢琴曲集》每一卷由 24 首组成，两卷共 48 首，每首由前奏曲与赋格两部分组成，被誉为钢琴音乐中的“旧约全书”，为现代钢琴技术奠定了举足轻重的地位。

2. 作曲家简介

约翰・塞巴斯蒂安・巴赫（J.S. Bach，1685—1750）作曲家、演奏家，出生于德国图林根州艾森纳赫的一个著名音乐家族，并被称为“西方近代音乐之父”。巴赫在父亲的指导下学习了小提琴和中提琴，7 岁接受了人文和神学的教育。1695 年，他的父母相继去世，巴赫来到奥尔德鲁夫，随他的哥哥约翰・克里斯多夫学习键盘乐器。1700 年到 1723 年期间，巴赫相继在魏玛宫廷担任小提琴手和宫廷乐师、阿恩施塔特新教担任管风琴师。1708 年，在魏玛大公的聘请下，巴赫来到魏玛宫廷担任管风琴师。在魏玛宫廷任职期间，巴赫创作了不少管风琴作品，其中包括 18 首《众赞歌前奏曲》《管风琴小曲集》，以及各种前奏曲、幻想曲或托卡塔与赋格的组合。

巴赫的创作包罗万象，分为宗教音乐和世俗音乐两大类，涉及各种体裁、样式的声乐和器乐作品。他的许多宗教题材作品反映了德国三十年战后黑暗的社会现实，以及百姓挣扎于思想禁锢的牢笼里的苦难生活。他的世俗音乐作品蕴含着新兴市民阶级对欣欣向荣的生活的向往，音乐中潜藏着豪迈的个性。他的创作扎根于德国民族音乐的土壤，吸取了欧洲民族音乐特色，同时又展现了巴洛克音乐的精髓，将复调音乐技术发挥到了极致。

巴赫掌握多种乐器，作曲技巧娴熟，加之孜孜不倦地追求创作技巧，巴赫创作了许多卷帙浩繁的佳作。遗憾的是，在巴赫生前，他的音乐作品并未受到较多关注。直到 1829 年，人们听到了门德尔松在柏林指挥演出的《马太受难曲》，实为震撼，巴赫复兴运动由此开展。德国作曲家瓦格纳对巴赫音乐的评价是“一切音乐中最惊人的奇迹！”

3.《C 大调前奏曲 BWV846》欣赏提示

音频 4-1

《C 大调前奏曲 BWV846》以分解和弦为主要旋律，贯穿全曲。旋律优雅，和声变化有规律可循，如前四小节以 I–II–V–I 和声作为完美衔接（见谱例 4-1）。在低声部，以二分音符作为持续音，既清楚强调了和声功能性，又说明了低声部低音可连成一条旋律线。这些分解和弦的最高音也可连成一条旋律

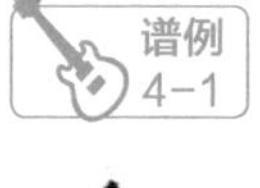

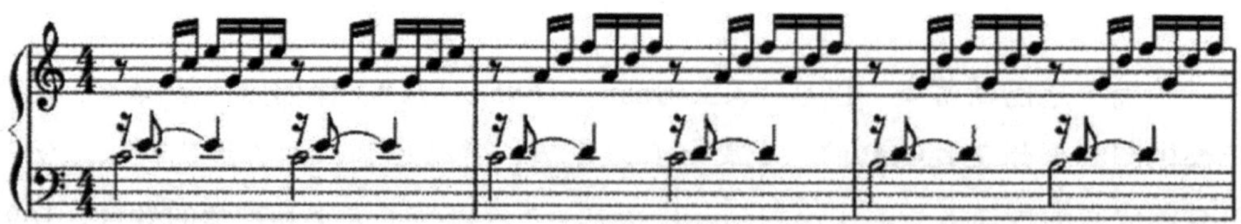

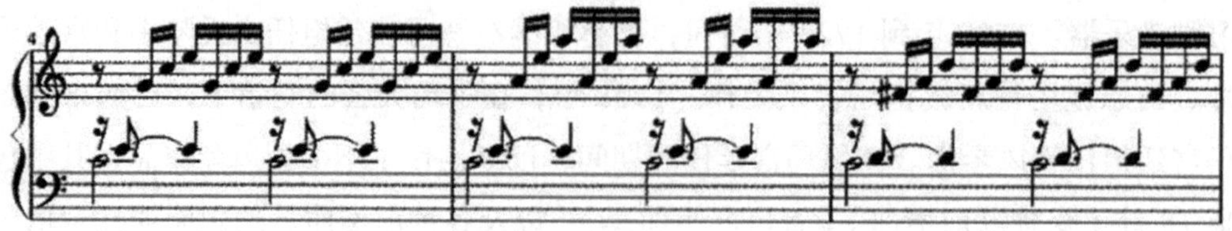

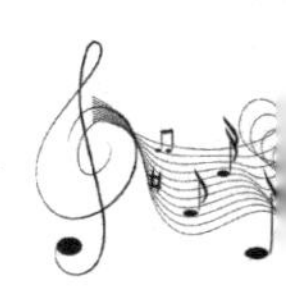

线。此乐曲是古二部曲式：第一部分（第 1–11 节）表明了乐曲在 C 大调基础上绵绵不断的发展旋律，第 5–10 小节以每两小节为一组，进行和声模进，强弱交替；第二部分（第 12–35 小节）进入属调式和声功能部分，最后终结于主和弦 C 大调。此曲音乐色彩柔美、优雅，巴赫特别强调要用歌唱性的弹奏方法来阐述平均律艺术作品。莱曼曾评价此曲："如奥林匹亚的平静与晴朗。"

4.《C 大调赋格 BWV846》欣赏提示

音频 4–2

这首赋格选自《巴赫平均律钢琴曲集第一卷》BMW846，是一首以二部性为结构的赋格。第一部分是由呈示部组成（第 1–14 小节）；第二部分是由主题再现与尾声部分组成（第 14–27 小节）。请看谱例 4–2，呈示部（第 1–7 小节）清晰地展现了主题 – 答题 – 答题 – 主题的排列。这首 C 大调四声部赋格曲，主题在中声部首次进行陈述；当主题的陈述未结束之时，答题以属音为首音，开始对主题旋律进行模仿复述（第 2 小节）；紧接着主题又在次中音部属调上奏出答题；最后在低音部分主题再次出现。总结而言，赋格的主题是由确定的主题旋律在不同的声部轮奏中形成的。

谱例 4–2

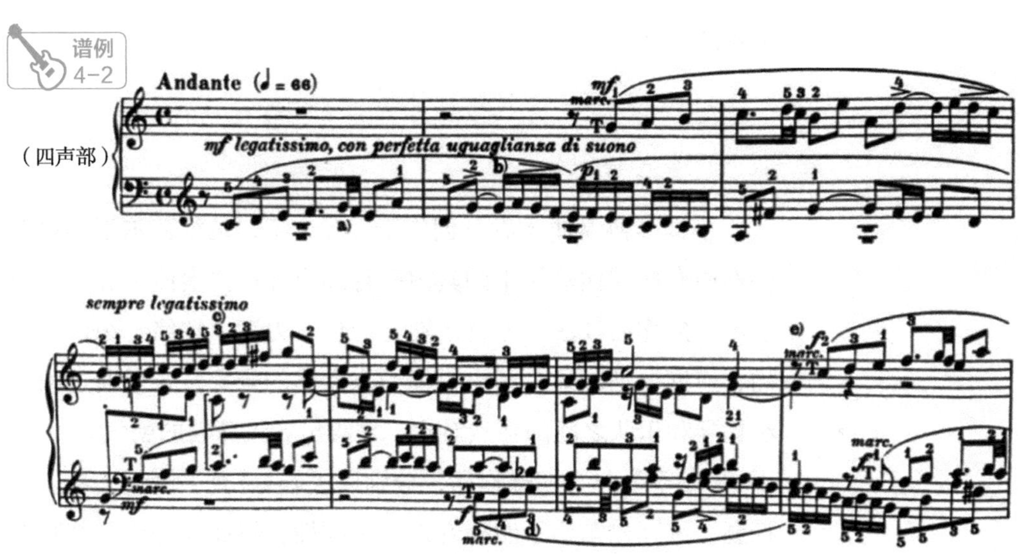

二、协奏曲（Concerto）

（一）协奏曲概述

协奏曲一词源于意大利语 Concertare（意为协调一致），产生于 17 世纪末，是指一件或多件独奏乐器与管弦乐队协同演奏。巴洛克时期是音乐体裁－协奏曲发展的鼎盛时期，协奏曲包括以下三种形式：大协奏曲（Concerto Grosso）、乐队协奏曲（Ripieno Concerto）和独奏协奏曲（Solo Concerto）。

古典主义时期的协奏曲有别于巴洛克时期，是指一件独奏乐器与管弦乐队组成的套曲体裁。古典主义时期的协奏曲通常由三个乐章组成：第一乐章通常展现了双呈示部的奏鸣曲式；第二乐章慢速且曲式自由；第三乐章快速且采用奏鸣曲式、回旋曲式等。古典主义代表人物莫扎特与贝多芬在协奏曲中，增添创作手法，完整写出华彩乐段，将协奏曲的发展推向另一个新阶段。

在浪漫主义时期，协奏曲的形式自由，虽然继承了传统协奏曲的创作技巧，但取消了双呈示部的结构。浪漫主义协奏曲结合了浪漫的个人主观色彩、富有幻想性的艺术特点，形成了一些新型的协奏曲形式，例如，不间断演奏的协奏曲、标题性协奏曲、交响协奏曲等。

（二）维瓦尔第小提琴协奏曲《四季——春》

1. 作品简介

小提琴协奏曲《春》创作于 1725 年，是维瓦尔第小提琴协奏曲套曲《四季》中的其中一首。小提琴协奏曲《春》运用了不同的作曲技法，通过节奏、音色、力度、情绪、织体、结构、速度，细腻地刻画出一幅春意盎然的景象。音乐通过独奏小提琴和乐队之间的强烈对比，描绘出春天蓬勃的朝气。

《四季》包含四部作品，分别以《春》《夏》《秋》《冬》为标题。维瓦尔第为了明确音乐的主题性，特此为每个季节写有一首说明性诗文。他强调了巴洛克时期乐器起主导地位，表达了个人情感、事物景象、故事情节，为器乐标题音乐开了先河。在乐器配置方面，由独奏小提琴演奏主要旋律部分，描绘了四季风格特征；大提琴与风琴为通奏低音部分，为节奏的稳

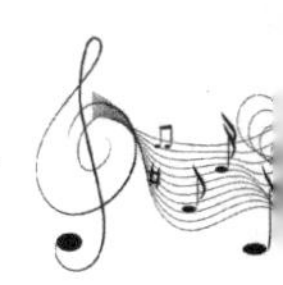

定性建立基础；此外，乐器还包括第一小提琴、第二小提琴、中提琴、大提琴、低音提琴（以上都为多件）。

2. 作曲家简介

安东尼奥·维瓦尔第（Antonio Vivaldi，1678—1741），意大利作曲家、小提琴演奏家，是最有名的巴洛克音乐作曲家之一。维瓦尔第笔下创作了超过五百首的协奏曲，使他获得了“协奏曲之王”的称号，他作品中的慢乐章则以悠扬如歌的旋律著称。此外，他还是一位多产的歌剧作家，他的一生完成歌剧作品超过四十部。其作品《四季》协奏曲更是艺术音乐史上最具知名度的作品，也是其个人的代表作。

音频 4-3

3. 欣赏提示

小提琴协奏曲《春》由三个乐章组成。

第一乐章，快板，以 E 大调为主调呈现欢快明亮的色彩，乐队以全奏的形式描绘出了春天春意盎然的景象。作曲家题诗为：“春天来了，鸟儿欢唱，欣喜若狂，来把春报。微风习习，好似喃喃细语。天空乌云密布，电闪雷鸣，转瞬间风停雨止，鸟儿重又歌唱。”独奏小提琴和乐队之间的强烈对比，进一步生动刻画了春天的朝气蓬勃，鸟儿们在欣喜的歌声中迎接春天。第一乐章是由回归曲式构成，主题旋律部分不停地重复。

第一乐章分为 A 段、B 段、C 段、D 段、E 段。

第一乐章 A 段，以欢快、明朗、轻快的节奏，奏出主题旋律（见谱例 4–3）。

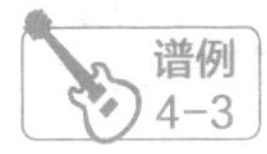

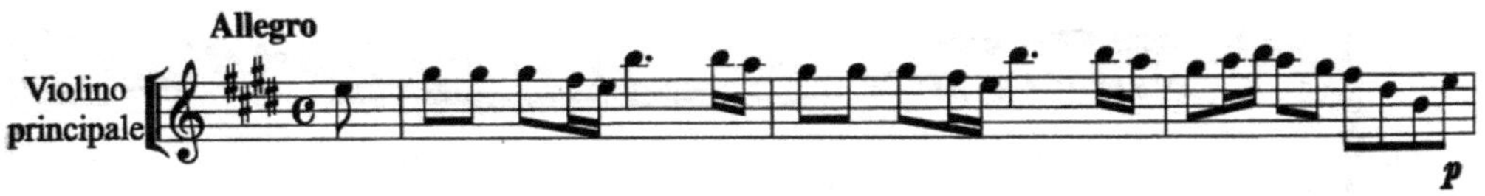

第一乐章 B 段，独奏小提琴作为主要角色，运用了波音模仿鸟儿们的叫声；乐队的第一、第二小提琴与其进行对比，描绘了鸟儿们嬉戏的场景。谱例 4–4 所示三十二分音符合成的节奏型，以及多层次的声部、精湛的演奏技法，进一步展现了“鸟儿唱着欢乐之歌迎接春天。”

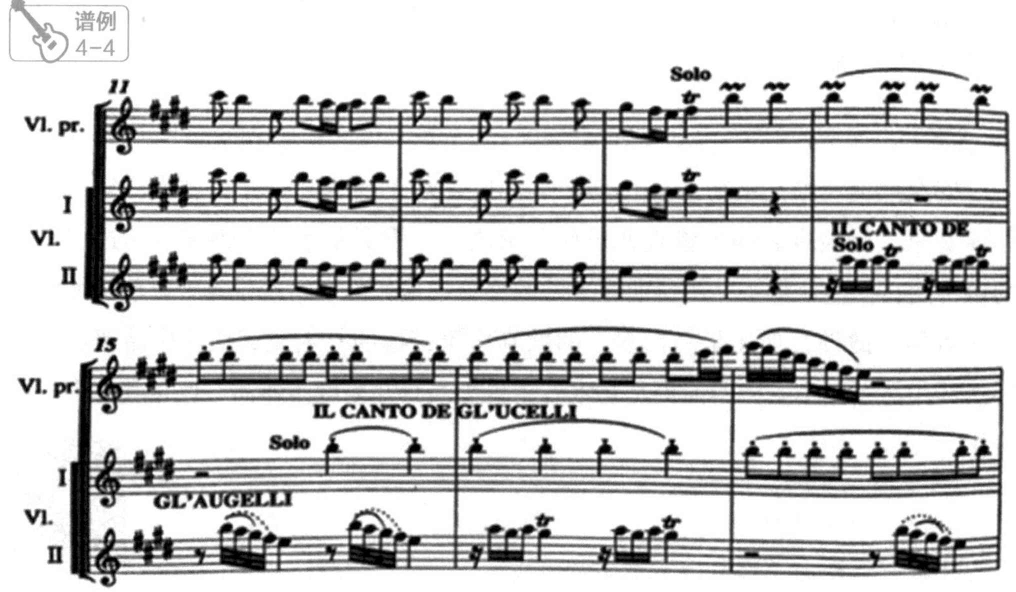

第一乐章 C 段，独奏小提琴和第一、第二小提琴都用了连续性十六分音符循序渐进的律动形式（见谱例 4-5）；通奏低音部分以连续的、平均的八分音符保持稳定的节奏及主调色彩，描绘了微风轻抚，春天潺潺流水的景象。

第一乐章 D 段，乐队以连续性三十二分音符为主要节奏型，持续强调属调和声，强化了“天空乌云密布，雷声隆隆，电光闪闪”的氛围（见谱例 4-6）。

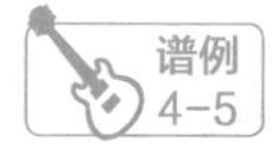

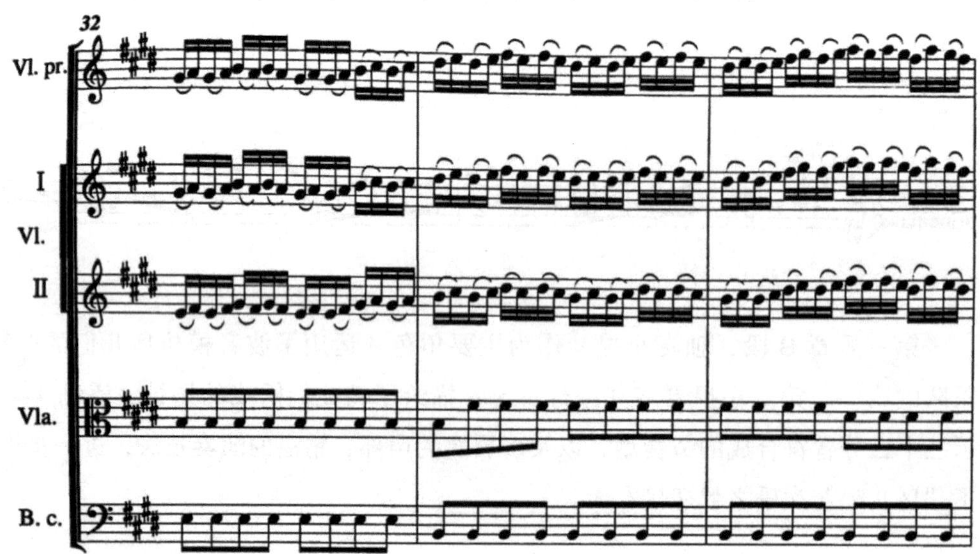

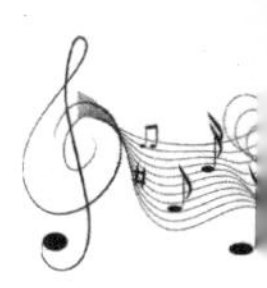

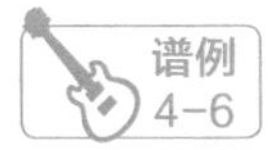

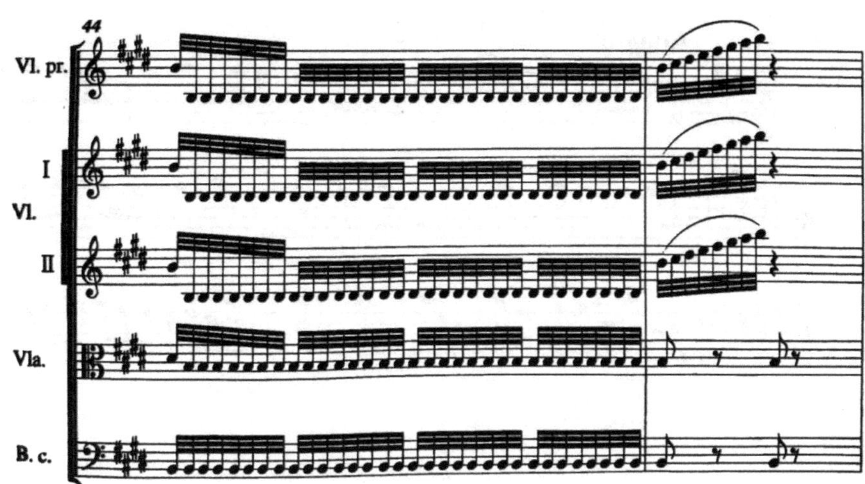

第一乐章 E 段，独奏小提琴演奏出主旋律，其他乐器紧密衔接，描绘出春雨过后，依旧春意盎然之景。

音频 4–4

第二乐章，广板，以 3/4 拍贯穿全曲的节奏，悠然自得（见谱例 4–7）。作曲家题诗为："牧羊人躺在地上，忠实的牧羊犬在他身旁。枝叶在沙沙低吟，百花盛开，景色宜人。"

谱例 4–7

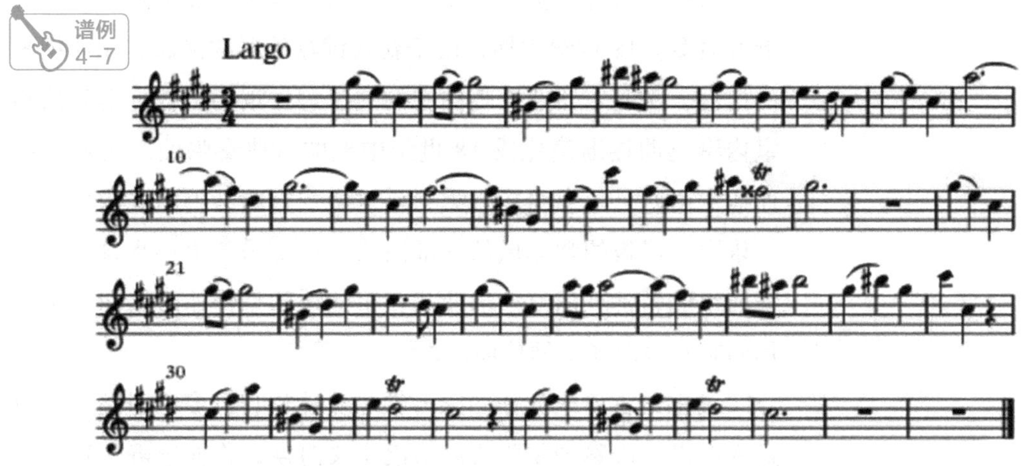

第三乐章，快板，以复合节拍 12/8，表现出牧羊人在春光明媚的日子里翩翩起舞。尤其是附点节奏，强调了人们雀跃的舞步（见谱例 4–8）。

音频 4–5

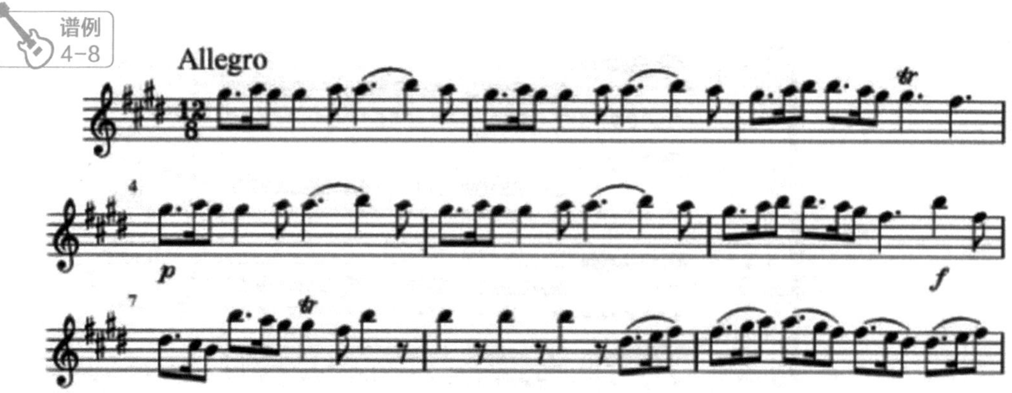

三、奏鸣曲（Sonata）

（一）奏鸣曲概述

奏鸣曲（Sonata），是指由一种乐器独奏或一件独奏乐器和钢琴合奏为主的器乐套曲。在 16 世纪，“奏鸣曲”泛指器乐曲，是为区别声乐作品康塔塔而确定起来的。17 世纪中期至 18 世纪中期，奏鸣曲是指从复调音乐转变为主调体系的独奏曲或重奏曲。按照乐器的数量，可分为二重奏鸣曲，指一件独奏乐器与通奏低音演奏；三重奏奏鸣曲，指两件独奏乐器与通奏低音演奏。18 世纪中期，由于新式键盘乐器的兴起，比如钢琴的出现，键盘乐器在奏鸣曲中的地位愈发重要。教堂奏鸣曲和室内奏鸣曲逐渐演化成 18 世纪中期的古典奏鸣曲。古典奏鸣曲通常由四个乐章组成：第一乐章由快板的奏鸣曲式构成；第二乐章为慢板的歌谣风的三部曲式；第三乐章由小步舞曲或谐谑曲组成，常采用复三部曲式；第四乐章是快速的终曲，常采用回旋奏鸣曲式或回旋曲式。

维也纳古典乐派作曲家海顿、莫扎特、贝多芬引领奏鸣曲进入严谨、成熟的新阶段。浪漫主义时期，作曲家舒伯特、舒曼、李斯特、肖邦、勃拉姆斯等绘制了一幅幅带有浪漫性、抒情性的蓝图。20 世纪的奏鸣曲，风格多样化，吸收民间音乐素材，创新了作曲技术以及写作方法；代表人物有作曲家斯特拉文斯基、布列兹。

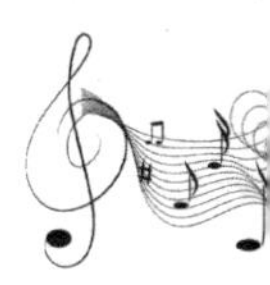

（二）贝多芬钢琴奏鸣曲《“悲怆”Op.13》

1. 作品简介

钢琴奏鸣曲《“悲怆”Op.13》是贝多芬最为著名的钢琴独奏作品之一。但这首钢琴奏鸣曲更像一幅具有宏伟气势、大气磅礴的交响乐作品。从宏观上来说，它具有错综复杂的音响层次感和戏剧般的情节性。贝多芬为此增加了一个描绘性标题“悲怆”，强调了作品中深层次的悲愤与激情。

2. 作曲家简介

路德维希·凡·贝多芬（Ludwig van Beethoven，1770—1827），德国作曲家、钢琴演奏家。他是历史上最具影响力和最受欢迎的古典音乐作曲家之一，他同莫扎特和海顿同为维也纳古典乐派的杰出代表，由于其对音乐发展的重要影响，其也被称为“乐圣”。从1796年出现耳聋症状到1814年听力急剧下降，再到1819年完全丧失听力，贝多芬逐渐放弃了钢琴演奏和指挥，但却仍然坚持创作。贝多芬一生共创作了9部交响曲、32首钢琴奏鸣曲、10部小提琴奏鸣曲、16首弦乐四重奏、1部歌剧及2部弥撒曲。其中《第九交响曲》是贝多芬在双耳失聪后创作，是贝多芬音乐创作生涯的最高峰，更是贝多芬用他热爱音乐的激情与生活、疾病抗争的真实写照。

贝多芬早中期的作品完美诠释了古典主义音乐风格。在作曲生涯晚期，他将音乐的浪漫柔美和戏剧化般的强烈对比升华到完美的境界。他的晚期作品并非像古典时期早期作品那样乐句规整，而是运用大量半音体系的和声效果，旋律更加梦幻，节奏形式变化多样，织体运用了主调音乐，偶尔镶嵌复调织体，可谓是“浪漫主义音乐的先知”，为浪漫主义派音乐奠定了基础。

3. 欣赏提示

音频 4–6

第一乐章引子部分，由柱式和弦作为主要表现形式，拉开了悲伤的情绪，如谱例4–9所示。随后，高音和弦作为旋律部分与低音和弦作为伴奏部分交替切换，表现出猛烈与抒情柔和的情绪的强烈对比。旋律发展至高潮部分，以连续性六十四分音符进行快速下行，引领乐章进入奏鸣曲呈示部。

第一乐章呈示部，在主部主题（见谱例4–10），高音部分以激昂的旋律与顿

谱例 4-9

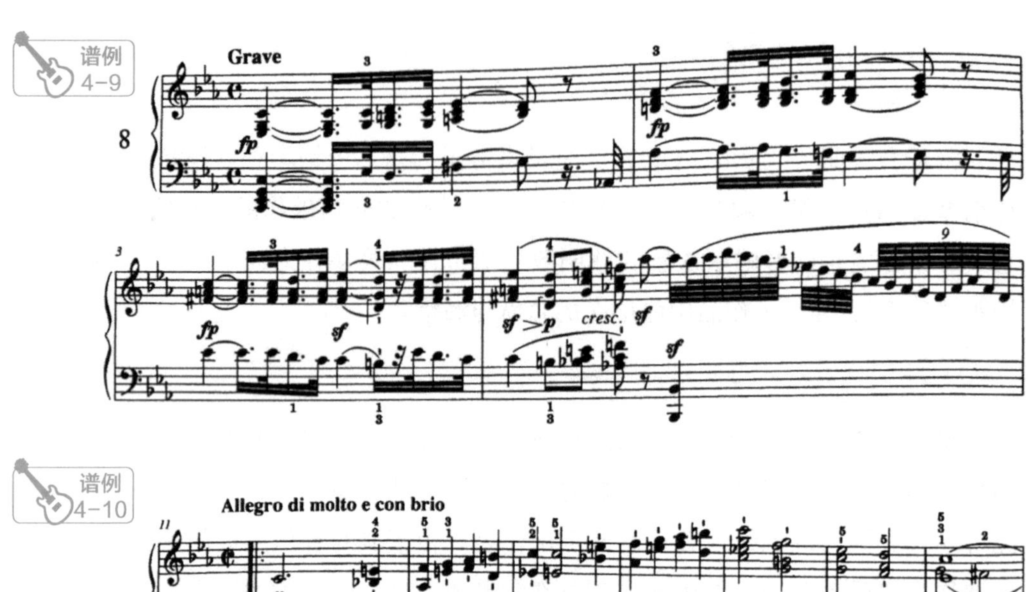

谱例 4-10

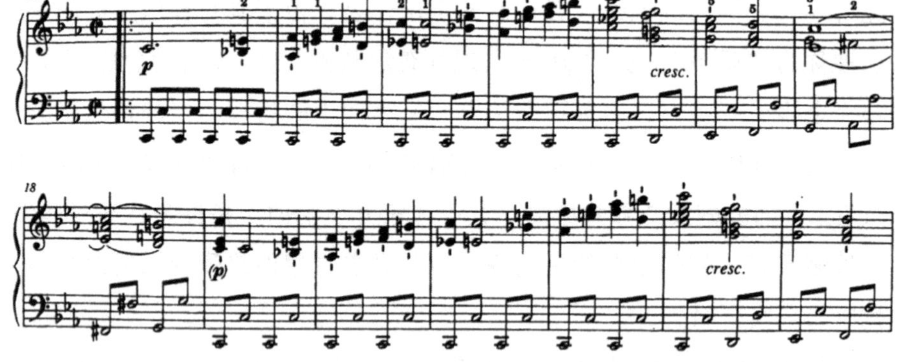

音技巧向上而行，对应着低音部分以分解和弦的形式作为伴奏，陈述主题。随后，以单薄的、短暂的旋律片段进入“问答形式”的副部主题。

音频 4-7

第二乐章，贝多芬表达出旋律的歌唱性（见谱例 4-11）。在 1796 年，贝多芬说：“一个人可以让钢琴歌唱，只要他有这种感觉。”

音频 4-8

第三乐章，虽然是回旋曲式，但其并非能够描述音乐的基调。此乐章以单薄的旋律开启欢快的篇章，明朗的旋律以琶音形式的伴奏作为陪衬（见谱例 4-12）。对比第一乐章引子部分色彩的诙谐、沉重，第三乐章似乎更为释然、轻松。

谱例4-11

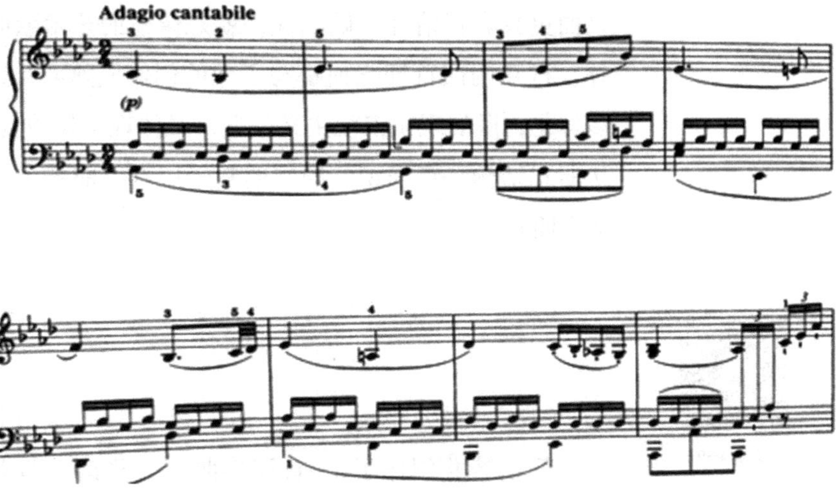

Adagio cantabile

(p)

谱例4-12

Rondo

Allegro

p

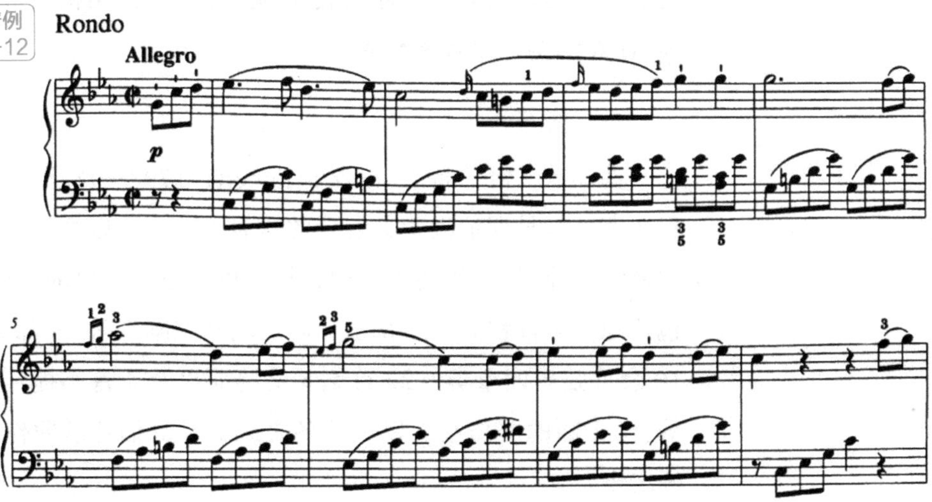

四、即兴曲（Impromptu）

（一）即兴曲概述

即兴曲，是指欧洲19世纪浪漫主义时期，一种具有即兴创作性质的器乐体裁。即兴曲起源于19世纪初，捷克作曲家沃齐谢克（Vorisek，1791—1825）和德国作曲家马施内（Marschner，1795—1861）开创了钢琴即兴曲的先河；而后，作曲家舒伯特与肖邦将即兴曲作曲技巧发挥至极致，达到了较高的艺术水平。舒伯特的即兴曲更具有抒情性、歌唱性，就好像他的艺术歌曲一样真挚纯朴。肖邦的四首即兴曲都写于他的创作成熟期，风格较为自由多样化，既展现了浪漫主义气息，又体现了作曲技术逻辑缜密。从曲式结构特点来说，即兴曲常采用奏鸣曲式、复三部曲式及变奏曲式等。

（二）舒伯特《降 A 大调即兴曲 D899，Op.90，No.4》

音频 4-9

1. 作品简介

舒伯特共创作了 11 首即兴曲，这些钢琴即兴曲多数为抒情的小短曲，给人一种即兴表演的感觉。曲式结构通常为三段体 ABA 结构，或者 AA1A2。

2. 作曲家简介

弗朗茨·舒伯特（Franz Schubert，1797—1828），奥地利作曲家，是早期浪漫主义音乐的代表人物，他以抒情的旋律而闻名。在他仅 31 年的人生中，给后世留下了丰厚的音乐遗产，包括 600 多首歌曲、18 部歌（唱）剧和配剧音乐，9 部交响曲、10 余首弦乐四重奏、22 首钢琴奏鸣曲以及 4 首小提琴奏鸣曲等。《美丽的磨坊女》以及《冬之旅》是舒伯特歌曲作品的巅峰之作。

3. 欣赏提示

《降 A 大调即兴曲》全曲为三段体 ABA，速度为小快板，节拍 3/4。首先出现的主题材料是三组十六分音符，旋律优雅快速奏响，以多变的柱式和弦将新材料融入即兴曲中（见谱例 4-13）。而后，旋律逐渐增加了诙谐的色彩，多变的和弦属性增加了乐曲的紧张感。个人主观情感、烂漫幻想的情感与浪漫主义主题互相照应。随后，流畅律动性的主题部分再次出现。

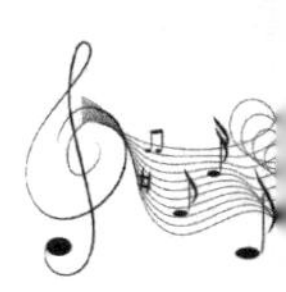

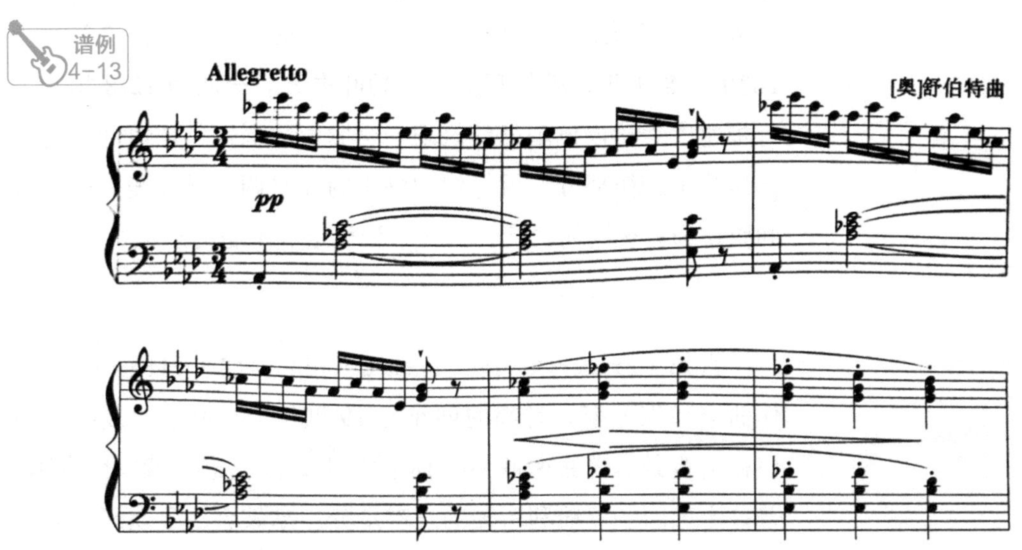

五、夜曲（Nocturne）

（一）夜曲概述

夜曲一词，源于法文 nocturne（意为“夜的”），从狭义的角度来说，它指浪漫主义时期一种具有安谧、恬静、浪漫和抒情气质的器乐短曲。夜曲的曲式结构通常为三部曲式：第一乐段，具有犹如梦幻般的抒情性、歌唱性的旋律；第二乐段，相较于第一段情绪高昂，添加了新的音乐素材；第三乐段，通常在第一段的基础上，增添装饰旋律、稍作变奏，华彩部分作为尾声，渐渐回归到主调静谧的氛围中。爱尔兰作曲家菲尔德（Field，1782—1837）是夜曲的创始人，一共创作了 20 首夜曲，旋律婉转，内容多愁善感，形式简单纯朴。浪漫派波兰作曲家、钢琴家肖邦在菲尔德夜曲的基础上，进一步发展了夜曲这种钢琴体裁。从作曲技术层面说，肖邦扩张了作品的规模、丰富了织体层次，将交响性和戏剧性深层次地融入优美典雅、浪漫静谧的意境之中。浪漫主义时期，波兰作曲家肖邦的 21 首夜曲堪称夜曲体裁中的珍品。印象主义时期，法国作曲家克劳德·德彪西将自己的三首乐队作品：《云》《节日》《海妖》称作夜曲。

音频 4-10

（二）肖邦《降 E 大调夜曲 Op.9，No.2》

1. 作品简介

肖邦创作了 21 首夜曲，他的夜曲是浪漫的、幽静甜美的，却也渗透着一丝戳人心弦的忧伤。其中《降 E 大调夜曲 Op.9，No.2》写于1830—1831 年，献给玛丽·普勒叶夫人。全曲为 12/8 拍，以行板速度表达夜色幽静的氛围。全曲由歌唱性、抒情性的高声部扮演主旋律部分，就好像歌剧中的咏叹调一样优美；由分解和弦作为有规则的伴奏，给人一种稳定、平静的感觉。

2. 作曲家简介

肖邦（Fryderyk Franciszek Chopin，1810—1849），波兰作曲家、钢琴家。肖邦的创作与 19 世纪上半叶波兰复杂的历史社会背景有着紧密联系。18 世纪末，波兰遭到俄罗斯帝国、普鲁士王国、奥地利帝国的三次瓜分。拿破仑战争期间，波兰在法国的扶持下短暂复国，原以为波兰民族得以解放；随着拿破仑失败，波兰主要地区由俄国沙皇兼领国王。1830 年即肖邦 20 岁之际，波兰爆发了贵族青年反抗沙俄统治的华沙起义，以失败告终。同年年底，肖邦创作了《b 小调谐谑曲 Op.20》以表达身处异国，未能报效祖国，未能为民族斗争的深深遗憾。肖邦著名的《革命练习曲》以及《前奏曲 Op.28，No.24》创作于华沙沦陷时期，两首作品的和声织体多层次化，半音诙谐，具有讽刺色彩，表达了肖邦精神上陷入极大的悲愤和痛苦之中。舒曼评论肖邦音乐时，描述那时的波兰民族仿佛身披丧服穿梭着。在华沙沦陷之后，肖邦搬离维也纳，抵达浪漫主义中心巴黎，在那里度过余生。肖邦的作品诠释了他内心的矛盾：一边是出色的作曲才华、精湛的钢琴技艺，让他融入了巴黎上层阶级中，为建立起辉煌的艺术前程意得志满；另一边是一名漂泊异乡的流亡者，内心极度的孤独和苦闷。错综复杂的内心世界在他音乐作品中也得以体现。在巴黎的 19 年，肖邦的音乐成就得到高度发展。肖邦的创作几乎倾注于钢琴作品中，体裁丰富，有谐谑曲、叙事曲、奏鸣曲、波罗乃茨舞曲、练习曲、夜曲、玛祖卡、前奏曲、圆舞曲、即兴曲等。

3. 欣赏提示

全曲为 12/8 拍，回旋曲式，全曲结构分为 $aa^1ba^1b^2a^1$+coda

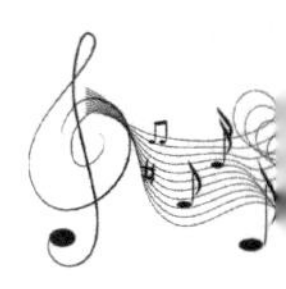

（尾声）。主题 A 部分（第 1—8 小节），前四小节陈述了主题材料，后四小节在主旋律线不变的情况下，增加了装饰音、半音音阶，为旋律增添了更多的浪漫情感（见谱例 4–14）。在第八小节的后半拍起，主题 B 出现，大胆的和声转化，半音和声嵌入其中。值得一提的是，高声部的华彩乐句像是颤音作为尾声，快速重复的音形旋律最后缓慢地回归主题 A 部分，以轻柔的柱式和弦作为乐终。

谱例 4–14

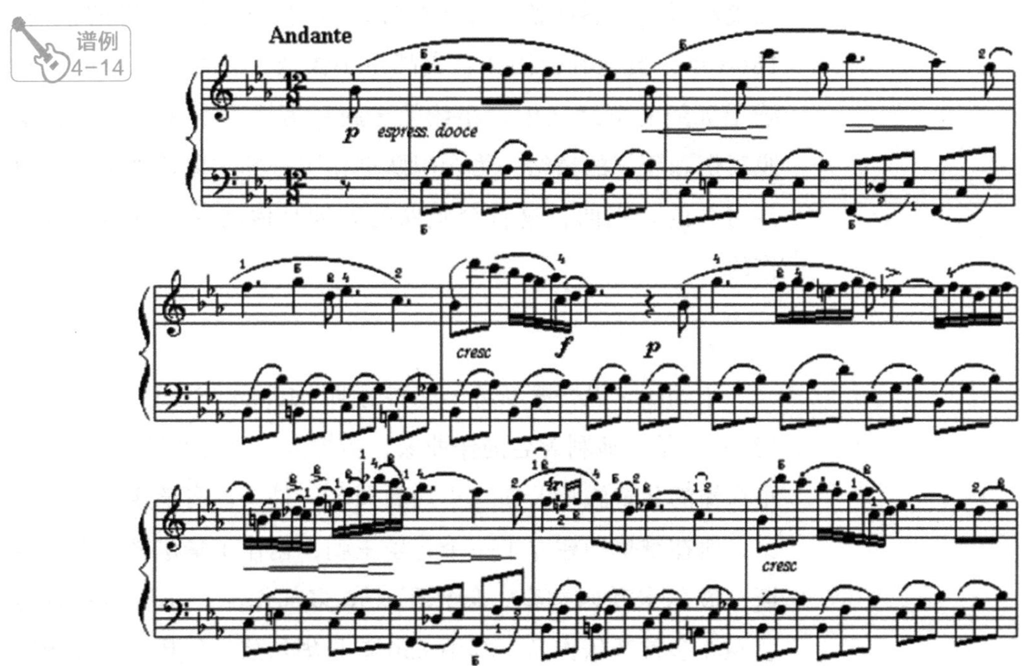

六、圆舞曲（Waltz）

（一）圆舞曲概述

圆舞曲一词，起源于德文 Waltz（意为“舞蹈旋转”），音译为华尔兹，是一种基于两人成对旋转的舞蹈，是 19 世纪流行于欧洲各阶层的音乐舞蹈之一。圆舞曲通常采用 3/4 拍，速度中快，强调第一拍上的重音，旋律流畅，节奏欢快，伴奏中每一小节仅用一个和弦，进行和弦分解。19 世纪起，圆舞曲在维也纳得到中产阶级的支持并得以稳步发展。奥地利作曲家兰纳（Lanner，1801—1843）创作了 200 余首圆舞曲。奥地利作曲家小约翰·施特劳斯被誉为“圆舞曲之王”。他们将维也纳圆舞曲发展为套曲结构，通常由四至五首圆舞曲组成；每首圆舞曲曲式通常由二部或三部曲式组成，结构独立。

音频 4-11

（二）约翰·施特劳斯管弦乐曲《蓝色多瑙河》

1. 作品简介

管弦乐曲《蓝色多瑙河》创作于 1866 年，被誉为“奥地利的第二国歌”。至今每年的维也纳新年音乐会仍将此曲作为保留曲目。乐曲以典型的三拍子圆舞曲节奏贯穿，音乐主题优美动听，节奏明快而富于弹性，体现出华丽、高雅的格调。1866 年，奥地利帝国在普奥战争中惨败，首都维也纳的民众陷于沉闷的情绪之中，小约翰·施特劳斯为了振奋人心，摆脱哀伤和压抑的情绪，为合唱队创作了一部“象征维也纳生命活力”的合唱曲，这首合唱曲的歌词是他请诗人哥涅尔特创作的。

2. 作曲家简介

小约翰·巴普蒂斯特·施特劳斯（Johann Strauss，1825—1899），是奥地利著名的作曲家、指挥家、小提琴家、钢琴家。小约翰的父亲施特劳斯与小约翰同名，是一位自学成才的音乐家，他在维也纳建立了一个音乐王朝，创作了华尔兹、伽洛普斯、波尔卡和四重奏，创作了 250 多部作品。小约翰接着写了 500 多首音乐作品，其中 150 首是华尔兹，他超越了父亲的生产力和声望。诸如《蓝色多瑙河》等作品帮助小约翰·施特劳斯确立了“华尔兹王”的地位，并使他在音乐史上占有一席之地。

3. 欣赏提示

圆舞曲《蓝色多瑙河》，创作于 1867 年，乐曲首尾由引子和尾声构成，中间穿插着 5 首圆舞曲。引子（小快板，6/8 拍，第 1—44 小节）由小提琴碎弓轻轻奏出震音，欢快的节奏、活泼的旋律，仿佛太阳从东方升起，阳光普照湖面那般波光粼粼的景色，万物苏醒，充满了生机。第一小圆舞曲（速度变快，3/4 拍，第 45—98 小节）为单二部曲式，结构为 AA1BB，圆号在震音的衬托下，奏出主和旋上的主题旋律（见谱例

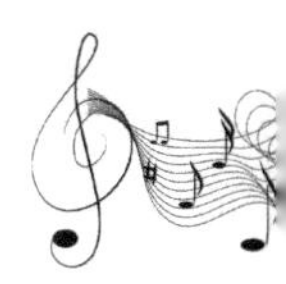

4-15）。轻松活泼的节奏，明朗的旋律，主题 A 与主题 B 相呼应（见谱例 4-16）。第二小圆舞曲（第 99—133 小节）为单三部曲式，结构为 AABB1。第三小圆舞曲（第 134—168 小节）为单二部曲式，结构为 AABB。第四小圆舞曲（第 169—210 小节）为单二部曲式，结构为 AB；第五小圆舞曲（第 211—275 小节）为单二部曲式，结构为 AABB。尾声部分十分简洁，全曲在热烈庆祝的氛围中结束。

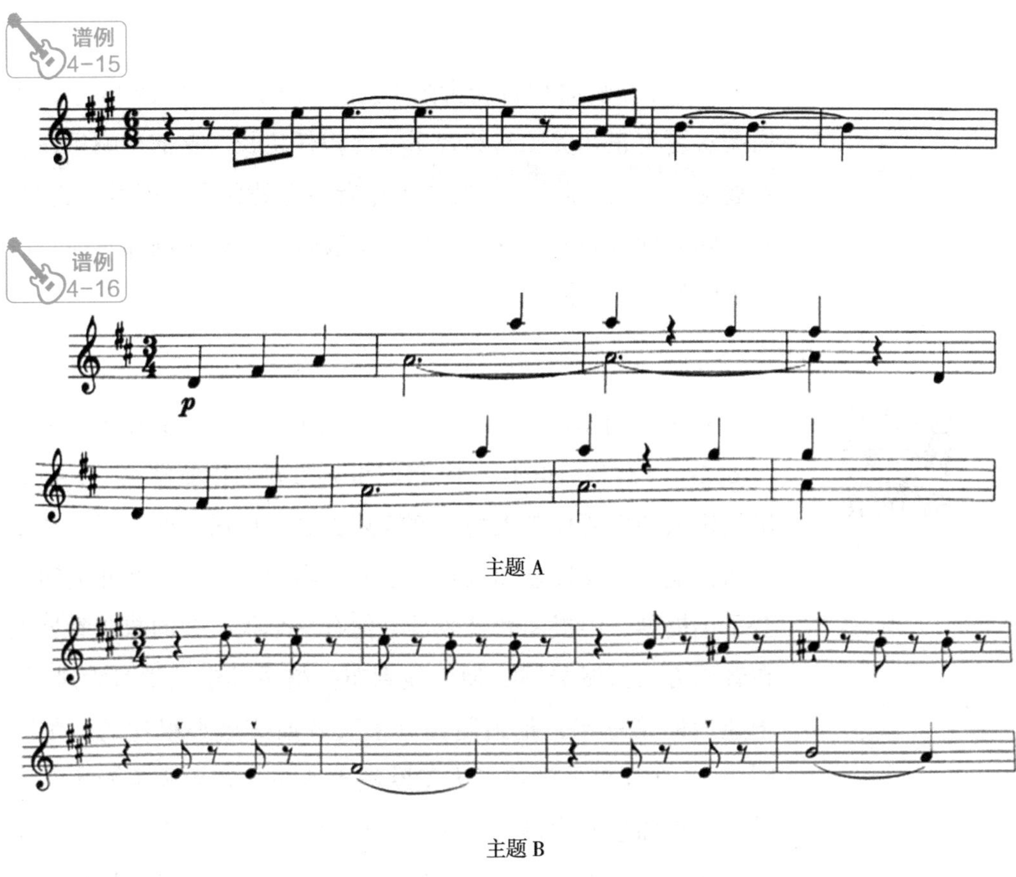

主题 A

主题 B

七、交响乐（Symphony）

（一）交响乐概述

交响乐，symphony 一词来源于希腊语“Symphonia”（意为声音在一起），通常是指包含多个乐章的大型管弦乐曲。早期交响乐受巴洛克协奏曲的影响，由慢—快—慢组成三个乐章；从意大利歌剧序曲“Sinfornia”演变而来。十八世纪后半叶，交响乐发展为独立管弦乐的一种体裁，通常包含四个乐章，乐章的曲式结构与奏鸣曲相似；但交响乐篇幅规模更大，音乐主题形式多样化，作曲技巧层次感更为丰富，内容戏剧化。交响乐队是近代大型管弦乐队，通常由弦乐器、木管乐器、铜管乐器和打击乐器等各组乐器组成。

（二）德沃夏克《第九交响曲“自新大陆”》

1. 作品简介

《第九交响曲“自新大陆”》，E 小调，写于 1893 年，当时德沃夏克正在美国纽约音乐学院担任院长。这部交响乐命名标题为“自新大陆”，即表达了作者在身处异乡，探索“美洲”新大陆时期内心的欣喜与不安；又表达了身处美国却对捷克民族无限的怀念之情。

2. 作曲家简介

音频 4-12

安东·利奥波德·德沃夏克（捷克语：Antonín Leopold Dvořák，1841—1904），19 世纪世界重要的作曲家之一、捷克民族乐派的主要代表人物。德沃夏克是一位屠夫的儿子，童年期间，他在捷克民歌和教堂音乐的熏陶中度过，他在此期间学会了小提琴、中提琴和管风琴。他有一个很有钱的叔叔看见他在音乐方面天赋异禀，便送他到布拉格风琴学校学习管风琴。毕业后的第三年，他追随民族主义者斯美塔那组建的“临时剧院”，在那里他学习了大量欧洲古典主义音乐及浪漫主义音乐，为作曲艺术生涯打下了良好的基础。自 1873 年辞去歌剧院乐队职务，德沃夏克便全身心投入于民族主义音乐风格的创作中。例如，他的作品中出现了摩拉维亚和故乡波希米亚（当时属奥匈帝国，现属捷克）的民谣音乐风格。他的作品反映了他的爱国热诚和为复兴祖国民族文化所做的最大努力。德沃夏克的风格经常被描述为“吸收了民歌的影响并找到有效的方式利用它们，用交响乐的传统最完满地再现了一个民族的特色”。其代表作有第九交响曲《新世界交响曲》《B 小调大提琴协奏曲》《斯拉夫舞曲》、歌剧《水仙女》等。他被认为可能是他那

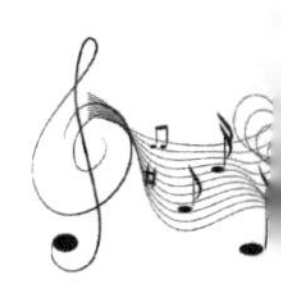

个时代“最多面手的作曲家”。

3. 欣赏提示

第一乐章，序奏、慢板，4/8 拍，表达了在 19 世纪动荡不安的美国，作者面对现实生活时内心的挣扎。乐曲开始于一段深沉缓慢的引子部分，仿佛描写从远处眺望到初露一角，若隐若现的一片美洲陆地；随后，旋律和声中融合了美国黑人和印第安人的音乐风格元素。

第二乐章，广板，4/4 拍，是一首诗情画意的抒情曲。作者阅读美国 19 世纪诗人朗费罗（Longfellow，1807—1882）所著的《海华沙之歌》，这首诗描述了奥农多加部落印第安人的传奇领袖海华沙带领他的族人接触农业、航海、医学与艺术，征服敌人的故事。作曲家借着传奇故事，抒发了对故乡捷克的思念。

音频 4-13

第二乐章曲式结构为 ABCA1。

A 部分：铜管乐器齐声演奏出庄严的和弦，紧接定音鼓为引子结束。英国管独奏出贯穿全曲的主题“回家”，如谱例 4-17 所示，旋律部分由单簧管、弦乐加入。高音木管乐器和圆号演奏“引入”性的和弦，随后铜管和定音鼓演奏结束。弦乐重复扩展的“主题”部分，英国管吹奏主旋律。A 部分以圆号演奏主题旋律的回声部分为结束。

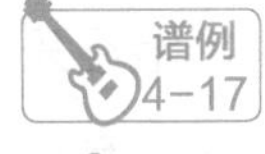

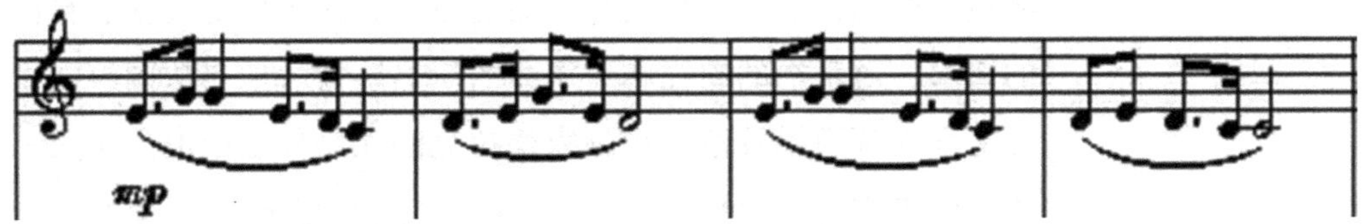

B 部分：长笛与双簧管演奏新主题 B1。紧接着，单簧管、低音拨弦演奏第二个新主题 B2。优美的弦乐拉奏旋律 B1，以小提琴为主旋律。节奏紧密地重复旋律 B2。

C 部分：双簧管缓慢引入旋律，长笛和单簧管随后模仿鸟叫声。随后，铜管强奏，追溯第一乐章主题旋律 A。旋律渐渐缓慢，作为桥梁抵达下一个 A 部分。

A1 部分：英国管吹奏“回家”主题旋律。部分弦乐演奏旋律，随后全部弦乐展现。紧接尾声，小提琴再次呈现平静的“新大陆”，以最初始的和弦作为首尾呼应。

音频 4-14

音频 4-15

第三乐章为活泼、急速的谐谑曲（3/4 拍）。

第四乐章为快板，奏鸣曲式。

（三）柏辽兹《幻想交响曲》

1. 作品简介

1827 年，柏辽兹第一次遇见爱尔兰著名女演员哈莉特·史密逊，便陷入不可自拔的单相思中。当时柏辽兹只是一名穷困潦倒的学习音乐的学生，与史密逊光辉灿烂的荣耀形成了鲜明对比，因此柏辽兹下定决心通过努力奋斗使自己的名字对她而言不再陌生。默默无闻的柏辽兹开始举办个人作品演奏会。遗憾的是柏辽兹为史密逊量身定做的曲子，她竟然没有机会听到。柏辽兹第一部大型作品完成于 1830 年，这部作品的第一个名字是《一个艺术家生活中的插曲》，讲述了单相思给艺术家所带来的痛苦与欢乐，希望与绝望。之所以此曲后来被命名为《幻想交响乐》，是因为叙述了许多幻想性内容，例如，艺术家在梦中杀死了恋人等。

2. 作曲家简介

艾克托尔·柏辽兹（Hector Louis Berlioz，1803—1869），法国作曲家、指挥家、音乐评论家、19 世纪上半叶法国浪漫乐派最主要的代表者。柏辽兹作品的主要表达了他对民主、自由的追求，对幸福的向往和对革命的炽热感情。他与法国浪漫主义文学大师雨果及浪漫派画家德拉克洛瓦堪称法国浪漫主义三杰。代表作有《幻想交响曲》《葬礼与凯旋交响曲》《罗密欧与朱丽叶》《哈罗尔德在意大利》等。

3. 欣赏提示

为了更好地理解作曲家对作品的表达，柏辽兹给这首作品取名为《幻想交响曲》，分别给其五个乐章取了标题，并附加了文字解说。全文如下：

第一乐章“梦幻与热情”（见谱例 4-18）：“首先他想到在

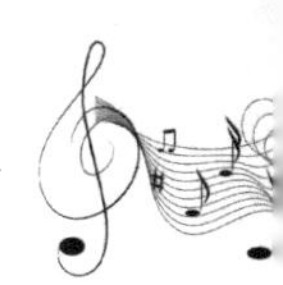

遇到他的恋人之前，心神的疲乏、空有的热情、黯然的忧伤和无端的快乐；然后是由他的恋人在一瞬间突然激起的吞没一切的爱情、极度的痛苦、疯狂的嫉妒、复苏的柔情和宗教式的慰藉。”

音频 4-16

谱例 4-18

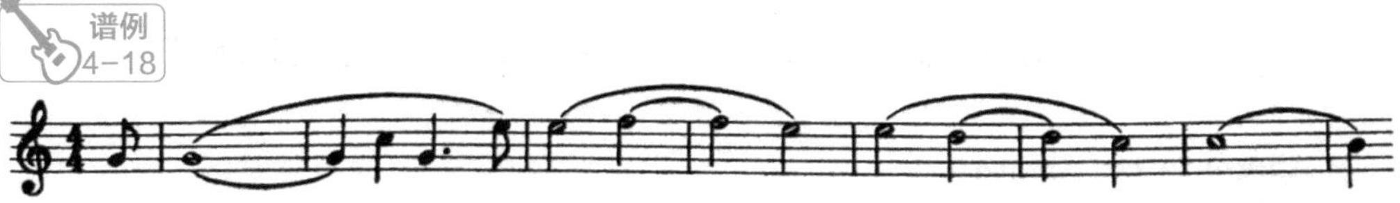

第二乐章“舞会”（见谱例 4-19、谱例 4-20）：“在一个喧闹而辉煌的节日盛宴的舞会上，他遇见了他的恋人。”

音频 4-17

谱例 4-19

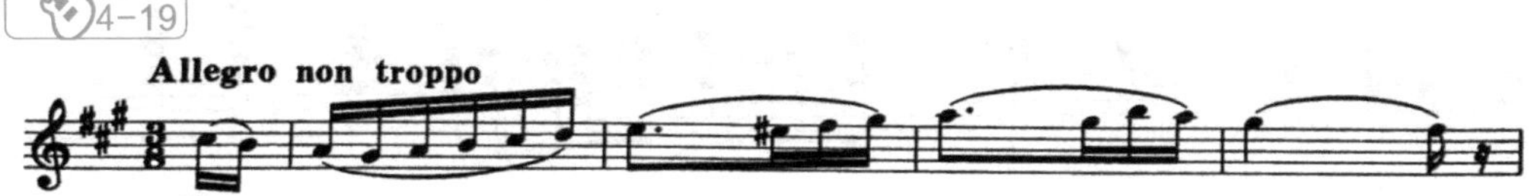

谱例 4-20

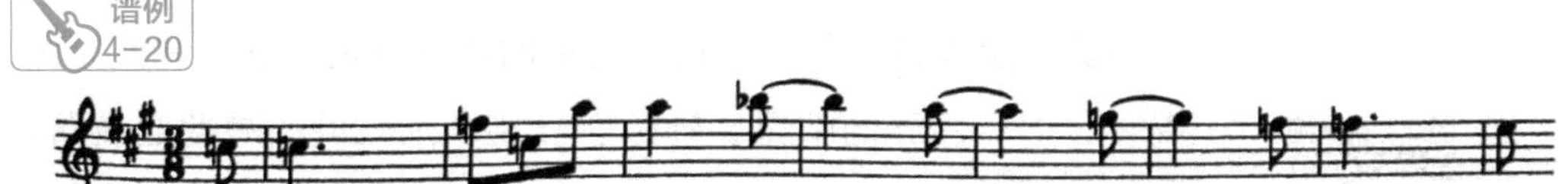

第三乐章“田野景色”（见谱例 4-21）：“夏日黄昏，他在乡间听到牧笛曲调的对答。牧歌的二重奏，周围的景色，还有微风吹拂树叶的轻微声响，以及前不久在他心中萌生的希望的光芒，都使他感到一种少有的安宁，并使他的想象带有比较明朗的色泽。但是他的恋人重新出现，他的心蓦然地收缩起来，痛苦的预感使他烦躁不安，要是她欺骗他呢！……有一个牧人重又吹起他那朴素的曲调，但是另一个却不再应答他。夕阳西下……远处的雷声传来……孤独……沉寂。”

音频 4-18

谱例 4-21

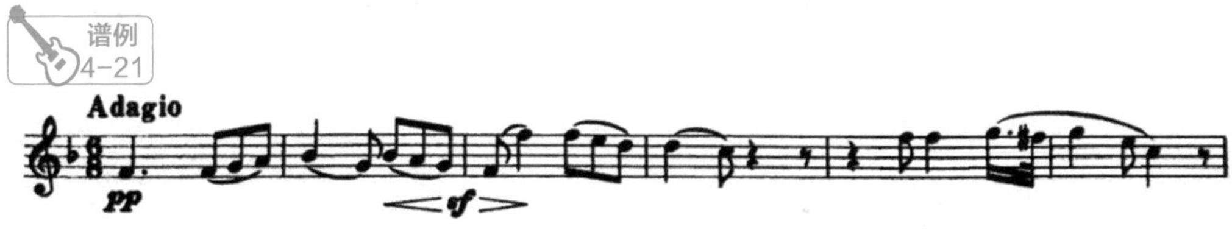

音频 4-19

第四乐章“赴刑进行曲”（见谱例 4–22、谱例 4–23）：“他幻想他杀死了自己的情人，被判死刑押赴刑场。在时而阴森粗野、时而辉煌庄严的进行曲乐声中，队伍向前行进。嘈杂的骚动为沉重的步伐声所取代。末了，好像是最后一次想到爱情，固定乐思又出现，但一转瞬便被致命的一击所打断。”

谱例 4–22

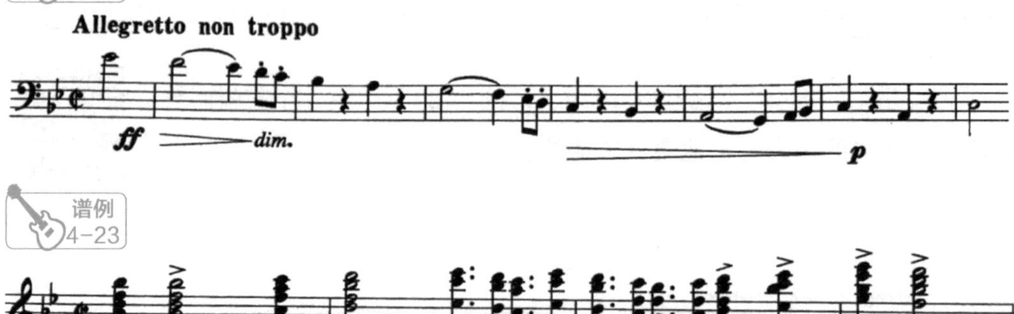

谱例 4–23

第五乐章“妖魔夜宴”（见谱例 4–24）：“他发现自己置身于一群为前来参加他的葬礼而麇集的恐怖幽灵、巫师和妖魔的夜宴之中。怪异的喧嚣、呻吟、狂笑和远处的叫喊此起彼落。恋人的旋律又出现，但已失去它那高贵和端庄的性格；充其量只是一支鄙贱、轻浮和怪诞的舞曲。这是他的恋人前来参加魔宴……报丧的钟声，对《愤怒的日子》（Dies Irae）的粗俗模仿。妖魔的轮舞同《愤怒的日子》这支歌调混合在一起。”

音频 4-20

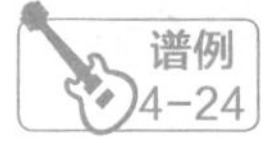

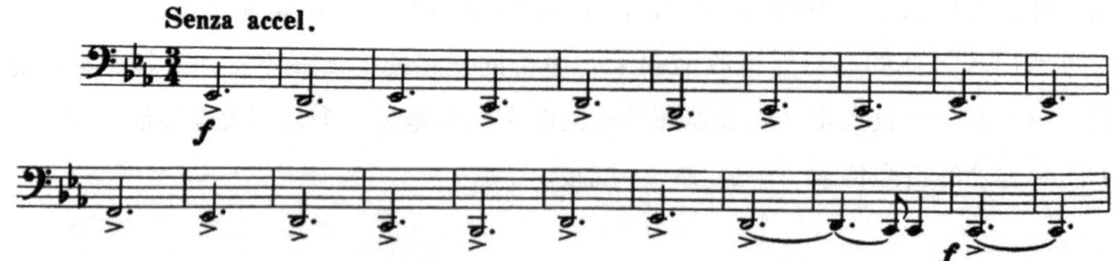

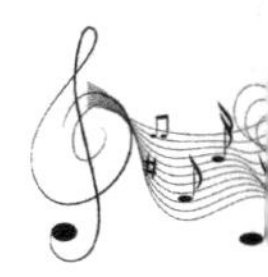

第三节　编创与活动

一、听乐猜曲

1. 音频 4–21~ 音频 4–26 是《动物狂欢节》片段，请根据音乐特征，将以动物类别命名的乐章编号按播放顺序填入表 4–9 内。

以动物类别命名的乐章如下：

1）公鸡与母鸡：由吹奏乐器单簧管以及键盘乐器钢琴描绘公鸡与母鸡的叫声。

2）野驴：急速的行板。由双钢琴音阶及琶音的形式描绘野驴奔腾相互追逐的情景。

3）鸟舍：弦乐描写鸟儿振翅欲飞的声音，长笛描绘小鸟自由翱翔，钢琴清脆的跳音模仿小鸟的叫声。

4）大象：庄严的快板，低音提琴的声音刻画出大象笨拙的步伐与嬉闹的情景。

5）袋鼠：双钢琴交替奏出装饰音、趣味性的节奏，表现了袋鼠在蹦蹦跳跳的景象。

6）水族馆：由长笛和钢琴奏出轻缓流动的声音，描绘了海底世界的神秘及鱼儿们悠然自得的嬉戏情景。

表 4–9　《动物狂欢节》乐章辨别

音频名称	二维码	以动物类别命名的乐章
音频 4–21 听乐猜曲 1		
音频 4–22 听乐猜曲 2		
音频 4–23 听乐猜曲 3		
音频 4–24 听乐猜曲 4		

（续）

音频名称	二维码	以动物类别命名的乐章
音频 4–25 听乐猜曲 5		
音频 4–26 听乐猜曲 6		

2. 请听音频 4–27~ 音频 4–30，将各乐段二维码分别与对应的图片相连。

音频 4–27

音频 4–28

音频 4–29

音频 4–30

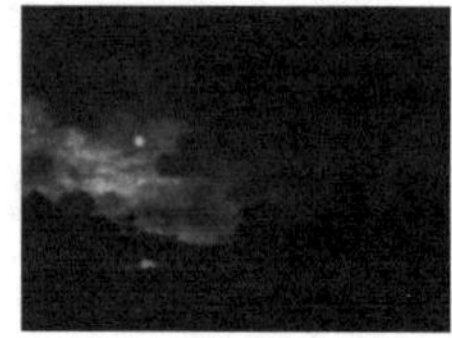

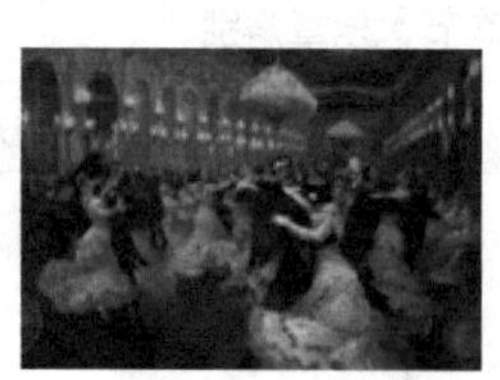

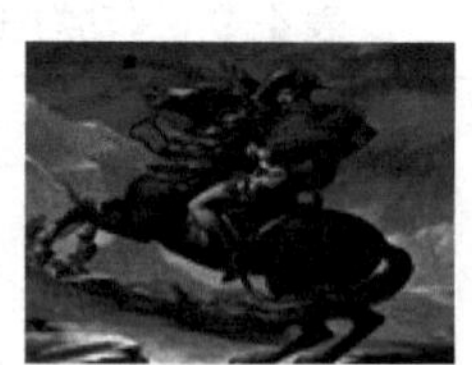

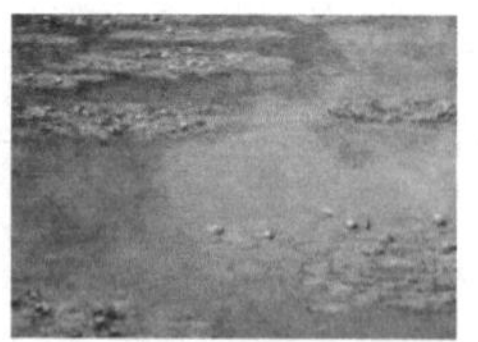

3. 以下四首曲子分别对应四种主题意境，请听音频 4–31~ 音频 4–34，在表 4–10 中填写每首曲子对应的主题意境的编号。

四种主题意境如下：

1）印象派——描绘大自然朦胧的景象

2）描绘了跌宕起伏的故事情节

3）军队进行曲

4）皎洁的月色，宛如笼罩一层白纱

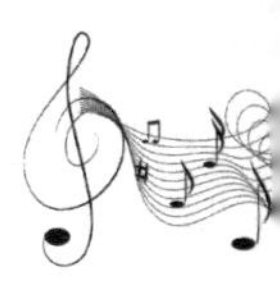

表 4-10　主题意境辨别

音频名称	二维码	主题意境
音频 4-31 埃尔加《威仪堂堂进行曲》第一首		
音频 4-32 德彪西《梦幻曲》		
音频 4-33 贝多芬《月光奏鸣曲》		
音频 4-34 肖邦《叙事曲 Op. 23, No. 1》		

二、听乐哼鸣

请聆听海顿《“皇帝”四重奏 Op.76，No.3》第二乐章（音频 4-35），哼鸣出主题部分。

音频 4-35

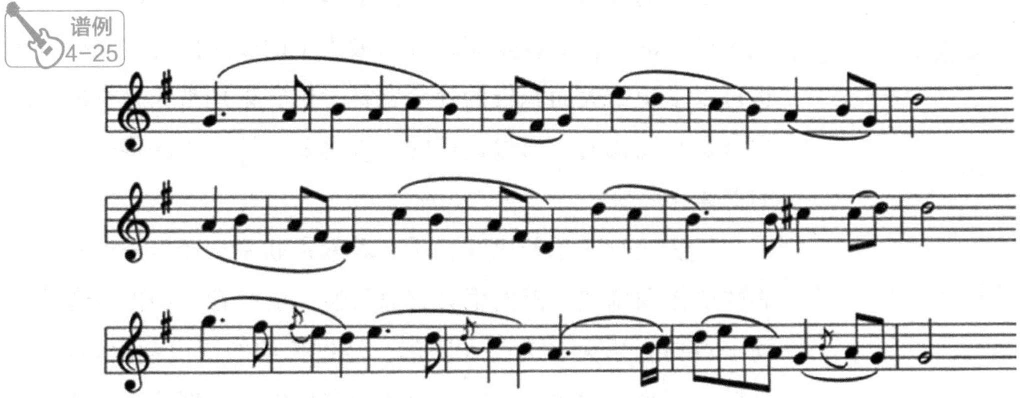

三、即想即写

请观看电影《肖邦》，结合故事情节，发挥想象力，浅谈乐曲《肖邦叙事曲》叙述了一个什么样的故事？

第五章
中外流行音乐欣赏

第一节　中外流行音乐概述

流行音乐是指那些结构短小、内容通俗、形式活泼、情感真挚，并被广大群众所喜爱、广泛传唱、流行一时甚至流传后世的乐曲和歌曲。这些音乐根植于大众生活的丰厚土壤之中，因此，又有“大众音乐”之称。

流行音乐产生于都市文化中。不同于其他音乐形式，如合唱、艺术歌曲和民歌，它主要是反映来自平民阶层，特别是普通青少年的生活和情感。个性化、私人化的情感抒发是流行音乐最主要的题材，青春的萌动、爱情的体验、理想的抒写、对成人世界的反抗等，是流行音乐最集中的表达内容。流行音乐也可以承担重大而积极的社会题材，但它处理重大题材的角度常常是平民化的，通过这样的个人化和个性化去获得一种巨大的群体化效应。

不少流行音乐与民间音乐有着紧密联系，经常采用地方色彩的旋律和调式，因而更具有通俗性。流行音乐和古典音乐不同，古典音乐大多为前人所作，经过长期的历史考验和检验，被保留下来的大都是内容和形式较完美的精华部分，因此，有相对的稳定性。流行音乐大都没有经过历史的检验，多数是未得到公认的音乐创作，其中有一些商业化的，格调低下的作品。因此，在流行音乐中，鱼龙混杂、精华与糟粕并存。只有

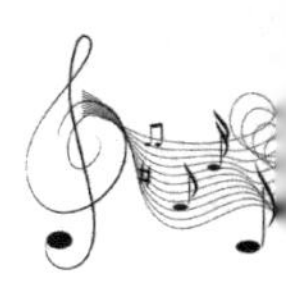

经过不断实践的检验，才能产生更多优美、高尚、具有高度艺术性的作品。

一、欧美流行音乐的起源与发展

欧美现代流行音乐形成发展至今已有 100 多年的历史，在这 100 多年里，流行乐以其简易通俗、贴近生活的特质深入人心，在很大程度上影响并改变着一代代年轻人的心态和生活方式。从早期的黑人音乐，到后来的抗议民谣、迷幻音乐、新浪潮音乐、艺术摇滚乐、朋克乐、新浪漫音乐、重金属，直到近几年兴起的电子舞曲，无不反映出当代西方社会的价值观及伦理道德的变化，反映出青年一代对内心世界的追求与欲望。从欧美流行音乐的产生发展过程来看，大致可划分为以下几个阶段：

1. 古希腊、古罗马时期

古希腊、古罗马时期是流行音乐的萌芽阶段，出现了游吟歌手。

2. 文艺复兴时期

文艺复兴时期是流行音乐的成长阶段，18 世纪的欧洲维也纳古典乐派早期，就已经有轻松、活泼的音乐作品出现。在亨德尔和莫扎特的创作中，开始出现大量精巧、流畅、天真而又活泼的作品，大大突破了以往音乐典雅、纯正的宗教性，在音乐风格和功能上为流行音乐开了先河。

3. 巴洛克时期

巴洛克时期，欧洲许多城市出现了带有音乐的通俗喜剧。法国大革命时期，出现了反映革命内容和重大事件的流行歌曲。

4. 19 世纪末

这个时期是流行音乐的快速发展阶段，黑人音乐给现代流行音乐带来了深远的影响。拉丁美洲的舞蹈音乐受欧洲音乐的影响，在旋律、节奏等方面发生了很大变化，出现了伦巴、桑巴、康加等流行舞曲。美国出现了歌唱剧团，产生了大量的流行歌曲创作者，当时的歌曲《老乡亲》《啊！苏珊娜》等至今仍广为流传。

5. 20 世纪

美国黑人爵士乐作为现代流行音乐的先驱迅速兴起。这种发祥于路易斯安那州新奥尔良市，在布鲁斯和拉格泰姆的基础上，融合了某些白人音乐成分的全新的音乐形式，以其极具动感的切分节奏、个性十足的爵士音阶和不失章法的即兴演奏（或演唱）赢得了广大听众的喜爱，同时也得到音乐领域各界人士的认可，被认为是欧美现代流行音乐的开端和20世纪世界音乐文化最重要的现象之一。

20世纪30年代，第一次世界大战后诞生的“乡村音乐”成为流行音乐的主流。乡村音乐具有浓郁的美国民间音乐的风格，以小提琴和吉他作为主要乐器，表演上说唱结合、自弹自唱，音乐上旋律简单、风格淳朴，同时吸收了许多民间的曲调，直到今天还在世界流行乐坛占有重要地位。20世纪50年代后，现代科技电子工业的发展，为流行音乐的发展、传播提供了更为便利的条件，摇滚乐成为最受青少年欢迎的音乐形式。埃尔维斯·普莱斯利、滚石乐队、迈克尔·杰克逊、皇后乐队等一大批巨星的出现使现代流行音乐进入一个空前繁荣的时代。

二、中国流行音乐的起源与发展

在我国，流行音乐的源头也可以追溯到很远，如先秦的“郑卫之音”，明代以后随着城市发展而产生的一些城市民歌，宋朝的“凡有井水处，皆歌柳郎词”都是当时流行歌曲普及的真实写照。中国现代流行音乐的发展迄今已有约90年的历史，1927年黎锦晖创作的《毛毛雨》《妹妹我爱你》，标志着中国流行歌曲的诞生。随后一大批音乐人先后加入到流行歌曲的创作中，主要有陈歌辛、姚敏、刘雪庵等。在演唱方面，则是由周璇、白虹、龚秋霞、姚莉、李香兰、李丽华、王人美、欧阳飞莺等人，构成了中国流行歌星的原生代。从中国流行音乐的产生发展过程来看，大致可划分为以下四个阶段：

1. 新中国成立之前

中国流行音乐的发源地在上海，它产生于20世纪20年

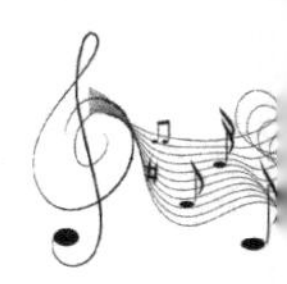

代，由于上海得天独厚的地理位置，拥有中国重要的贸易港口，是中国的贸易中心、工业中心，此时的上海完全具备了国际大都市的面貌。在经济条件优越的基础上，人们在精神娱乐的层面上有了更高的需求，流行音乐也在悄然萌芽。《毛毛雨》是黎锦晖创作出的中国第一首流行歌曲，开创了“今天爱情歌曲”的先河，此曲的创作冲破了封建思想的约束，深受听众喜爱。伴随着上海精神娱乐文化不断发展，此时上海的影院、旅馆、茶楼、舞厅都呈现出生意兴隆的局面，这些场所的繁荣为流行音乐提供了更广阔的发展平台。这一时期的流行音乐歌手有：周旋，被称为“金嗓子”，代表作《夜上海》《天涯歌女》等；另一代表人物李香兰是日本后裔，是上海当时著名的歌手及电影演员，代表作《夜来香》。

2. 1949—1976 年

20 世纪 40 年代末，中国共产党为了更清晰地表明政治色彩，开始有计划地开始文艺作品创作和文化机构的宣传。《东方红》《没有共产党就没有新中国》等歌曲受到广泛传唱，但此时的歌曲并不算真正意义上的流行歌曲。

3. 改革开放后至 20 世纪末

20 世纪七八十年代，中国处于巨大变革时期，邓小平提出改革开放，促使中国步入一个新的转型期。改革开放后，1979 年至 1985 年间内地流行音乐开始复苏，港台流行歌曲也在此时大量涌入内地。1986 年至 1990 年，流行音乐迅速崛起，80 年代末出现的卡拉 OK 风靡全国。20 世纪 90 年代后至 20 世纪末，流行音乐进入到繁荣期，电视唱片、电视剧、文艺晚会对流行歌曲的传播产生了重要影响。

本时期歌曲风格远离了中国原有的传统，受欧美影响更深。在此期间随科学不断发展，高科技手段被应用到音乐制作中，加之商业化趋向更为明显，这都对流行音乐的发展起到了推进作用，并出现了华语流行歌曲在世界上遍地开花的景象。

4. 21 世纪至今

21 世纪是科技信息发展迅猛的时代，人们生活理念有了很大变化，网络音乐的兴起让人们可以更方便快捷地接触流行音乐。中国加入世贸组织后，流行音乐娱乐化，加快了中国流行音乐的国际化发展。

第二节　中外流行音乐的分类与介绍

一、爵士乐

（一）爵士乐概述

爵士乐是 19 世纪末 20 世纪初兴起于美国南部新奥尔良的黑人舞蹈音乐，源自美国的黑人歌曲和“拉格泰姆”，后成为美国的流行音乐，进而成为世界性的现代流行音乐之一。

爵士乐是一种即兴性演奏形态。演奏者常是根据某种规定的和声骨架和节奏，将所奏的旋律进行即兴变奏，演奏者往往就是曲作者。爵士乐的节奏离奇而多变，多用连续切分，令人迷惘，富于刺激性。

爵士乐在其漫长的演变过程中，吸收了各种不同的音乐文化，特别是从许多民间音乐中去吸收养料。爵士乐音乐家们主要活动于酒吧和舞厅，因此这种音乐形态从诞生以来就带有商品化的印记。

严肃音乐也受到了爵士乐的影响。作曲家格什温的钢琴与乐队作品《蓝色狂想曲》把爵士乐元素用于音乐会作品，并获得了很大成功。贝尔格的歌剧《璐璐》也采用了爵士乐的音乐语言。

（二）爵士乐的流派分类

现代的唱片界有时将爵士乐划分为传统爵士乐和现代爵士乐两类。传统爵士乐是指采用了 4/4 拍行进性的管乐队演出的爵士乐，而现代爵士乐是指采用了贝斯演奏跳舞音乐的爵士乐。这种划分有时会显得毫无疑义，如果拿这种标准来衡量，人们几乎无法判断肯尼 · 金是否比希尔 · 泰勒的音乐更应属于现代爵士乐。其实用传统和现代这两个相关的概念予以划分爵士乐的种类并不确切，这造成了一些既具现代风格又包含了传统风格的优秀作品无法分类的问题。因为爵士乐将近一百年的发展历程是连续不断的，各种风格流派也有其相互的联系，大

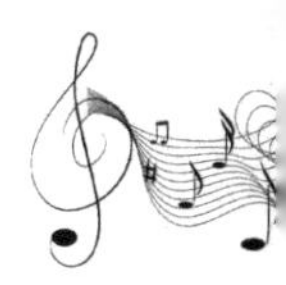

体来说可以划分为以下 19 种流派：Ragtime（拉格泰姆爵士乐）、New Orleans（新奥尔良爵士乐）、Standards（主流爵士乐）、Classic（古典爵士乐）、Dixieland（迪克西兰爵士乐）、Cool Jazz（冷爵士或西海岸爵士乐）、Big Band（大型乐队爵士乐）、Swing（摇摆爵士乐）、Bop（波普爵士乐）、Latin（拉丁爵士乐）、Brazilian Jazz（巴西爵士乐）、Avant-Garde（前卫爵士乐）、Post-Bop or Mainstream Jazz（后波普爵士乐或现代主流爵士乐）、Third Stream（第三流派爵士乐）、Hard Bop（硬波普爵士乐）、Free Jazz（自由爵士乐）、Fusion（融合爵士乐）、Crossover Jazz（交叉风格爵士乐）、Vocal Jazz（人声爵士乐）。

这里我们重点来了解一下 Dixieland（迪克西兰爵士乐）和 Free Jazz（自由爵士乐）两种流派风格，见表 5-1 所示。

表 5-1 Dixieland（迪克西兰爵士）和 Free Jazz（自由爵士）

类型	流派	时间	风格	代表人物
爵士乐	Dixieland（迪克西兰爵士乐）	20 世纪 20 年代	由小号领奏的小乐队即兴演奏的特色	（美）路易斯·阿姆斯特朗、金·奥利弗
	Free Jazz（自由爵士乐）	20 世纪 60 年代	不同于以往的爵士乐，在和声、旋律方面没有太多的限制，演奏者在演奏过程中可以自由、大胆、随心所欲地发挥	（美）约翰·科尔特兰

（三）《多美妙的世界》（*What a wonderful world*）

1. 作品简介

《多美妙的世界》（*What a wonderful world*）是路易斯·阿姆斯特朗晚年的一首非常杰出的爵士名曲。表演时，年迈的阿姆斯特朗站上舞台的中央，步履蹒跚，但精神矍铄，自有一种王者的气场。手中小号依旧，绚丽而高亢；开口嗓音如昨，沙哑更添沧桑。而歌词也一如童话般简单、纯洁，这个可爱的老头用歌声表达着对世界的赞美和对生命美好的热爱和向往，传达给人们希望和乐观。如今，《多么美妙的世界》已成为 20 世纪“流行音乐的圣歌”，很多歌手都翻唱了此歌，比如邓丽君、洛·史都华、席琳·迪翁等。该曲曾作为电影《早安，越南》的插曲，布鲁斯·威利斯主演的电影《12 只猴子》的片尾曲和赫里尼克·罗斯汉主演的电影《雨中的请求》插曲，以及《海底总动员 2》片中插曲。

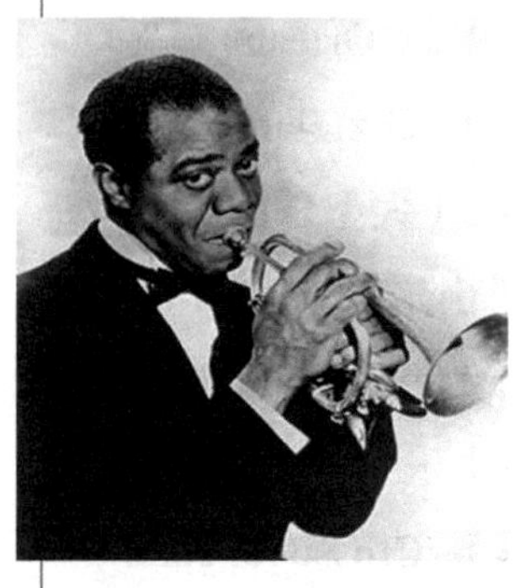

图 5-1 路易斯·阿姆斯特朗

2. 作者简介

路易斯·阿姆斯特朗（Louis Armstrong，1901—1971），如图 5-1 所示，出身美国新奥尔良贫民区，但困窘的生活并不影响少年阿姆斯特朗对音乐的追求，他在社会最底层长大，还曾经进过少年感化院，所幸他在感化院学会了吹短号，开始接触音乐。没几年的时间，18 岁的阿姆斯特朗已经是新奥尔良知名的演奏者了，成为当时最红的 KidOry（娃娃欧瑞）乐团的短号手，1922 年，加入 Joe King Oliver（奥立佛国王）乐团。在前辈奥立佛的指导调教之下，阿姆斯特朗进步神速。

路易斯·阿姆斯特朗最重要的创造在于他的即兴表演。每一首曲子中都表现出他不安分的活泼与嬉皮，这种个人主义的风头打破了之前爵士乐团集体演奏不强出头的清规戒律。即兴表演在节奏乐器和伴舞乐队上是很少见的，在这方面阿姆斯特朗绝对应被认为是先驱者。他即兴的创作能力完全源自自然的天性，很多素材是他直接从日常生活中信手拈来的。他的即兴不仅仅是演奏，还有演唱。他在演唱中常常会有即兴的喊叫，这种方式被后世众多歌手效仿，包括摇滚歌手。

杜克·艾林顿曾说过“如果有人是爵士大师的话，那他就是路易斯·阿姆斯特朗。他是爵士音乐的缩影，而且永远都是。”

3. 欣赏提示

这首歌曲有很多版本，人们有听过邓丽君版的，也有听过现代摇滚版的，不过相比起路易斯·阿姆斯特朗的演绎，任何人都无法超越那沙哑声音中所表达出的平凡。

歌中第一句所唱的“I see trees of green，red roses too（我看见绿树和红玫瑰）”“I see them bloom for me and you（我觉得它们是为我和你而盛开）”引出了全曲的感情基调，用诉说式的口吻演唱着身边的美好事物，而后的抒情句“and I think to myself，what a wonderful world（我情不自禁地想到，这是一个多么美妙的世界）”像是对美好生活的歌颂与向往。

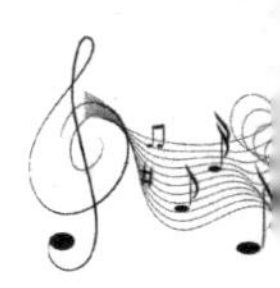

第二段借用眼睛所看到的“蓝天”“白云”“彩虹”等大自然产物表达对美好生活的真切感受。

在最后一段，路易斯·阿姆斯特朗更像是一位老者，用深情的眼神看着一个年轻人，并最终付诸一笑。我们可以想象，那几乎是一种顽皮的爱慕，如歌词所唱“I hear babies cry，I watch them grow（我听见婴儿啼哭，看着他们成长）”“they'll learn much more than I'll never know（他们学到的东西将远胜于我）”。看着他们，从小孩时的啼哭，到少年时的盲目与冲动，再到青春年代的热情奔放，其实这又何尝不是老人一生的写照。

歌曲中所有提及的点滴，我们每天都能去感受，去品味。歌曲旨在表达一种精神态度——只要你是一个发现美的有心人，生活处处是美妙。

二、乡村音乐

（一）乡村音乐概述

乡村音乐是一种具有美国民族特色的流行音乐，兴起于20世纪20年代的美国南部，其根源来自英国民谣，是美国白人民族音乐代表。乡村音乐的特点是曲调简单，节奏平稳，带有叙事性，具有较浓的乡土气息，亲切热情而不失流行元素，多为歌谣体、二部曲式或三部曲式。

乡村音乐歌曲的内容，除了表现劳动生活之外，还包括厌恶孤寂的流浪生活，向往温暖、安宁的家园，歌唱甜蜜的爱情以及失恋的痛苦等。1925年后，乡村音乐成为美国劳动人民最喜爱的音乐形式之一，故这种音乐又称“蓝领音乐”。

乡村音乐的两个最重要的组成部分是弦乐伴奏（通常是吉他或是电吉他，还常常加上一把夏威夷吉他和小提琴）及歌手的声音。乡村音乐抛开了在流行乐中用得很广的“电子”声（效果器）。歌手的嗓音是乡村音乐的标志（民间本嗓），乡村音乐的歌手几乎都有美国南部的口音，至少会有乡村地区的口音。

乡村音乐与流行乐、摇滚、说唱乐以及其他流派非常不一样。乡村音乐一般有八大主题：爱情；失恋；牛仔幽默；找乐；乡村生活方式；地区的骄傲；家庭；上帝与国家。

（二）乡村音乐的流派分类

乡村音乐大体来说可以划分为以下八种流派：牛仔音乐、山区音乐、西部摇摆、蓝草音乐、酒吧音乐、乡土摇滚、新时期的乡村音乐、回归音乐。这里我们重点来了解一下山区音乐、西部摇摆、蓝草音乐以及新时期的乡村音乐这四种流派风格，如表 5-2 所示。

表 5-2　四种主要的乡村音乐流派

类型	流派	时间	风格	代表人物
乡村音乐	山区音乐	20 世纪 20 年代	曲调简单、节奏平稳，带有叙述性，有较浓的乡土气息	（美）吉米 · 罗杰斯
	西部摇摆	20 世纪 30 年代	集合了舞蹈节奏、提琴音色、大乐队阵容的新型风格	（美）鲍勃 · 韦尔斯
	蓝草音乐	20 世纪 40 年代	多声部音乐	（美）蓝草男孩乐队
	新时期的乡村音乐	20 世纪 70 年代	演唱中使用较多鼻音共鸣，有时还使用滑音等各种演唱技巧。伴奏以传统的班卓琴和提琴而独具特色	（美）约翰 · 丹佛、肯尼 · 罗杰斯

音频 5-1

（三）《乡村之路带我回家》（*Take Me Home Country Roads*）

1. 作品简介

《乡村之路带我回家》（*Take Me Home Country Roads*）创作于 1971 年，是约翰 · 丹佛的经典之作，具有典型的乡村音乐风格特征。这首经典之作感动了无数流浪异乡的游子。

2. 作者简介

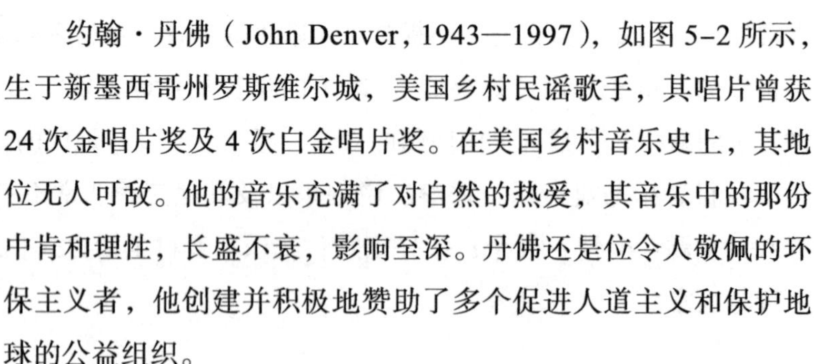

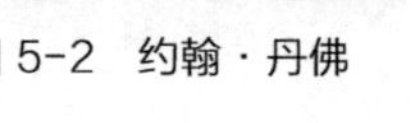

图 5-2　约翰 · 丹佛

约翰 · 丹佛（John Denver, 1943—1997），如图 5-2 所示，生于新墨西哥州罗斯维尔城，美国乡村民谣歌手，其唱片曾获 24 次金唱片奖及 4 次白金唱片奖。在美国乡村音乐史上，其地位无人可敌。他的音乐充满了对自然的热爱，其音乐中的那份中肯和理性，长盛不衰，影响至深。丹佛还是位令人敬佩的环保主义者，他创建并积极地赞助了多个促进人道主义和保护地球的公益组织。

丹佛是第一位访问中国的美国乡村歌曲作者和歌手，曾经为中国之行创作歌曲《上海的微风》（*Shanghai's Breeze*）。

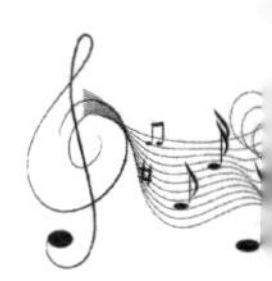

1979 年元月，丹佛在华盛顿肯尼迪文化中心为当时访美的邓小平同志演唱了他的经典曲目。

丹佛从小喜爱音乐，并显露出良好的音乐素质。1955 年，祖母送他一把吉布森 F 孔纯音爵士吉他，丹佛因此开始学习音乐。丹佛青年时代在大学攻读建筑设计专业。1971 年起，丹佛一心从事乡村歌曲的创作和演唱，与比尔 · 丹诺夫（Bill Danoff）结下了深厚的友谊。由比尔所作，描写西弗吉尼亚山区美丽风光的歌曲《乡村之路带我回家》（*Take Me Home Country Roads*）后来成为丹佛的招牌曲目。

谱例 5-1

乡村路带我回家

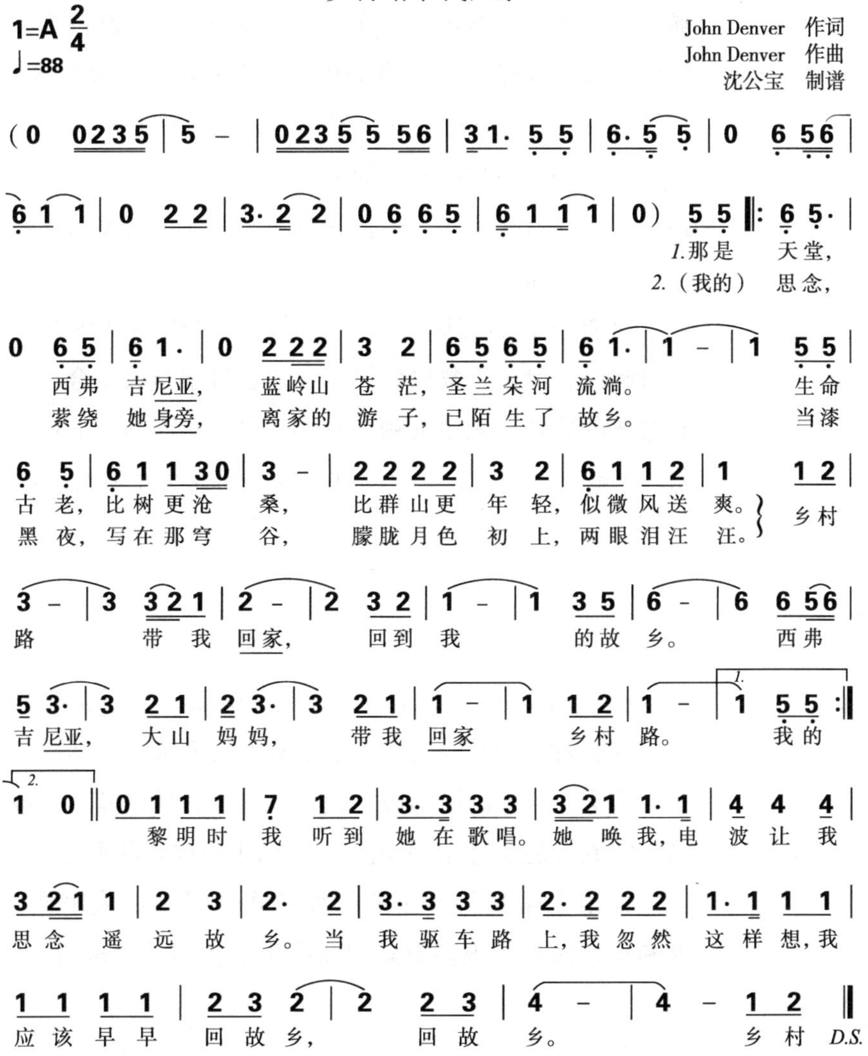

1=A 2/4
♩=88

John Denver 作词
John Denver 作曲
沈公宝 制谱

(0 0235 | 5 – | 0235 5 56 | 31· 5 5 | 6· 5 5 | 0 656 |

61 1 | 0 22 | 3·2 2 | 0 6 6 5 | 6 1 1 1 | 0) 55 ‖: 6 5· |
1.那是 天堂，
2.（我的） 思念，

0 65 | 61· | 0 222 | 3 2 | 6565 | 61· | 1 – | 1 55 |
西弗 吉尼亚， 蓝岭山 苍 茫，圣兰朵河 流淌。 生命
萦绕 她身旁， 离家的 游 子，已陌生了 故乡。 当漆

6 5 | 61 1 30 | 3 – | 2222 | 3 2 | 6112 | 1 12 |
古 老，比树更沧 桑， 比群山更 年 轻，似微风送 爽。 乡村
黑 夜，写在那穹 谷， 朦胧月色 初 上，两眼泪汪 汪。

3 – | 3 321 | 2 – | 2 32 | 1 – | 1 35 | 6 – | 6 656 |
路 带 我 回家， 回到 我 的故 乡。 西弗

5 3· | 3 21 | 2 3· | 3 21 | 1 – | 1 12 | 1 – |[1.] 1 55 :‖
吉 尼亚， 大山 妈 妈， 带我 回家 乡村 路。 我的

[2.] 1 0 ‖ 0111 | 7 12 | 3·333 | 321 1·1 | 4 4 4 |
黎明时 我 听到 她在歌唱。她 唤 我，电 波 让 我

3 21 1 | 2 3 | 2· 2 | 3·333 | 2·222 | 1·111 |
思念 遥 远 故 乡。当 我驱车路 上，我忽然 这样想，我

1111 | 23 2 | 2 23 | 4 – | 4 – 12 ‖
应该早早 回故乡， 回故 乡。 乡村 D.S.

丹佛的歌喉自然明快，擅长歌唱纯真的爱情、美好的理想；歌词朴实无华，富有诗意和哲理，不造作；歌曲曲调简朴、优美，内容清新、向上。

丹佛演唱的歌曲大部分都是由他自己创作的，著名的歌曲还有《高高的洛基山》《阳光在我肩上》《安妮之歌》等，都是美国乡村歌曲的典范。

3. 欣赏提示

《乡村之路带我回家》以对西弗吉尼亚故乡的怀念为主线，追忆逝去的纯真岁月。歌手行车在乡间小路上，从他所居住的城市前往另一座城市，要穿过这一段山路。公路两旁熟悉的景物使他感觉又踏上了回乡的旅途，潜藏心间的乡情油然而生，如清风徐徐。歌曲传达了一种发自内心的快乐情绪，表现了一个还乡者快乐地拍打着吉他的共鸣箱，每一个重音都让人摇头或拍手。在这样单一、热情的节奏中，流淌着乡村民谣共有的质朴、温暖和快乐。

这首歌曲的旋律发展干净利落，从叙述到倾诉再到歌颂一气呵成，经过重复的旋律，表达着母亲与故乡合二为一、互相修辞的感情。歌中使用的真实地名——西弗吉尼亚、真实身份——矿工的妻子，大大增加了歌曲的真实性和感染力。

三、摇滚乐

（一）摇滚乐概述

摇滚乐兴起于 20 世纪 50 年代中期，主要受到节奏布鲁斯、乡村音乐和叮砰巷音乐的影响发展而来。早期摇滚乐多是黑人节奏布鲁斯的翻唱版，因而节奏布鲁斯是其主要根基。摇滚乐的流行是 20 世纪美国大众音乐走向成熟的重要标志。

摇滚乐是流行音乐的一种形式，通常由人声伴以吉他、鼓和贝斯演出，很多形态的摇滚乐也使用键盘乐器，如风琴、

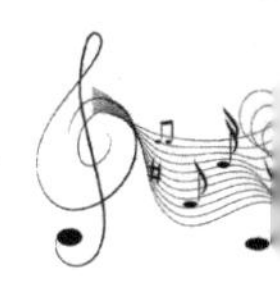

钢琴、电子琴或合成器。其他乐器，比如萨克斯管、口琴、小提琴、笛、班卓琴、口风琴或定音鼓有时也被应用在摇滚乐之中。此外，不太出名的曼陀铃或锡塔等弦乐器也被使用过。摇滚乐强劲的强拍经常围绕电吉他、空心电吉他、木吉他展开。

中国摇滚乐兴起于20世纪80年代初，1986年随着华夏乐坛刮起的“西北风”音乐，摇滚乐开始在青年一代中生根发芽。90年代中期中国摇滚乐进入发展高峰期。

（二）摇滚乐的流派分类

摇滚乐大体来说可以划分为以下七种流派：节奏布鲁斯、叮砰巷歌曲、主流摇滚、温和摇滚、山区摇滚、民谣摇滚以及英国摇滚乐。下面我们通过流派的风格、代表人物及代表作品来了解摇滚乐，如表5-3所示。

表5-3 摇滚乐的流派分类

类型	流派	时间	风格	代表人物	代表作
美国摇滚乐前身	节奏布鲁斯	20世纪70年代	声音有力，节奏持续不断、向前推进。保留了黑人音乐即兴演奏的传统	（美）翠西·查普曼	《给我一个理由》
	叮砰巷歌曲	19世纪末	内容以爱情为主，充满浪漫情调，或略带怀旧、伤感，或比较欢快、风趣。通常由职业歌手按谱演唱，讲究声乐技巧，有乐队或小合唱队伴奏	（美）平·克劳斯贝、杰若米·科恩、理查德·罗杰斯、乔治·格什温	《老人河》《音乐之声》《蓝色狂想曲》
美国摇滚乐	主流摇滚	20世纪50年代	节奏变化快、反拍力度厚重，演唱风格强劲有力	（美）小理查德	《露西》
	温和摇滚	20世纪50年代	结合了波普的成分，形成了比较温和的摇滚乐风格	（美）埃尔维斯·普莱斯利	《想你、要你、爱你》《温柔地爱我》
	山区摇滚	20世纪50年代	摇滚乐与山区音乐结合而成，与主流摇滚一样具有强烈的、不断向前推进的节奏，只是强烈程度有减轻和冲淡，不用呼喊的演唱方式	（美）“埃弗利兄弟”演唱组	

（续）

类型	流派	时间	风格	代表人物	代表作
美国摇滚乐	民谣摇滚	20世纪60年代	借鉴了民谣音乐简单直接的旋律以及摇滚乐强烈的节拍，以较通俗的手段表达哲理性的歌曲主题	（美）飞鸟乐队	《比昨日年轻》专辑
英国摇滚乐	英国摇滚乐	20世纪60年代（披头士）	温和、精美，少有反叛性	（英）披头士乐队	《昨天》、专辑《佩伯军士的孤心俱乐部乐队》
		20世纪60年代（滚石）	粗犷、猛烈，发展了主流摇滚中的强劲风格	（英）滚石乐队	专辑《乞丐盛宴》《任血流淌》

音频 5-2

（三）歌曲《一无所有》

1. 作品简介

《一无所有》由崔健作词、作曲。1986年，崔健在北京工人体育馆举行的百名歌星演唱会上，首次演唱了这首歌曲。《一无所有》不仅是崔健崛起的代表作，还是中国流行音乐的标志作品。在这首歌曲中，崔健高亢而真诚的嘶吼、近似北方民歌的曲子和口语化的歌词，给人们带来了强烈的震撼。在那个刚打开国门不久，面临着剧烈社会转型的年代，《一无所有》让一群痛苦、失落、迷惘又无奈的青年们，终于找到了一种释放自己能量的渠道。物质和精神上的状态在这段3分半钟的歌曲中得到坦白陈述，在摇滚乐的形式下变成尖锐的呐喊。在这首歌曲中，找不出矫揉造作的情爱，也找不到描写资本主义社会中空虚心灵的都会情歌，取而代之的是一股无所不在的怒气与无力感，在崔健真诚而狂暴、近乎嘶吼的歌声中得到充分的体现。

摇滚音乐作为中国改革开放之后的流行音乐形式，并不被80年代社会的主流文化所认可，直到崔健的这首《一无所有》的出现，摇滚音乐才逐渐被社会主流所认可。

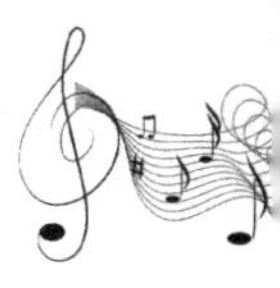

2. 作者简介

崔健，中国摇滚乐歌手、词曲家、导演、演员、编剧。1981 年，成为著名的北京歌舞团的专业小号演奏员。这时期，崔健听到外国旅游者和学生带进中国的磁带，开始迷恋摇滚乐，他开始学弹吉他，并很快当众演唱。在听了大量的音乐后，他开始了自己的摇滚乐创作。

中国的民族民间乐器唢呐也出现在崔健的演奏当中，从而影响了中国摇滚乐在民族乐器上使用的多样性。1989 年崔健的首张个人专辑《新长征路上的摇滚》发行，奠定了崔健在中国摇滚乐历史上的开山鼻祖的地位。整张专辑共 9 首曲目，所有歌曲的配器都有唢呐、笛子的参与，专辑中脍炙人口的歌曲《假行僧》更有古筝的配器参与，崔健在当时的音乐创作中不但把西方的音乐形式借鉴过来，而且更好地融入中国的民族民间乐器，这在中国摇滚的历史中也是极为重要的开拓。

3. 欣赏提示

不同的听众对这首歌曲的含义有不同的理解，对崔健而言，《一无所有》只是一首简单的情歌，但他也指出歌曲中有着对个人自我的强烈追求。复旦大学教授、人文学院副院长陈思和在《中国当代文学史教程》中认为，《一无所有》是崔健早期摇滚作品的代表作，与其他早期作品一样表达了觉醒的个体在“长征路”上的情形，表达了一个文化反抗者追寻个性的艰苦历程。他指出，歌曲的核心主题是“否定”，对过去、历史与现实的否定产生了“一无所有”的情境。

在歌词的解读方面，克莱格·卡尔胡恩（Craig Calhoun）认为，歌词中的主人公担忧女孩不会和自己在一起，因为自己一无所有，而这首歌的听众，无论学生还是工人也都有同样的困扰，他们缺乏一定的物质基础。《一无所有》的歌词中也存在着中国传统文学中的比喻修辞手法，如“脚下的地在走”“身边的水在流”这两句歌词，让人联想起中国古典诗歌和雅乐中的自然意象。在整篇歌词的意境烘托下，旨在唤起听众的情绪，激发他们打破常规的勇气。

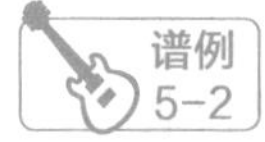

一无所有

1=F 4/4
♩=76

崔健 词曲

6 6 1 1 1 2 | 2 – 0 0 | 7 7 7 7 6 6 | 6 – 0 0 |

1. 我 曾经 问个不 休，你 何时 跟 我 走，
2. 脚下 这地 在 走，身 边 水 在 流，
3. 告诉 你我 等了 很 久，告诉 你我 最 后的 要 求，

6 6 6 6. 1 | 2 7 6 6 – | 6 5 3 2 2 | 2 – 0 0 |

可 你 却 总 是 笑 我，一 无 所 有。
可 你 却 总 是 笑 我，一 无 所 有。
我 要 抓 起 你的 双 手，你这 就 跟 我 走。

6 6 6 1 1 2 | 2 – 0 0 | 7 7 7 7 6 6 | 6 – 0 0 |

1. 我 要 给 你 我的 追 求，还 有我 的 自 由，

6 6 6 6. 1 | 2 7 6 6 – | 6 5. 3 2 2 | 2 – 0 0 |

可 你 却 总 是 笑 我，一 无 所 有。

1 1 1 7 1 7 1 7 | 6 – 0 0 | 2 2 2 2 7 6 6 | 6 – 0 0 |

2. 为何 你总 笑个 没 够，为何 我总 要 追 求，
3. 这时 你的 手在 颤 抖，这时 你的 泪 在 流，

6 6 6 6 6 1 | 2 7 6 6 – | 6 5. 3 2 2 | 2 – 0 0 |

2. 难 道 在 你 面 前我 永 远 是 一 无 所 有？
3. 莫 非 是 你 正 在 告 诉 我 你 爱我 一 无 所 有！

6 5 0 3 2 | 2 – 0 0 2 | 5 5 3. 5 | 6 – 0 0 |

1.2. 噢 你 何 时 跟 我 走？
3. 噢 你 这 就 跟 我 走！

1.2.
6 5 0 3 2 | 2 – 0 0 2 | 5 5 3 2 2 | 2 – 0 0 :‖

噢 你 何 时 跟 我 走？

结束句，重复三遍，渐弱

‖: 6 5 0 3 2 | 2 – 0 0 2 | 5 5 3 2 2 | 2 – 0 0 :‖

噢 你 这 就 跟 我 走！

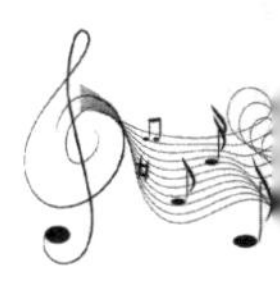

四、中国流行音乐

（一）中国流行音乐概述

中国流行音乐进入 21 世纪后，音乐风格更趋向多元化，西方的流行音乐元素大批量涌入中国，并与中国特色的流行音乐元素相融合，发展成为一种综合性强的并具有中国特色的音乐派别。流行音乐歌词创作涉及社会、文化、历史、体育、公益等不同的领域，2001 年开始的网络音乐逐渐发展成熟，并担任传播流行音乐的重要媒介，同时成为新媒介运作流行音乐的一个重要手段。

（二）中国流行音乐的分类

中国流行音乐在早期的时候以民谣、民族流行、乡村音乐、传统摇滚为主。到了 20 世纪 80 年代以后，随着文化的开放，欧美的一些音乐如节奏蓝调、嘻哈、电子等开始影响我国本土的音乐。至今，民族流行的独特音乐形式仍然存在并持续发展。

这里我们主要来了解一下民谣的风格特征、代表人物及代表作品，见表 5–4 所示。

表 5–4　民谣

类型	流派	时间	风格	代表人物	代表作
民谣	校园民谣	20 世纪 70 年代初	强调了青春易逝，透露出即将踏入成人世界的歌者对青春的回眸；从我国的民间歌曲中汲取了丰富的营养，并将西方乡村歌曲的音乐元素融汇其中，形成了一种独特的“通俗歌谣体”体裁；音乐结构短小精悍，旋律简洁朴实、清新爽朗，具有浓郁的乡土气息和时代感；在文字意境方面给人以美感，是青年学生求新、求变和热爱祖国传统文化艺术的生动表现	罗大佑	《童年》
	独立民谣	21 世纪	反应的是当下的时代气息和人文景观，介于摇滚乐和民族音乐之间，又或说是加入了民族元素的摇滚乐，还可以说是加入了摇滚乐元素的民族音乐	陈鸿宇、赵雷	《理想三旬》《成都》

（三）歌曲《让世界充满爱》

音频 5–3

1. 作品简介

《让世界充满爱》是一首录制于 1986 年的中国公益歌曲，由郭峰作曲，陈哲，刘小林，王健等作词，由 100 多位中国流行音乐歌手共同演唱。

1986 年初，北京天寒地冻，郭峰的内心却被一团火焰燃烧着。只有 22 岁的他，实在无法认同当时大环境对通俗歌曲的评价：“通俗歌曲（那时流行歌曲被称为通俗歌曲）只能表达小情小调，根本无法表达有内涵的大主题。”血气方刚的郭峰在心中暗暗下了决心：一定要做出一首充满凝聚力的歌曲，改变乐坛的这种偏见。

当时，正值国际和平年。围绕这个主题，当年有两首合唱曲最为引人瞩目——一首是世界流行天王迈克尔·杰克逊作曲作词，与美国众明星演唱的 *We are the world*，另外一首则是由罗大佑主创、众多明星演唱的《明天会更好》。当时，郭峰手中正巧有一首刚刚做出的《寻找明天》，于是在这首歌曲的基础上，郭峰、陈哲、刘小林临时组建了一个主创小组。在创作过程中，王健和孙铭也加入进来。在中国录音录像出版总社和东方歌舞团的支持下，《让世界充满爱》开始了前期的录音。

1986 年 5 月 10 日，这部组歌由参加全国青年歌手电视大奖赛的百名歌手在北京工人体育馆进行了正式演出。演出时曲作者郭峰亲自用钢琴、电子合成器伴奏。这次演出获得了很大的成功，这部组歌的盒式录音带十分畅销，销量创下了全国纪录。很多电台、电视台多次播放这部组歌。美国、英国、新加坡等国纷纷前来洽谈购买盒带版权。联合国也在向全球播出的特别节目中介绍了这部组歌。我国音乐界、舆论界对这部作品赞誉有加，认为“它是一首具有鲜明时代特征、闪耀着时代光彩的通俗歌”“应该看作是对通俗音乐的重大突破”。

《让世界充满爱》由百名歌手演出，打破了流行音乐以往的不超过三人同台的演出模式，使人们意识到流行音乐也是可以用来表现严肃主题的。

2. 作者简介

《让世界充满爱》曲作者郭峰中国内地流行乐男歌手、钢

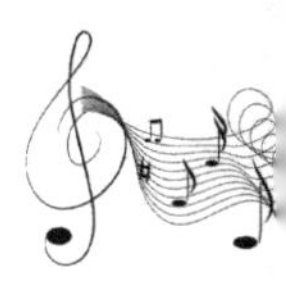

琴演奏者、音乐制作人、导演，毕业于四川艺术学校。郭峰出生于音乐世家，从小受父亲影响开始学习音乐，3 岁学习钢琴，13 岁考入四川艺术学校（现四川艺术职业学院）钢琴系，18 岁毕业留校继续任教，有着 18 年的钢琴演奏经历。他 14 岁

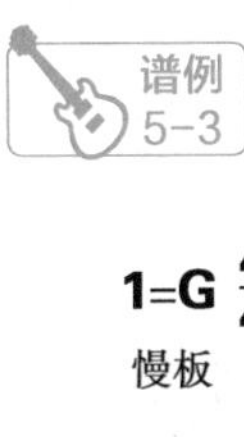

让世界充满爱

陈　哲、王　健、
刘小林、郭　峰 词
郭　峰 曲

1=G $\frac{4}{4}$
慢板

0 3 3 2 1 1 1 6 5 | 5 - - - | 0 1 1 1 1 1 6 1. | 2 - - - |

1. 轻 轻 地 捧着 你 的 脸，为 你 把 眼泪 擦 干，
2. 深 深 地 凝望 你 的 眼，不 需 要 更多 的 语 言，

0 3 3 2 1 1 1 6 5 | 5 - - - | 0 1 1 1 2 2 6 7. | 1 - - - ‖

这 颗心 永 远属 于 你，告 诉我 不再 孤 单。
紧 紧地 握住你 的 手，这 温暖 依旧 未改 变。

6 1 1 6. 5 - | 6 1 2 1. 2 - | 6 1 1 1 4 3 2 1. | 3 - - - |

我们 同欢 乐，我们 同忍 受，我们 怀着 同样 的期 待，

1 1 1 1. 7 - | 1 1 7 6. 7 - | 6 6 6 6 2 1 7 6. | 1 - - - |

6 1 1 6. 5 - | 6 1 2 1. 2 - | 6 1 1 1 4 3 2 3 1 | 1 - - - |

我们 同风 雨，我们 共追 求，我们 珍存 同一 样的 爱。

1 1 1 1. 7 - | 1 1 7 6. 7 - | 6 6 6 6 2 1 7 6 5 | 5 - - - |

0 3 3 2 1 1 1 6. | 5 - - - | 0 1 1 1 1 1 6 1. | 2 - - - |

无 论你 我可 曾相 识，无 论在 眼前 在天 边，

0 3 3 2 1 1 1 6. | 5 - - - | 0 1 1 1 2 2 6 7. | 1 - - - ‖

真 心地 为你 祝 愿，祝 愿你 幸福 平 安。

发表了第一首自创歌曲《月光》，18 岁时便成为中国音乐家学会中最年轻的会员。1985 年调入东方歌舞团任专业创作，1988 年东渡日本，1991 年赴新加坡，1995 年回国继续发展音乐事业。从《我多想》《让世界充满爱》《地球的孩子》《恋寻》到《心会跟爱一起走》《永远》《甘心情愿》《不要说走就走》，一首首金曲铸造了经典。

3. 欣赏提示

《让世界充满爱》是一部献给 1986 年“国际和平年”的组歌，由主题相关联的三首歌曲组成，是一部寓意深刻，气势宏大的作品。“组歌”是多乐章的声乐套曲，包括齐唱、对唱、重唱、合唱以及朗诵等形式，常用乐队伴奏，注重充分发挥各乐章的特点，因此各段更具有独立的意义。

该作品借鉴了国际流行乐坛的成功经验，是中国流行史上第一部表现世界性重大题材的作品。郭峰曾谈到：“我构思这首曲子时，追求的是一种崇高的、圣洁的、赞美诗般的音乐效果。世界如果充满了爱，就能够和平。爱是人类本身具有的东西，要用爱来沟通人们的感情。”

组歌中的第二首，其音乐为典型的 ABA 三部曲式。A 部的女声齐唱带有温馨抒情的气氛，B 部男女声的合唱唱出了“共风雨、共追求”这个主题，在音乐情绪上、调性上与 A 部形成对比。最后四个乐句是 A 部的完全再现，使全曲前后呼应。歌曲为慢板，大调式。

第三节　编创与活动

一、听乐猜曲

请听音频 5-4~ 音频 5-8，根据音乐风格特征，在表 5-5 中写出每首流行音乐的分类名称。

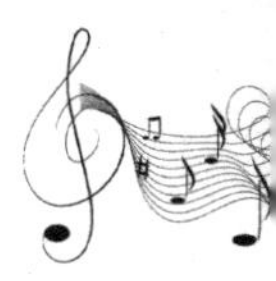

表 5-5　音乐风格分类

音频名称	二维码	音乐风格分类名称
音频 5-4 《不知为何》*Don't Know Why*		
音频 5-5 《海阔天空》		
音频 5-6 《爱的故事》*Love Story*		
音频 5-7 《梦回唐朝》		
音频 5-8 《月亮河》*Moon River*		

二、听乐演唱

请聆听歌曲《乡村之路带我回家》（*Take Me Home Country Roads*），并尝试演唱歌曲中文版。

三、欣赏感悟

请观看电影《海上钢琴师》（导演：朱塞佩·托纳多雷），并结合音乐主题，浅谈电影中的爵士钢琴片段所带来的音乐启示。

四、知识延展

（一）中国摇滚乐

摇滚乐正式产生于 20 世纪 50 年代的美国，时至今日摇滚乐的面貌早已是形式各异、风格各异。从 20 世纪 80 年代开始，崔健的一首《一无所有》正式拉开了中国摇滚乐的序幕，同时我国也涌现出了大批优秀的摇滚音乐人才。摇滚乐从早期的不被大众所接受，到现在变成了“时尚风”。摇滚乐的发展是在许多摇滚音乐人的努力下走到今天的，许多作品就是在对生活、对社会的思考中产生的。许多摇滚音乐人在创作和诠释音乐时，运用了具有中国的民族音乐元素和文化思想，使得大量的中国摇滚乐作品有着独特的音乐味道和艺术魅力——中国摇滚乐的民族精神。

请以小组为单位，上网搜索中国摇滚乐队及其代表作，并举例说明你所喜爱的，具有中国元素的摇滚乐作品并简要阐述。

（二）格莱美音乐与中国流行音乐

格莱美音乐奖迄今为止已经有 60 多年的历史，“格莱美”在我们中国音乐爱好者心中有着不可替代的地位，对于从改革开放之后算起的“老中青”三代欧美流行音乐爱好者来说，都是具有最高权威的聆听指南。

第一代欧美流行音乐爱好者大概是 1994 年之前接触欧美流行音乐的一批人，这些人从为数不多的电台类节目和国外资源中获取了一些在当时来讲非常稀有的流行音乐信息。这些人了解到了什么是“格莱美”奖，并对许多获得该奖项的歌手以及他们的作品熟悉及追捧起来。

第二代欧美流行音乐爱好者则是 1995—2004 年这个时期接触欧美流行音乐的人，华语流行乐坛开始效仿欧美的评奖机制，设立了很多流行音乐奖项。当时许多的流行音乐爱好者通过报纸杂志、广播以及电视等多种渠道了解了格莱美奖，逐渐形成了一个以青年学生为主的狂热群体。

第三代欧美流行音乐爱好者是 2005 年到现在接触欧美流行音乐的人，随着我国网络时代的进步，资讯变得更加方便快捷，内容也更为丰富，人们逐渐将目光从一盘磁带、一张 CD 转移到更加全方位的媒体报道，网络视频及现场实况中，中央

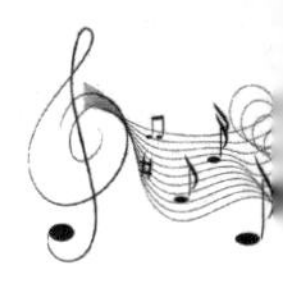

电视台的实时直播让格莱美的颁奖典礼现场盛况更加立体地呈现在我国流行音乐爱好者的面前。中国的流行音乐与世界流行趋势的“时差”在慢慢地缩小，众多歌手在舞台上频频翻唱格莱美金曲，还有更多的音乐人也正式获得格莱美提名或有作品入围。短短二十几年的时间，格莱美奖在欧美流行音乐进入中国流行乐坛的过程中扮演着至关重要的角色，历届格莱美奖的获奖作品无论在其音乐风格、编曲配器、唱法唱腔、录音缩混，甚至舞美造型上皆会成为华语乐坛的风向标，可见格莱美音乐奖对中国流行音乐有着深远的影响。

请以小组为单位，试列举出你所知道的荣获“格莱美音乐奖”提名或入围该奖的中国作品，并简要阐述。

第六章 戏剧欣赏

第一节 戏剧的基本概述

戏剧是指以语言、动作、舞蹈、音乐、木偶等形式表达叙事目的的舞台表演艺术的总称。文学上的戏剧概念是指为戏剧表演所创作的脚本，即剧本。戏剧的表演形式多种多样，常见的包括话剧、歌剧、舞剧、音乐剧、木偶戏、皮影戏等。

戏剧的起源实不可考，目前有多种假说，比较主流的看法有两种。一种为原始宗教的巫术仪式，比如，“巫”“舞”“武”三字同源，可能是对一种乞求战斗胜利的巫术活动的合称，即戏剧的原始形态。另一种为劳动或庆祝丰收时的即兴歌舞表演，这种说法的主要依据是古希腊戏剧，它被认为起源于酒神祭祀。

戏剧的四个元素包括了演员、故事（情境）、舞台（表演场地）和观众。其中，演员是四者当中最重要的元素，他是角色的代言人，必须具备扮演的能力。戏剧与其他艺术类型最大的不同之处在于扮演，通过演员的扮演，剧本中的角色得以伸张，如果抛弃了演员的扮演，那么所演出的便不再是戏剧。

一、戏剧的基本特征

（一）艺术的综合性

戏剧艺术要遵循极为复杂的、互相制约的许多艺术门类的特征，它本身具备多方面的审美价值，除了以形体艺术为基础的表演以外，还包含有文学、美术、音乐、舞蹈等成分，但戏

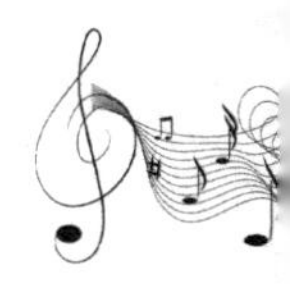

剧又不是各种成分简单相加的总和，这些成分在戏剧中构成的是一个有机的整体，从而使戏剧成为一种全新的独立艺术。

（二）形象的直观性

戏剧艺术是行动的艺术，是模仿行动中的人的艺术，人物必须具有强烈而直观的动作。因此，戏剧是演员在舞台空间的直观表演，是通过舞台空间展现演员和观众之间的“事件”来感染人。其中的人物、环境和情节发展都是直观再现，而不像其他文学作品那样必须通过阅读和想象，才能在脑海中间接呈现出来。

（三）矛盾的集中性

戏剧的本质特征在于直接、集中地反映社会的矛盾冲突，没有冲突就没有戏剧。因为剧本受篇幅和演出时间的限制，所以剧情中反映的现实生活必须凝缩在适合舞台演出的矛盾冲突中。剧本中的矛盾冲突大体分为发生、发展、高潮和结尾四部分。演出中，从矛盾发生时就应吸引观众，矛盾冲突发展到最激烈的时候称为高潮，这时的剧情也最引人入胜、扣人心弦。

二、戏剧的主要类别

（一）歌剧

歌剧是一种用音乐来表现的戏剧。它的全部或大部分词都需要唱，并用适当的器乐演奏来服务情节和伴奏。它是一种综合的艺术形式。在歌剧中，音乐需要和美术、文学、戏剧、舞蹈等其他艺术相融合。

1. 西方歌剧的发展

一般认为欧洲歌剧产生于 16 世纪末。西方公认的第一部歌剧是在人文主义影响下，企图恢复古希腊戏剧精神而产生的《达芙妮》，其编剧为 O. 里努奇尼，作曲为 J. 佩里与 J. 科尔西，于 1597 年在佛罗伦萨 G. 巴尔迪伯爵的宫廷内演出。由于此剧原稿失传等原因，也有人把 1600 年为庆祝亨利四世婚礼而写的《尤丽狄茜》作为最早的一部西洋歌剧。由于公众对歌剧的欢迎，1637 年在威尼斯设立了世界上第一座歌剧院。

从西方歌剧的主要流派、时间、风格以及代表人物作品来说，我们可以作如下分类，具体如表 6-1 所示。

表 6-1　西方歌剧的主要流派介绍

流派	时间	风格	代表人物	代表作品
正歌剧	17—18 世纪	题材重大严肃、音乐风格崇高华丽、讲求歌唱技巧	（德）亨德尔特、（奥）莫扎特	《阿格丽品娜》《伊多梅纽斯》《狄托的仁慈》
喜歌剧	18 世纪	又称“谐歌剧”，和正歌剧相对立的歌剧种类。题材取自日常生活，音乐风格轻快幽默	（意）佩格莱希、（法）奥柏、（意）乔瓦尼·巴莱斯塔·佩尔戈莱西	《管家女仆》《军中女郎》《女佣作主妇》
大歌剧	19 世纪	与当时的喜歌剧对立。它通常是四或五幕的大型歌剧，反映历史性内容，追求奢华的舞台效果，在剧中穿插华丽的芭蕾舞场面，不用干念宣叙调，采用大合唱和大乐队等宏大场面	（德）罗梅耶贝尔、（意）唐尼采第、（意）威尔第	《恶魔罗伯》《西西里晚祷》
轻歌剧	19 世纪	轻歌剧泛指小歌剧、喜歌剧、趣歌剧等。习惯上指歌曲通俗、题材轻松、内容抒情的作品，往往与小歌剧混同	（法）奥芬巴赫、（奥）苏佩、（奥）约翰·施特劳斯	《天国与地狱》《地狱中的奥尔菲斯》《诗人与农夫》《黑桃皇后》《蝙蝠》
巴洛克歌剧	17 世纪	题材以历史事件、神话故事为主，具有场面宏大、庄严高贵的特点，唱段设计相当华丽，大多由大牌阉人歌手担任主角。乐队部分采用“数字低音”写法	（意）蒙特威尔第	《奥菲欧》《波佩亚的加冕》《尤利西斯的归来》
古典主义歌剧	18—19 世纪	在题材上力求贴近人心，强调歌剧音乐与戏剧内容更加紧密的结合。旋律简洁明快，乐队的重要性得到重视，并去掉了“数字低音”写法	（奥）莫扎特、（德）贝多芬	《费加罗的婚礼》《费德里奥》

浪漫主义歌剧	19 世纪	风格多样化，追求抒情性，以表达人物情感为主旨	（意）威尔第、（德）瓦格纳、（法）比才、（意）普契尼	《弄臣》《阿依达》《尼伯龙根的指环》《卡门》《波西米亚人》
真实主义歌剧	19 世纪	描写的是社会底层小人物的贫苦生活，力求真实地再现社会生活的现实状况，揭露社会的阴暗面。舞台人物性格突出，生活环境描写富有色彩，音乐与民间歌舞密切关联，且旋律易记动听	（意）马斯卡尼、（意）列昂卡瓦洛、（意）普契尼	《乡村骑士》《丑角》《蝴蝶夫人》
印象主义歌剧	19 世纪	崇尚柔和，抑制、排斥过分的激情，避免文学性的铺叙，借助标题和丰富的色调变化引起联想，含蓄的暗示多于热情直率的表达，强调朦胧的感觉印象和变化多端的气氛	（法）德彪西	《佩利阿斯与梅丽桑德》
表现主义歌剧	20 世纪	艺术家通过极端的手法，表达人的下意识或潜意识中非常激动偏执或者阴暗的心理，往往用夸张的手法来表达内在痛苦激烈的情感	（德）理查·施特劳斯	《莎乐美》《埃莱克特拉》

2. 中国歌剧的发展

中国歌剧诞生于20世纪初期，其主要表演形式以京剧、昆曲等传统地方戏为代表。在西学东渐以及新文化运动的影响下，中国歌剧不断吸收欧洲歌剧艺术的特点，形成了既明显区别于中国传统的民族歌剧艺术，又不同于欧洲歌剧的中国戏剧艺术全新的表现形式。其中，黎锦晖的儿童歌剧被称为“黎氏儿童歌舞剧”，代表作有《麻雀和小孩》《小小画家》等，语言通俗易懂，旋律优美动听，在社会上产生了很大影响，这对我国歌舞剧的创作，具有开创性的意义。

20世纪30年代中期，随着抗日运动的高涨，诞生了一批诸如《扬子江暴风雨》《农村曲》《军民进行曲》等反映抗日斗争的舞台剧。这些歌剧注重音乐的戏剧化，尤其是黄源洛作曲的《秋子》，被称为西洋歌剧在中国发展的代表之作，标志着中国歌剧正式诞生。

20世纪40年代初，在毛泽东《在延安文艺座谈会上的讲话》精神鼓舞下，文艺工作者创作了大批具有广泛群众性和鲜明时代气息的秧歌剧。之后，又用西洋歌剧的表现形式弥补秧歌剧的缺陷，使歌剧音乐与戏剧内容紧密结合，形成了能够体现民族风格的“新歌剧”。其中，以《白毛女》为代表，形成了适合新歌剧的“戏歌综合唱法”，开创了中国歌剧的先河。

20世纪50年代中国歌剧进入平稳发展阶段，在“改洋为土”等思想的指导下，中国歌剧在60年代进入了第二个发展高潮阶段，这一时期出现了《洪湖赤卫队》等大量优秀作品。

20世纪八九十年代，受改革开放后文化对外交流的影响，歌剧界运用西洋传统歌剧创作技法，以民族题材为中心，创作了掀起中国歌剧发展高潮的作品《原野》。

从中国歌剧发展的轨迹来看，中国歌剧受到了西方歌剧的影响，同时扎根于中国传统戏曲基础之上，体现了浓郁的民族文化特征。其中，有的歌剧来自于民间戏曲，有的歌剧借鉴了西方的歌剧模式，而更多的中国歌剧是将戏曲、舞蹈、外来音

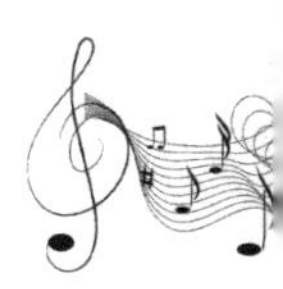

乐等不同的元素融合在一起，逐步形成了中国歌剧多元化的发展特征。可以说，中国歌剧是中国传统艺术与西方音乐相互融合的结果。由于中国歌剧产生于传统文化之中，并在发展过程中得到不断融合和创新，也就可以更加真实地展现社会生活。

早期剧目有《麻雀与小孩》《小小画家》（黎锦晖作曲）、《扬子江暴风雨》（聂耳作曲）、《农村曲》（向隅作曲）、《军民进行曲》（冼星海作曲）、《洪波曲》（任光作曲）、《秋子》（黄源洛作曲）等。1945 年，在延安诞生了大型歌剧《白毛女》，这是中国新歌剧成型的标志，为后来新歌剧的发展奠定了基础。在解放战争时期和新中国成立后，我国新歌剧的代表剧目有《刘胡兰》（罗宗贤等作曲）、《赤叶河》（梁寒光等作曲）、《小二黑结婚》（马可等作曲）、《阿依古丽》（石夫等作曲）、《洪湖赤卫队》（张敬安等作曲）、《江姐》（羊鸣等作曲）等。

（二）音乐剧

音乐剧又被称为歌舞剧，通常指的是 19 世纪末起源于英国，从纽约百老汇发展而来，将戏剧、音乐、舞蹈三种不同元素进行融合与再创造而产生的一种新的艺术表达形式。音乐剧以音乐、舞蹈、表演为主要手段，并结合舞台美术、灯光音响、多媒体视觉等，共同彰显戏剧的独特艺术魅力。音乐剧自传入我国后，从引进国外原版音乐剧，到制作国外音乐剧中文版，再到创作中国的原创音乐剧，我国音乐剧从业者一直在探索一条音乐剧的振兴之路。当下，越来越多的音乐剧从业者意识到，在创作原创作品的过程中要以民族本土化特色作为主要发展方向，创作具有鲜明中国文化特色的原创音乐剧，并向外宣传推广，才能实现将中国文化推向全世界的目标。

1. 美国百老汇音乐剧

美国音乐剧的重要发扬地——百老汇，指的是百老汇大道，它南起巴特里公园，由南向北纵贯曼哈顿岛，为纽约市重要的南北向道路，路两旁分布着数目众多的剧院。“百老汇”已经成了音乐剧的代名词。

百老汇的历史可追溯至 19 世纪初，当时的百老汇大道已经成为美国戏剧艺术的活动中心。随着第一次世界大战的结束，百老汇剧院文化于 20 世纪 20 年代开始迅速蓬勃发展，直到 20 世纪 60 年代的中期，一大批成熟的剧目陆续在百老汇的舞台上出现，这是百老汇音乐剧发展中最为繁荣的时期，也是美国百老汇音乐剧的“黄金时代”。那个时候的音乐剧有一个共同的特征，就是围绕一个完整的故事情节，舞蹈、演唱以及剧情同时发展。

组约百老汇戏剧产业作为美国文化产业的杰出代表，历经几度兴衰。美国百老汇音乐剧的音乐内容的形成过程多元化，从 18 世纪 30 年代民谣歌剧的出现开始，其不断融汇欧洲其他歌舞艺术的表演特色，加上早期黑人的黑面人游艺表演技术，为 19 世纪百老汇音乐剧艺术的雏形奠定了基础。美国百老汇音乐剧的发展顶峰在 20 世纪，呈现出千姿百态、大众化的娱乐性与商业化的营利性等特点。当然，百老汇的戏剧中也包含了很多严肃戏剧。

1927 年《演艺船》（*Show Boat*）的上演，标志着具有美国本土特色的音乐剧隆重登场。1943 年《俄克拉荷马》（*Oklahoma*）的成功上演，则标志着美国本土音乐剧走向成熟，此后美国音乐剧开始了长达二十多年的黄金发展时期。伴随着迪士尼公司涉足音乐剧制作，美国音乐剧舞台出现了如《美女与野兽》（*Beauty and the Beast*，1994）、《狮子王》（*The Lion King*，1997）等具有迪士尼风格的音乐剧。而表现社会问题、美国文化和美国精神的本土音乐剧，如《吉屋出租》（*Rent*，1996）、《汉密尔顿》（*Hamilton*，2015）等依然是当代美国音乐剧的一个重要主题。近年来，百老汇音乐剧在世界各地巡回演出愈加频繁，并受到越来越多观众的喜欢。

2. 伦敦西区音乐剧

伦敦西区（London' s West End）是与纽约百老汇（Broadway）齐名的世界两大戏剧中心之一，是表演艺术的国际舞台，也是英国戏剧界的代名词。伦敦西区特指伦敦威斯敏斯特市著名的戏剧休闲文化中心。伦敦共有约 100 所剧院，西区拥有其中 40 多家剧院，是当之无愧的英国戏剧界代表。

西区音乐剧的艺术形式是将歌剧、轻歌剧的传统以及音乐喜剧的传统与爵士乐、踢踏舞和芭蕾进行一定程度的结合。20 世纪 70 年代，音乐剧的创作热潮开始转向伦敦，出现了一批英国音乐剧经典剧目，引起了全世界的瞩目。20 世纪 80 年代

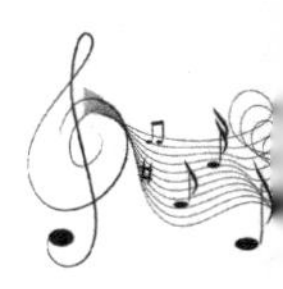

和 90 年代，伦敦西区的音乐剧契合了世界发展的潮流，尤其是作曲家安德鲁·韦伯的《猫》和《歌剧魅影》。同时，还有法国作曲家克劳德—米歇尔·勋伯格和阿兰·鲍伯利创作的《悲惨世界》和《西贡小姐》，它们在音乐和戏剧上都有了突破和飞跃，成为这一时期的巅峰之作，并成了世界各地竞相上演的保留剧目。

3. 中国本土音乐剧

相比于西方音乐剧百余年的历史，中国原创音乐剧仅经历了三十多年的探索。从 20 世纪八九十年代开始的《芳草心》《新白蛇传》《木兰诗篇》等中国原创音乐剧雏形，到 2005 年以中国首部原创音乐剧定位的《金沙》，及随后的《蝶》《爱上邓丽君》《妈妈再爱我一次》《钢的琴》《虎门销烟》《阿尔兹记忆的爱情》等作品的产生，可以看出中国原创音乐剧创作日益繁盛。2018 年，全国首次音乐剧展演在哈尔滨举办，《火花》《麦琪的礼物》《桃花笺》《情动哈尔滨》《牵魂线》《黄四姐》6 部作品从全国 36 部作品中脱颖而出，其中 4 部作品获得国家艺术基金的资助，这也成为中国原创音乐剧创作历史上的重要节点，对未来催生和孵化出更多更好的原创音乐剧作品有着积极影响。

虽然仅有短短几十年的发展，但中国原创音乐剧已经具有了较为鲜明的美学选择和审美趣味。纵观目前的原创音乐剧作品，在音乐叙事内容的选择上，既有对中国传统文化跨时空的宏大历史叙事，又有对现实世界人性的勾画和描述，表现出以中国的方式书写中国故事。我国优秀的历史文化是音乐剧艺术工作者取之不尽用之不竭的资源，只有本土的才是独一无二的。音乐剧《金沙》以四川“金沙遗址”的发现为创作背景，以一场跨越 3000 年的爱情抒写了一个宏大的历史叙事，将中国深厚的历史文化底蕴和审美元素贯穿于全剧始终，对中国文化和中国元素的深入开发，增强了其原创性和独创性；再如《木兰诗篇》取材于“花木兰女扮男装，替父从军”的经典故事，以交响乐和情境音乐剧的崭新形式进行了重新创作，展现了中华民族巾帼英雄的气质风貌；还有《蝶》《虎门销烟》《诗经采薇》等，均以中国传统文化为主要题材，或是中国古代悠远文明的千古绝唱、或是民族英雄的再现，这些题材的选择都体现了中国音乐剧人对中国古老文明和优秀传统文化的传承和现代彰显。

在关注宏大历史叙事的同时，当前的中国原创音乐剧注重具有人民性的题材的选择。人民是历史的创造者，书写人民的情感诉求是我国文艺创作的传统。新时代的中国原创音乐剧创作也紧紧抓住了“人民性”这一文艺创作的重要方向。比如首届全国优秀音乐剧展演中的《黄四姐》，是以土家族生活为背景的原创乡村音乐剧，讲述了美丽的土家族姑娘黄四姐与汉族货郎同舟共济、克服困难、共同追求美好生活的故事。这些都反映了我国劳动人民的本色和人民大众追求幸福生活的奋斗历程。

中国原创音乐剧也重点关注现实的、个体的普通人物的生活和命运，将目光聚焦到那些具有个别性的小人物的日常生活之中，从而反映出作为个体的人的真实情感、现实的需要和本我的需求。比如音乐剧《妈妈再爱我一次》《酒干倘卖无》《钢的琴》《阿尔兹记忆的爱情》等，选材贴近生活。这些都展现了中国音乐剧创作者在大写的时代对小写的人性的理解和关怀、对生命的尊重和渴望，以及对人的存在的哲学和审美的关照。

不仅如此，中国原创音乐剧也会反映本土的地域风格及人文情怀。原创音乐剧《断桥》是一部于 2011 年 9 月出品的献礼党的十八大和纪念辛亥革命 100 周年的舞台剧作。该剧着重叙述了两位热血革命青年横跨世纪、横跨海峡两岸的浪漫、凄美爱情故事，戏剧故事的发生与展开紧紧围绕着杭州西湖那座不声不语但又见证无数人间悲欢离合的古桥——断桥。该剧所体现的鲜明的时代特征和浓重的现实意义，使得本剧具有强烈的现实主义精神与人文主义精神。

中国原创音乐剧虽然起步较晚，但随着科技的进步和视野的开阔，也存在着较大的进步空间。其以中国语言和音乐的话语形式书写中国故事，展现中国人对生活的体悟和感受，已经形成了较为鲜明的中国式美学选择，丰富了大众的审美体验，增强了观众的审美感受力。

（三）话剧

话剧指以对话方式为主的戏剧形式，剧作、导演、表演、舞美、灯光缺一不可，因此话剧也是一门综合性艺术。我国话剧最早出现在辛亥革命前夕，当时称作“新剧”或“文明戏”，

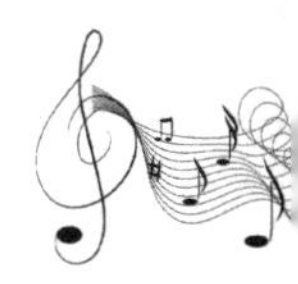

于辛亥革命后逐渐衰落。现代话剧五四运动以后出现在我国。与传统舞台剧、戏曲相区别，话剧主要叙述手段为演员在台上无伴奏的对白或独白，但可以辅以少量音乐、歌唱等。它通过人物性格反映社会生活。话剧中的对话是经过提炼加工的口语，必须具有个性化，自然，精炼，生动，优美，富有表现力，通俗易懂，能为群众所接受的特点。郭沫若的《屈原》、老舍的《茶馆》，曹禺的《雷雨》，苏叔阳的《丹心谱》等，都是我国著名的话剧。

从话剧艺术的基本特点来看，具有以下四点：

（1）舞台性　古今中外的话剧演出都是借助于舞台完成的。舞台有各种样式，目的有两个：一是利于演员表演剧情；二是有利于观众从各个角度欣赏演出。

（2）直观性　话剧首先是通过演员的姿态、动作、对话、独白等表演，直接作用于观众的视觉和听觉；并用化妆、服饰等手段进行人物造型，使观众能直接观赏到剧中人物形象的外貌特征。

（3）综合性　话剧是一种综合性的艺术，其特点是与在舞台塑造具体艺术形象、向观众直接展现社会生活情景的需要相适应的。

（4）对话性　话剧区别于其他剧种的特点是通过大量的舞台对话展现剧情、塑造人物和表达主题的，其中有人物独白，有观众对话，在特定的时间、空间内完成戏剧内容。

从分类上看，各式各样的话剧都有着自己的特点，话剧表演更加注重舞台的真实性，让人有身临其境的感觉。以题材主题，可分为历史剧、革命历史剧、纪实剧、民间传说剧、神话剧、科幻剧、科学剧、侦探剧、惊险剧、儿童剧等；以作品长度，可分为独幕剧、短剧、多幕剧；以风格流派，可分为古典主义戏剧、浪漫主义戏剧、现实主义戏剧、现代主义戏剧等；以剧中矛盾冲突的性质与人物命运的结局，可分为悲剧、喜剧、正剧，这也是迄今为止戏剧的三大体裁。

（四）舞剧

舞剧是舞台剧的一种，是以舞蹈作为主要表达手段的舞台艺术。舞剧由若干要素组成，其中最主要的是人物、事件、矛盾冲突。舞剧作为舞蹈、戏剧、音乐相结合的表演形式，在我国历史上源远流长。舞剧按照舞蹈语言风格可分为芭蕾舞剧、中国民族舞剧、现代舞剧；按照场次的结构可分为独幕舞剧、多幕舞剧，多幕舞剧又分为了中型舞剧和大型舞剧。

舞剧是一门审美受众基础十分广泛的艺术形式。区别于话剧和歌剧等具有一定语言、音乐元素构成的综合艺术，舞剧凭借其自成体系的肢体语言叙事能力，使其审美受众能够不受年龄、国界、知识水平的限制，在演员举手投足、旋转腾挪中即可感受到艺术的魅力。相较于其他艺术门类，舞剧的审美门槛是多阶层的，即“仁者见仁，智者见智”。它对观众并不存在太高的知识储备、文化素质方面的审美门槛，因此它的市场空间极为广阔。

作为一门独立的艺术形式，舞剧需要有较高的经济投入，要有相对稳定的庞大的专业演员队伍和现代化装置的剧场。此外，舞剧艺术是舞蹈发展到相当高度的产物。中国舞剧在 20 世纪 30 年代才初见端倪。从某种意义上说，中国舞剧也可以说是“外来艺术”的引进。

带有雏形意味的舞剧艺术在中国早已存在，可追溯至西周时期的《大武》。当前，学界认可度较高的一种观点是：由欧阳予倩、戴爱莲等在 1950 年编创的舞剧《和平鸽》标志着中国原创舞剧艺术的真正发轫。

自 1950 年至 2020 年的 70 年间，中国舞剧艺术的发展在不断地汲取国外舞剧编创、演出成功经验的同时，注重积累本土舞剧艺术的编创、表演等环节的实践经验，逐渐成长为近年来在主流艺术审美市场中颇得审美受众青睐的舞台表演艺术形式之一。尤其是中国对外开放以来，一大批在国际艺术审美领域享有较高知名度的舞剧艺术作品和表演艺术家进入了中国舞剧艺术市场，直接或间接地推动了中国本土舞剧艺术的发展，中国原创舞剧因此也得到了充分的滋养，为中国舞剧艺术“产业化”奠定了足够扎实的基础。

近年来，在国家大力扶持发展文化产业的大背景下，诞生了一批如《朱鹮》（2014 年）、《青衣》（2015 年）、《永不消逝的电波》（2018 年）等叫好又叫座的原创舞剧作品。这些优秀舞剧艺术作品的出现，让审美受众和相关从业者认识到舞剧艺

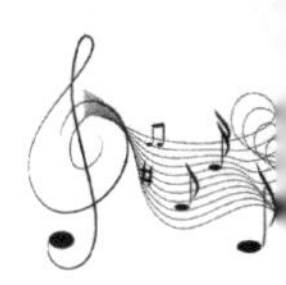

术是可以兼顾艺术性与审美性、口碑与票房的。更为重要的是，这些舞剧作品的成功也为此后原创舞剧作品的创作、发行等起到了良好的榜样作用，为我国原创舞剧产业化带来了希望的曙光。

（五）中国戏曲

历史上最先使用戏曲这个名词的是宋末元初的刘埙（1240—1319），他在《词人吴用章传》中提出“永嘉戏曲”，他所说的“永嘉戏曲”，就是后人所说的“南戏”“戏文”“永嘉杂剧”。从近代王国维开始，才把“戏曲”用来作为中国传统戏剧文化的通称。中国戏曲主要是由民间歌舞、说唱和滑稽戏三种不同艺术形式综合而成。它起源于原始歌舞，是一种历史悠久的综合舞台艺术样式。它的特点是将众多艺术形式以一种标准聚合在一起，在共同具有的性质中体现其各自的个性。

中国的戏曲与希腊悲剧和喜剧、印度梵剧并称为世界三大古老的戏剧文化，经过长期的发展演变，逐步形成了以“京剧、越剧、黄梅戏、评剧、豫剧”五大戏曲剧种为核心的中华戏曲百花苑。

1. 中国戏曲的艺术特色

（1）综合性　中国戏曲是一种高度综合的民族艺术。这种综合性表现在它将文学、音乐、舞蹈、美术、武术、杂技等表演艺术的美融为一体上。各种不同的艺术因素与表演艺术紧密结合，通过演员的表演实现戏曲的全部功能。其中，唱、念、做、打在演员身上的有机构成，便是戏曲综合性的最集中、最突出的体现。这四种表演技法有时相互衔接，有时相互交叉，其构成方式视剧情需要而定，但都统一为综合整体，体现出和谐之美，充满着音乐精神（节奏感）。

（2）程式性　程式是戏曲反映生活的表现形式，是一种美的典范。它是指对生活动作的规范化、舞蹈化表演，并被重复使用。程式直接或间接来源于生活，但它又是按照一定的规范对生活进行提炼、概括、美化而形成的。其中凝聚着古往今来艺术家们的心血，它又成为新一代演员进行艺术再创造的起点，因而戏曲表演艺术才得以代代相传。戏曲表演中的关门、推窗、上马、登舟、上楼等，皆有固定的格式。除了表演程式外，戏曲从剧本形式、角色行当、音乐唱腔、化妆服装等各个方面，都有一定的程式。优秀的艺术家能够突破程式的某些局限，创造出个性化的规范艺术。

（3）虚拟性　虚拟是戏曲反映生活的基本手法。它是指以演员的表演，用一种变形的方式来比拟现实环境或对象，借以表现生活。中国戏曲的虚拟性首先表现为对舞台时间和空间处理的灵活性方面。其次是在具体的舞台气氛调度和演员对某些生活动作的模拟方面，更集中、更鲜明地体现出戏曲虚拟性特色。戏曲脸谱也是一种虚拟方式。中国戏曲的虚拟性，既是戏曲舞台简陋、舞美技术落后的局限性带来的结果，也主要是追求神似、以形写神的民族传统美学思想积淀的产物。这是一种美的创造。它极大地解放了作家、舞台艺术家的创造力和观众的艺术想象力，从而使戏曲的审美价值获得了极大的提高。

2. 中国戏曲的主要分类

（1）京剧　京剧是中国影响最大的戏曲剧种，分布地以北京为中心，遍及全国各地。清代乾隆五十五年（1790 年）起，原在南方演出的三庆、四喜、春台、和春四大徽班陆续进入北京，与来自湖北的汉调艺人合作，同时融合了昆曲、秦腔的部分剧目、曲调和表演方法，又吸收了一些地方民间曲调，通过不断的交流、融合，最终形成京剧。

京剧在文学、表演、音乐、舞台美术等各个方面都有一套规范化的艺术表现形式。京剧的唱腔属板式变化体，以二簧、西皮为主要声腔。京剧伴奏分文场和武场两大类，文场以胡琴为主奏乐器，武场以鼓板为主。京剧的角色分为生、旦、净、丑、杂、武、流等行当，后三行已不再立专行。各行当都有一套表演程式，唱念做打的技艺各具特色。京剧以历史故事为主要演出内容，传统剧目约有一千三百多个，常演的在三四百个以上。

梅兰芳、程砚秋、荀慧生、尚小云，是赫赫有名的“四大名旦”；马连良、谭富英、杨宝森、奚啸伯，被人们誉为京剧“四大须生”。

京剧流播全国，影响甚广，有“国剧”之称。以梅兰芳命名的京剧表演体系被视为东方戏剧表演体系的代表，为世界三大表演体系之一。京剧是中华民族传统文化的重要表现形式，其中

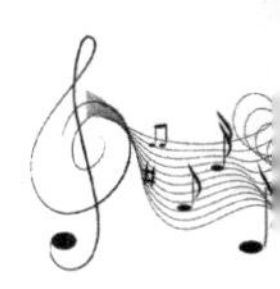

的多种艺术元素被用作中国传统文化的象征符号。京剧角色的行当及脸谱的主要分类见表 6–2、表 6–3。各个行当都有一套表演程式，在唱念做打的技艺上各具特色。

表 6–2　京剧角色行当

京剧行当	细致分工
生	除了花脸以及丑角以外的男性正面角色的统称，分老生（又分重唱的安工老生，重做的衰派老生，重武的靠把老生）、武生（分长靠武生、短打武生并应工猴儿戏）、小生（分扇子生、雉尾生、穷生、武小生）、红生 、娃娃生
旦	女性正面角色的统称，分青衣（正旦）、花旦、闺门旦、刀马旦、武旦、彩旦、老旦
净	俗称花脸，大多是扮演性格、品质或相貌上有些特异的男性人物，化妆用脸谱，音色洪亮，风格粗犷。" 净 " 主要分为文净、武净两大类。文净又分正净（重唱功，称铜锤花脸、黑头）、副净（重工架表演，称架子花脸），武净分重把子工架的武花、重跌扑摔打的武花（也被称为摔打花脸）、油花（亦称毛净）
丑	扮演喜剧角色，因在鼻梁上抹一小块白粉，俗称小花脸。分文丑（分方巾丑、袍带丑、老丑、荣衣丑，并兼演彩旦、婆子）、武丑（又称开口跳）等

表 6–3　京剧脸谱分类

京剧脸谱	性格色彩
红色	代表忠贞、英勇的人物形象，如关羽
蓝色	代表刚强、骁勇、有心计的人物形象，如窦尔墩
黑色	代表正直、无私、刚正不阿的人物形象，如包公
白色	代表阴险、狡诈、飞扬、肃杀的人物形象，如曹操
绿色	代表顽强、暴躁的人物形象，如武天虬
黄色	代表勇猛的人物形象，如廉颇
紫色	代表刚正、稳练、沉着的人物形象，如徐延昭
金、银色	代表各种神怪形象，如二郎神

（2）越剧　越剧有“全国第二大剧种”之称，也称绍兴戏，又被称为是“流传最广的地方剧种”。越剧发源于绍兴嵊州，先后在杭州和上海发展壮大起来，繁荣于全国，流传于世界，在发展中汲取了昆曲、话剧、绍剧等特色剧种之大成，经历了由男子越剧到女子越剧为主的历史性演变。

越剧长于抒情，以唱为主，声音优美动听，表演真切动人，唯美典雅，极具江南灵秀之气，多以“才子佳人”题材为主，艺术流派纷呈，公认的就有十三大流派之多。越剧主要流行于浙江、上海、江苏、福建、江西、安徽等广大南方地区，以及北京、天津等大部北方地区，鼎盛时期除西藏、广东、广西等少数省、自治区外，全国都有专业剧团存在。

20 世纪 50 至 60 年代前期是越剧的黄金时期，创造出了一批有重大影响的艺术精品，如《梁山伯与祝英台》《西厢记》《红楼梦》《祥林嫂》等，在国内外都获得了巨大声誉；《情探》《李娃传》《追鱼》《春香传》《碧玉簪》《孔雀东南飞》《何文秀》《彩楼记》《打金枝》《血手印》《李秀英》等成为优秀保留剧目，其中《梁山伯与祝英台》《情探》《追鱼》《碧玉簪》《红楼梦》还被摄成电影，使越剧进一步风靡大江南北。

（3）黄梅戏　黄梅戏是安徽省地方戏曲剧种之一，原名黄梅调，清朝道光、咸丰年间形成于安徽安庆，是在皖、鄂、赣三省毗邻地区以黄梅山采茶调为主的民间歌舞基础上发展而成。黄梅戏是由山歌、秧歌、茶歌、采茶灯、花鼓调，先于农村，后入城市，逐步形成发展起来的一个剧种。它吸收了汉剧、楚剧、高腔、采茶戏、京剧等众多剧种的因素，逐渐形成了自己的艺术特点。黄梅戏唱腔淳朴流畅，以明快抒情见长，具有丰富的表现力。

严凤英是黄梅戏的开山鼻祖，1954 年她的一曲《天仙配》让黄梅戏流行于大江南北，在海外亦有较高的声誉。《天仙配》中的名段“树上的鸟儿成双对”可以与 20 世纪 80 年代邓丽君的流行歌媲美。2006 年 5 月，经国务院批准列入首批“国家级非物质文化遗产名录”。

（4）评剧　评剧是流传于我国北方的一个戏曲剧种。清末在河北滦县一带的小曲《莲花落》基础上形成，先是在河北农村流行，后进入唐山，称为“唐山落子”。20 世纪 30 年代以后，评剧表演在京剧、河北梆子等剧种的影响下日趋成熟，出现了李金顺、刘翠霞、白玉霜、喜彩莲、爱莲君等流派。1950 年以后，《小女婿》《刘巧儿》《花为媒》《杨三姐告状》《秦香莲》等为代表的剧目在全国产生了很大的影响，出现了新凤霞、小白玉霜、魏荣元等著名演员。现在评剧仍在华北、东北

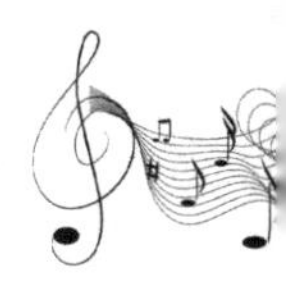

一带流行。2006 年 5 月，经国务院批准列入首批“国家级非物质文化遗产名录”。

（5）豫剧　豫剧发源于河南省，是我国具有广泛影响力的戏曲剧种，已成为最大的地方剧种之一。豫剧是在河南梆子的基础上不断继承、改革和创新发展起来的，因河南简称“豫”，故称豫剧。豫剧根植中原，采用中州韵音，以质朴无华、宽厚浩然的文化风貌，反映贴近生活、有血有肉的大格局。2006 年 5 月，经国务院批准列入首批“国家级非物质文化遗产名录”。

新中国成立之后，出现了不少描写现实生活的现代戏和新编历史剧，使豫剧事业又有了新的发展，如《朝阳沟》《小二黑结婚》《刘胡兰》《五姑娘》《红色娘子军》等。

第二节　戏剧代表作品欣赏

一、歌剧代表作品欣赏

（一）西方歌剧《图兰朵》

1. 作品简介

歌剧《图兰朵》是贾科莫·普契尼根据童话故事《杜兰铎的三个谜》改编的三幕歌剧。在普契尼为数不多的作品中，《图兰朵》是其极具象征性的歌剧之一，也是他未能完成的一部作品。普契尼选取东方元素为题材，叙述了一个发生在中国元朝时期图兰朵公主与卡拉夫王子的爱情传说故事。

这部在普契尼想象中诞生的歌剧，至今仍然活跃在各大国际戏剧舞台上，它浓厚的异国风情使其备受国内外著名导演的青睐，争相执导演出，同时也备受国内外众多观众的喜爱，成为现今世界上演出次数最多的戏剧之一。《图兰朵》的成功并非源自它浓厚的异国风情，而是剧中普契尼以神秘的东方世界作为创作题材，将中国文化元素作为自己歌剧的创作素材来源。纵观整部歌剧，神秘而古老的中国文化贯穿整剧，让人在认真欣赏歌剧的同时，感受到东方元素中的中国传统文化与西方歌剧的巧妙融合。

2. 作者简介

贾科莫·普契尼是意大利歌剧作曲家，19 世纪末真实主义歌剧流派的代表人物之一。这一流派追求题材真实，感情鲜明，戏剧效果惊人而优于浪漫主义作品。

普契尼的音乐中吸收话剧式的对话手法，注意不以歌唱阻碍剧情的展开，除直接采用各国民歌外，还善于使用新手法。普契尼共有作品 12 部，成名作是 1893 年发表的《曼侬·莱斯科》，著名的有《图兰朵》《波希米亚人》《托斯卡》《蝴蝶夫人》《西部女郎》等。

3. 欣赏提示

《图兰朵》是在东西方文化碰撞下产生的，是中西方文化融合的典范之一，它的成功为音乐家在运用异国文化进行歌剧创作时提供了经验和范本。

《图兰朵》与中国文化的渊源

《图兰朵》中出现了孔子和道家思想。孔子一词最早出现在歌剧的开头处，在介绍完故事发生的地点后，有一段对孔子的歌颂，在卡拉夫王子即将被处死的送葬过程中，执绋队伍里神职人员唱道："大哉孔子，让这魂灵上升到你那里去吧。"道家思想则出现在三位大臣劝止王子的选段当中，三位大臣当时唱道："世间存在着道，万物皆由此产生，道乃一切事物之根源也。"众所周知，老子是中国道家的创始人，在中国思想文化史上占有十分重要的地位。可见，普契尼在《图兰朵》中对于中国传统文化的理解与使用，已经升华至哲学的层次。

《图兰朵》中的人物性格与乐器表达

图兰朵作为歌剧的主角之一，在人物刻画上普契尼可谓煞费苦心，剧中将《茉莉花》作为图兰朵的专属音乐，从歌剧开场的童声合唱处开始，普契尼便采用中国五声调式旋律的律法，使《茉莉花》的旋律主音一直陪伴着图兰朵出场，使观众每每听到这首中国民歌的旋律就能联想到图兰朵。图兰朵在剧中是一个倔强绝情、冷酷霸道的人物形象，普契尼这一设定似乎让人感到迷惑，因为"茉莉花"在中国的传统认知中，代表的是清婉柔淑的东方女性含蓄美形象，与图兰朵的人物性格有天壤之别。但这也正是普契尼歌剧创作的独特之处，擅长用音乐来表现人物的内心想法，展现人物内心真实世界。剧中普契

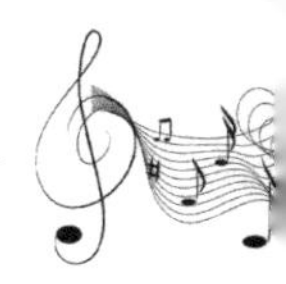

尼将《茉莉花》的旋律搭配上音色冰冷的铜管乐，以此来刻画图兰朵的人物形象。随着歌剧的发展，当图兰朵冷酷的内心被卡拉夫用爱感化后，普契尼通过气势磅礴的管弦乐团合奏，使《茉莉花》的旋律变得温馨璀璨、温暖动人，进而取代了前面的残酷黑暗、冰冷绝情。剧中普契尼通过对该旋律的六次变奏，表现了图兰朵内心世界的变化。

（二）中国歌剧《江姐》

1. 作品简介

歌剧《江姐》诞生于 20 世纪 60 年代，由中国人民解放军空政歌剧团根据小说《红岩》改编，阎肃编剧，羊鸣、姜春阳、金砂作曲。1964 年由该团首演于北京。《江姐》是 20 世纪 60 年代我国的经典歌剧作品，是民族歌剧之典范。歌剧的主干就是歌唱，通过歌词和艺术化的音乐手段来刻画人物，表达情感。《江姐》在作曲、歌词、唱腔、节奏、旋律等音乐的各个方面都致力于塑造出江姐鲜明的人物形象，把其人物特征展现得淋漓尽致。通过音乐手段对江姐人物形象的塑造是整个歌剧的成功之笔，成就了歌剧《江姐》在中国民族歌剧舞台上的历史地位。

歌剧《江姐》描述了 1948 年，当时是新中国成立前，解放军发起了反击。江姐作为地下党员，接到了四川省委的指令任务，去往川北革命根据地发展华蓥（yíng）山游击队。在去往华蓥山的路上江姐听到了不幸的消息，她的丈夫——华蓥山游击队政治委员彭松涛同志壮烈牺牲了。江姐痛下决心毅然前往，在与华蓥山游击队司令员双枪老太婆碰面后，马上率领队伍参加了武装斗争。后来江姐遭到傅志高的背叛入了监狱，面对敌人的酷刑、恐吓和利诱，江姐不为所动，坚决对抗敌人。最后，为了解放人民和革命的胜利，江姐坚定地走到处决之地，慷慨就义，展现了江姐所代表的共产党员的革命精神和英勇本性。

2. 作者简介

阎肃（1930—2016），著名文学家、剧作家、词作家。

歌剧《江姐》是阎肃的成名作，这部歌剧在 1964 年公演，立即引起轰动，阎肃也因此受到毛泽东的接见。他还多次参加中央电视台春节联欢晚会、文化部春节晚会等大型晚会的总体设计、策划、撰稿。

3. 欣赏提示

歌剧中的《红梅赞》《我为共产主义把青春贡献》《五洲人民齐欢笑》等经典

唱段广为流传。歌剧所塑造的江姐形象深入人心，所展现的江姐精神是时代和民族精神的体现，是我们中华民族的宝贵财富，影响、教育、鞭策、鼓舞着我们后代，在和平发展的今天仍值得我们学习。

唱段《红梅赞》欣赏提示

该选段用红梅凌寒飘香，铁骨冰心的优秀品质来暗喻江姐坚贞不屈、坚忍不拔的英雄形象。这首曲子优美、抒情，使用带再现的二部曲式，调式为七声徵调，旋律蜿蜒起伏，欢快明朗，是全剧的主题歌，贯穿在整部歌剧的始终，也是江姐的代表性歌曲。歌曲的主题旋律与主导动机为首句“红岩上红梅开”，在旋律上进行了八度的跳跃，歌词坚定豪迈。“红岩”代表的是红岩村，党的革命根据地，“红梅”的“红”代表了红色革命，“梅”则是比喻江姐一类的共产党员刚强不屈的革命精神。歌中“三九严寒何所惧，一片丹心向阳开”则描写了梅花傲寒盛开的品格，暗示了江姐的大无畏精神，不怕牺牲勇往直前的英雄品格。

唱段《我为共产主义把青春奉献》欣赏提示

该选段有着鲜明的民族风格，歌剧风格与歌剧节奏形成强烈反差，丰富了歌唱风格，又使作品具有独特的韵味，赞扬了江姐崇高的革命共产主义精神和坚贞的气节。《我为共产主义把青春贡献》吸收了全国各地剧种的优秀元素，比如越剧、川剧等，不同类型的民族戏曲和曲艺音乐集聚在一起，彰显出了强大的生命力。全曲由 4/4 拍慢板起拍，后转为自由节拍 5/4 拍，最终回归 4/4 拍。调性为 bB 大调，咏叹调有五个段落，节奏的快慢、松紧不一，结合戏曲的特点，利用慢板、快板以及“紧拉慢唱”来讲述江姐内心的挣扎起伏以及顽强不屈的品质。

唱段《五洲人民齐欢笑》欣赏提示

该选段是江姐被捕后的一个夜晚在狱中所唱的。全曲由三段组成，采用了“抒情——叙事——抒情”的结构写作。这是

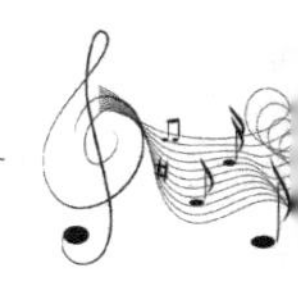

一首大咏叹调，是塑造江姐形象的重要唱腔。这首经过作者精心设计的大段唱腔是歌剧的核心唱段，戏剧效果极其强烈，人物性格特征突出。在音乐创作上该曲吸取了板腔体的结构和展开方法，随着人物的感情需要，快慢自如多变，宣叙、咏叹交替，充分展现了主人公江姐丰富、崇高的内心世界。

《红岩》的故事无疑是振奋人心的，在当前时代同样能够发人深省。把江姐的故事以歌剧这种艺术形式展现出来，能让更多人了解和认识江姐。除以上示例之外的其他选段同样也能给听众留下深刻的印象。歌剧《江姐》也能为歌剧工作者提供很好的参考和借鉴，并不断推动我国的歌剧艺术向前发展。

二、音乐剧代表作品欣赏

（一）西方音乐剧《歌剧魅影》

1. 作品简介

《歌剧魅影》（*The Phantom of The Opera*）是音乐剧大师安德鲁·劳埃德·韦伯（Andrew Lloyd Webber）的代表作之一，其以精彩的音乐、浪漫的剧情、完美的舞蹈，成为音乐剧中永恒的佳作。它改编自法国作家加斯东·路易·阿尔弗雷德·勒鲁的同名哥特式爱情小说。

《歌剧魅影》先后在全世界至少20个国家的110座城市演出过，场次多达六万五千余次，观众约五千八百万，成为20世纪音乐剧商业票房中最成功的一部。

2. 作者简介

安德鲁·劳埃德·韦伯，1948年生于英国伦敦，音乐剧作家。这位声名显赫的音乐家身上有许多耀眼的光环，他曾四次获得托尼奖、四次Drama Desk奖、三次格莱美奖以及五次劳伦斯·奥利弗奖。20世纪80年代，韦伯陆续写出了《猫》《星光列车》《歌剧魅影》《日落大道》《微风轻哨》等作品，并成为唯一一位有三部作品同时在伦敦西区以及百老汇上演的音乐剧作曲家。韦伯开创了一个音乐剧的新时代，他有着极好的古典音乐修养，并用他独特的音乐语言诠释着他对世界、对人生的看法。音乐剧四大经典名作中有两部是他创作的，无论是剧中气势恢宏的交响乐乐段，还是温柔倾诉的优美旋律，都深深打动着每一位观众的心。

3. 欣赏提示

《歌剧魅影》的人物性格特色

该部剧围绕三个主要角色进行剧情展开，角色人物性格介绍如表 6–4 所示。

表 6–4 《歌剧魅影》剧中人物

角色	人物性格
克里斯汀	原是巴黎歌剧院的舞者，因被推荐而成为巴黎歌剧院的首席女高音，她有着天籁般的声音，自幼父亲离世，她的启蒙音乐教师是歌剧院的“魅影”；她被“音乐天使”的声音吸引并且着了魔，这个声音使她沉醉其中，并鼓舞她坚强成长；她心地善良，从原先的惧怕“魅影”的面容到之后用善良之心感化“魅影”
魅影	从小遭受母亲的遗弃，遭受世人的唾弃，命途多舛的他受尽了各种凌辱；他极富音乐创作灵感，经常为歌剧院谱写曲子；他爱上了歌剧院的女舞者克里斯汀的声音，并将其培养成歌剧院的璀璨之星，而当其得知克里斯汀爱上的是别人时，他愤恨，他燃烧所有怒火，但最终克里斯汀将其感化
劳尔	他与克里斯汀青梅竹马，两人的童年有很多美好的回忆；他为了克里斯汀可以付出自己的全部，他有着坚忍不拔的个性，可以不顾自己性命去拯救被困在魅影手中的克里斯汀

《歌剧魅影》的歌剧特色

安德鲁·劳埃德·韦伯对这部作品的创作方向为浪漫唯美凄清路线，并加入华丽壮观的布景。音乐旋律优美，语言丰富，模仿歌剧的形式。音乐从头至尾贯穿剧作，唱段上有类似宣叙调和咏叹调的仿写，并在音乐元素中加入了“哥特式”的色彩，这是对原著氛围渲染的表现，让作品更加引人入胜。如此的安排使得他既可以自由地发挥自己的音乐创作才华，又可以对恐怖气氛作充分的渲染。

《歌剧魅影》的古典音乐特色

该部作品按照传统方式进行创作，剧中有大量的古典音乐元素，而且在设置上也遵循了古典主义歌剧的方式，因此作品更像是一部轻歌剧。作品中大量歌剧风格的咏叹调和宣叙调也说明了他的创作意图，并在剧中设定了剧中剧的创作，例如第一幕开始即是巴黎歌剧院的歌剧排练，开场就将古典与现代结合到了一起，做到了从内容到时代的统一。安德鲁·劳埃

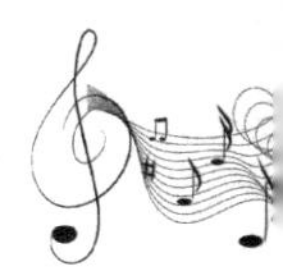

德·韦伯总善于打破传统意义上各种音乐风格间的界限，除了在剧中大量运用古典音乐元素外，还借鉴了各种流行音乐元素并使两者有机融合在一起，听来既有艺术歌曲的美感，又兼具通俗音乐的亲和力。

（二）中国音乐剧《金沙》

1. 作品简介

《金沙》是一部大制作原创本土化的中国音乐剧，2005 年首演于金沙剧场，是迄今为止演出场次最多的本土化音乐剧作品。《金沙》故事融合了诸多流行元素，以中国文化遗产“金沙遗址”为题材，融汇了大量的魔幻色彩，横跨 3000 年的时间，彰显了古蜀文化之久远，中华文明之精深。

作曲家三宝融入了极具抒情风格的音乐，淋漓尽致地展示了剧中人物丰富的内心情感。在创作过程中，作曲家认真分析乐曲旋律与乐队音色，将充满抒情意味的旋律与感情丰富的乐队音色巧妙结合，准确地表现人物的内心情感。

2. 作者简介

三宝，本名那日松，蒙古族。1968 年 6 月出生于音乐世家，4 岁开始学习小提琴，11 岁学习钢琴，13 岁进入中央民族大学音乐系附中学习小提琴。1986 年以优异成绩考入中央音乐学院指挥系。三宝的第一部作品是《失去的温暖》。2005 年 4 月，由三宝担任总导演及作曲的原创音乐剧《金沙》在北京举行全球首演，该剧迄今共演出千逾场。

三宝在电影音乐与流行音乐的创作领域有着一定的影响力，创作了《不见不散》《我的父亲母亲》《牵手》等诸多经典作品。三宝还创作了相当多高传唱度的流行歌曲作品，如《暗香》《让她降落》《不见不散》等。

3. 欣赏提示

音乐的通俗性

和歌剧音乐相比较，音乐剧中的音乐不需要严整规范的形式和极强的戏剧性张力，其主要任务是通过音乐与歌唱抒发人物内心复杂的情感，展示不同情境下人物丰富的内心世界。《金沙》中的音乐旋律位于人声音色最美妙的部位，这样不但可以使演唱者的演唱功底得以充分发挥，传唱起来也比较容易。在演唱过程中，演唱者只需用心演唱，即可唱出优美动听的歌声，进而引发观众情感上的共鸣。

在伴奏乐器的选择上，作曲家全部选择电声乐器，通过铿锵有力的金属音质和夸张的表现手法，展示了《金沙》音乐的通俗性。例如，《总有一天》《飞鸟和鱼》《想念》《天边外》等歌曲都借鉴和使用了流行音乐元素，不但使歌曲通俗易懂，朗朗上口，而且具有极强的旋律性，与快速发展的社会中人们的审美认知相吻合。

此外，《金沙》的音乐旋律多表现为整齐的曲调，在一定程度上传承了中国传统的作曲方法，且曲风以五音调式为主，旋律开阔明亮，完全符合中国观众的喜好与品位。正是因为融入了中国传统的音乐模式，才使得《金沙》脱颖而出，带给欣赏者大气磅礴、朴实敦厚感受的同时，彰显了中国音乐剧的独特魅力。

从三个视角看《金沙》

从艺术创作的视角上看，《金沙》是一部具有浓重中国文化风格的音乐剧作品，故事横跨3000年，历尽沧桑岁月，它的故事主线、主题以及轮回等思想都反映了人与自然天人合一的文化态度，故事结尾的想象式圆满更是对《梁祝》结尾的致敬。

从文化价值的视角看，《金沙》对金沙遗址进行了侧面的解读，使这个埋藏在泥土之下的绚丽文化得以重见天日，并为当地的文化旅游业带来了一定的商业价值。

从音乐剧创作的角度上看，《金沙》似乎开辟了一条本土化音乐剧的新径，文化、艺术与商业化、流行化的融合都是曾经本土化音乐剧不曾运用的创作方式。

三、话剧代表作品欣赏

（一）话剧《茶馆》

1. 作品简介

《茶馆》是现代文学家老舍于1956年创作的话剧，1957年7月初载于巴金任编辑的《收获》杂志创刊号。1958年6月

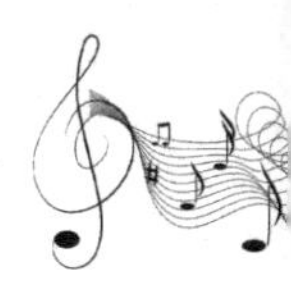

由中国戏剧出版社出版单行本。剧作通过裕泰茶馆展示了戊戌变法、军阀混战和新中国成立前夕三个时代近半个世纪的社会风云变化。

作品通过茶馆老板王利发对祖传“裕泰茶馆”的惨淡经营，描写他虽然精明圆滑、呕心沥血，但终于挡不住衰败的结局，从侧面反映了中国社会的走向。现代文学家曹禺曾评价“《茶馆》是中国话剧史上的瑰宝，第一幕是古今中外剧作中罕见的第一幕。”《茶馆》在结构上分三幕，每一幕写一个时代，北京各阶层的三教九流出入于这家大茶馆。剧本中出场的人物除茶馆老板之外，有吃皇粮的旗人、办实业的资本家、清宫里的太监、信奉洋教的教士、穷困潦倒的农民，以及特务、打手、警察、流氓、相士等，人物众多，但性格鲜明，能够“闻其声知其名”“三言两语就勾出一个人物形象的轮廓来”。

1956 年 3 月，焦菊隐、夏淳导演的《茶馆》首次被北京人艺搬上舞台。首演半个多世纪以来,《茶馆》已成为北京人艺的“看家戏”，也是中国演出场次最多的剧目。1980 年《茶馆》应邀赴西德、法国、瑞士等国访问演出，这是中国话剧第一次走出国门，之后该话剧多次赴国外演出。2019 年 2 月至 3 月，为纪念老舍诞辰 120 周年，北京人艺再次在首都剧场上演话剧《茶馆》。2019 年 7 月，由孟京辉执导的话剧《茶馆》在法国第 73 届阿维尼翁戏剧节上演出，以全新方式再次演绎老舍的经典剧作。

2. 作者简介

老舍（1899—1966），原名舒庆春，字舍予，满族，北京人。1918 年毕业于北京师范学校，曾任小学校长、中学教师等职。1923 年发表第一篇小说《小铃儿》、1924 年赴英国伦敦大学东方学院任华语讲师，此间创作了《老张的哲学》《赵子曰》《二马》等长篇小说。1930 年回国，先后在齐鲁大学、山东大学任教，并写出长篇小说《猫城记》《离婚》《骆驼祥子》和短篇小说《月牙儿》等。抗战期间，曾主持全国文艺界抗敌协会工作。1946 年赴美讲学，完成了长篇巨著《四世同堂》等。新中国成立后应召回国，创作了《龙须沟》《茶馆》等 23 部话剧和长篇小说《正红旗下》。1951 年，被北京市人民政府授予“人民艺术家”称号。

3. 欣赏提示

《茶馆》通过“裕泰”的茶馆陈设由古朴—新式—简陋的变化，昭示了茶馆在各个特定历史时期中的时代特征和文化特征。开始时，茶客的弄鸟、吃茶、玩虫，虽有些略带古风的声色，但由于“侦缉”的出现及“莫谈国事”的纸条，一动一静，均产生着一种压抑的气氛。第二幕中，“裕泰”的生存，及茶馆设施的更新与场面的收缩，暗示着茶馆在这个矛盾不断加剧的社会中所做的抗争。茶馆中的“洋气”以及那张越写越大的“莫谈国事”纸条，则预示着更大的危机。到了第三幕，不仅“莫谈国事”的纸条写得更大，数目更多，而且旁边还有一张纸条：“茶钱先付”。这表明了茶馆已经到了入不敷出的地步，而“茶钱先付……莫谈国事”显然反映了一种因果联系。老舍以茶馆为载体，以小见大，反映社会的变革。

在结尾处，着重描写了王利发、常四爷、秦仲义三位老人经历了三个黑暗的年代，在凄凉、绝望中撒纸钱“祭奠自己”，同时也是在给旧时代送葬。王利发最后自缢，以死向黑暗的社会发出了抗议。最后一幕在揭露黑暗现实的同时，又从侧面描写了人民的觉醒与反抗，描写了学生运动的高涨和教员的罢课，还通过康大力参加革命以及康顺子、王大拴等投奔西山游击区，暗示了光明的前景。

（二）话剧《恋爱的犀牛》

1. 作品简介

话剧《恋爱的犀牛》，1999 年由导演孟京辉执导并搬上舞台，主要讲了一个关于爱情的故事，讲述一个男人爱上一个女人，为了她做了一个人所能做的一切。剧中的主角“马路”是别人眼中的偏执狂，与现实社会中的其他人相比，他对于爱情的理解不同，算是人群中的犀牛，实属异类。

《恋爱的犀牛》剧本先后改编 8 次，在舞台艺术方面进行了极大胆的探索。1999 年版《恋爱的犀牛》中背景是月亮窗，象征和谐，是情感载体的体现，表现了对美好爱情结局的渴望。2003 年版中的背景则变成了偌大、飘逸的白色塑料布，象征着打破使人们神经紧绷束缚的玻璃窗户，是一种自由精神的

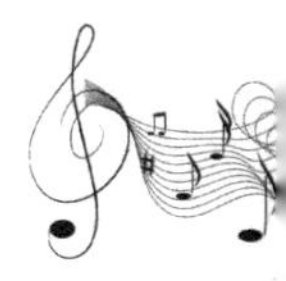

体现。《恋爱的犀牛》凭借高票房成为中国话剧历史上的一大奇迹。

2. 作者简介

孟京辉，1964 年出生于北京市，导演、演员、制片人，毕业于中央戏剧学院导演系。1999 年，执导小剧场戏剧《恋爱的犀牛》。2002 年，执导个人首部电影《像鸡毛一样飞》，该片入围第 3 届华语电影传媒大奖最佳处女作、第 55 届洛迦诺国际电影节金豹奖。2006 年执导话剧《镜花水月》。2010 年执导话剧《柔软》。2015 年，执导中国第一部浸没式戏剧《死水边的美人鱼》。2019 年执导话剧《茶馆》，该剧受邀进入第 73 届阿维尼翁戏剧节核心板块 IN 单元演出。

孟京辉有着独具个性的创造力和多元化的艺术风格，不仅开拓了中国当代戏剧的新局面，而且成为一种值得瞩目的文化现象。其作品主要特点为突破常规，混搭语言，并在舞台艺术中增添高科技元素和灯光效果以冲击观众的心灵和视觉。他的作品常常通过带有讽刺意味的戏份来解构经典名著，作品风格中西混搭。

3. 欣赏提示

碎片化的结构与生活场景的重现

孟京辉注重将生活中的场景搬上舞台，将生活与话剧进行融合。例如，推销牙刷和乘坐地铁等场景在我们的生活中是较为常见的，较易融入于《恋爱的犀牛》的叙事场景中，但往往舞台上的故事情节会突兀地被大段台词所打断，其中所谈论的事物可能会与正在发生的内容产生矛盾，因此叙事结构被碎片化为多段来进行演绎。整个话剧共二十三场，大致可分为三部分：马路遇到明明前、马路与明明相处、马路因无法与明明相处而痛苦。在这个倒叙的故事中，开头和结尾都选择了用大段的诗化台词进行讲述，包括随后的每一个完整场景中都夹杂着富含哲理意味的文字来表述人物的情感。

故事性与现场音乐碰撞组合

话剧在表演的过程中需要适当的音乐以渲染情绪，音乐同时也需要戏剧中的故事来赋予生命与灵魂，二者在舞台上呈现出相辅相成的效果，也更加符合小剧场的演出特点。在《恋爱的犀牛》中，最突出的就是“戏剧和音乐的结合”，在音乐的行进、熏陶以及宣泄作用下，让二者在表演中相互激发，促成“理性的递进”，悄无声息地掌控了观众的感受，提升了剧场性和戏剧效果。例如当马路缓缓地唱出《柠檬》，表达着对于明明热烈而又无法控制的思念，他的脸上有着淡淡的笑容，眼底是对爱情的憧憬，那是明明所带给他的希望与快乐，灯光暗下，似乎剧场内都飘荡着柠檬口香糖淡淡的香气。这种效果是话剧中仅仅用语言所不能达到的，在旋律中将话剧中的情绪做到了最大化的发酵。再如现场吉他手演奏着《玻璃女人》，在吟唱中，马路静静地站在原地大口呼吸着，他恍惚在拥有明明的梦境中，在众人的哼吟中，讲述着自己不愿忘记明明的心痛与不舍。歌词与台词的相互交织深化了话剧内容的表达，观众与演员的气场似乎融为了一体，感受着彼此的心绪。

《恋爱的犀牛》中并没有纷繁的故事情节，也没有错综复杂的人物关系，只有那些充满了力量的、似乎要冲出舞台的爱情姿态，敲击着观众内心对于爱情的那份柔软。孟京辉以《恋爱的犀牛》为代表作品取得了一个又一个票房神话，其“生命不息，爱情不止”的作品主题也充分得到了剧迷们的肯定。

四、舞剧代表作品欣赏

（一）舞剧《红色娘子军》

1. 作品简介

《红色娘子军》是 20 世纪 60 年代在周恩来总理直接关怀下创作演出的，是我国芭蕾舞按照周总理指示“革命化、民族化、群众化”进行改革的首次尝试。1964 年 9 月在人民大会堂小礼堂首演时，周总理出席并邀请了柬埔寨国家元首西哈努克亲王观看。1964 年 10 月毛主席观看并称赞该剧的改革：“革命是成功的，方向是对头的，艺术上也是好的。”此后众多党和国家领导人相继观看，并屡屡招待来访的外国元首、政府首脑等。

舞剧《红色娘子军》在创作过程中，深入到原海南岛琼海县，遍访当年的娘子军连战士，收集当年“娘子军”的种种故事和人物原型的命运经历。这部舞剧继承了芭蕾的优秀传统，但又不拘泥于过去芭蕾舞的传统程式。在那个特殊的年代里，假如没有这样的“革命舞剧”，我们几乎没有机会知道世界上

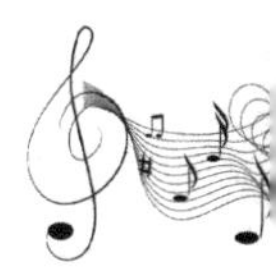

还有如此美妙的艺术形式。

2. 作者简介

李承祥（1931—2018），男，汉族，黑龙江哈尔滨人，国家一级编导；曾任中央芭蕾舞团团长，第四届全国人民代表大会代表，全国文联委员，中国舞蹈家协会常务理事，中国舞蹈家协会“中国舞蹈艺术终身成就奖”获得者，享受国家政府特殊津贴；著有《舞蹈编导基础教程》《情倾芭蕾》等，《红色娘子军》《沂蒙颂》《林黛玉》等舞剧的编导之一。

3. 欣赏提示

民族化的造型与服装

《红色娘子军》的服装设计十分经典，这些设计也一直沿用到现在。剧中娘子军战士身着当时军装式的上衣、下身着齐膝短裤、小腿有绑腿，发型是齐耳短发戴着军帽，整体造型一亮相就是典型的战士形象。这样的服装不仅使演员们显得精气十足，同时也从侧面向观众展示故事的发生地。值得一提的是，短裤与绑腿结合的设计还可以充分展现芭蕾舞当中腿部开、绷、直、立的基本舞姿，也不束缚腿部动作的技术运用。齐膝短军裤的设计也是符合当时中国国情，符合观众的审美接受度。

民族化的音乐创作

《红色娘子军》的音乐创作以民歌旋律为基础，加强了芭蕾舞剧中音乐的民族性。以海南民歌为素材的背景音乐贯穿始终，其中我们最为熟悉的《万泉河水清又清》这一配乐就是由海南黎族的民歌《五指山》改编再创作出来的新乐曲。

乐器方面，在西洋管弦交响乐队的基础上，加入中国传统民族乐器。例如，具有地域风格特色的吹奏“笙”，戏曲中经常使用的“小锣”，以及中国传统民乐代表的弦乐“琵琶”“中阮”等。

在西方古典芭蕾中，背景音乐基本都是交响乐配奏。但在这部舞剧中加入了完全不同的元素——唱词。而最早提出芭蕾舞可以加唱词的人是周恩来总理。在《红色娘子军》中，以加入唱词的形式对渲染气氛、推进剧情展现、表现人物内心世界都有很大的艺术效果，同时也可以帮助观众对舞剧内容的理解，使观众感同身受。

对古典芭蕾的创新与突破

首先是对舞蹈语汇的创新。舞剧在芭蕾舞为主的基础上加入了中国特色的元素。比如在芭蕾舞中手臂要做到延伸、舒展与优美，但剧中琼花在展现反抗时，打破了固有的手臂上举，改为用力握拳。这一动作的展现充分表现了她心中的悲愤。在剧中还有很多这样的展现，脚下是芭蕾典型脚位，但手却是古典舞的“兰花指”“托按掌”。立起的足尖与中国古典舞手位的结合在这里并不违和，在保持芭蕾舞风格的基础上更加为观众展现了一个鲜活的中国女兵形象。

其次是融入中国戏曲元素，例如在表现琼花为了逃脱老四的追捕与之搏斗这一段独舞中，出现了“串翻身”“倒踢紫金冠”等中国戏曲当中的代表性技巧动作，力量感十足，我们可以通过这些技巧的展现看出舞蹈角色内心坚定的情感。

最后是民族性道具的加入。黎族的“钱铃双刀舞”、海南的民族斗笠等民族性道具的加入，增添了不少地域色彩，也让我们看到了劳动人民勤劳朴实的精神。

（二）舞剧《永不消逝的电波》

1. 作品简介

2018 年 12 月，由上海歌舞团制作的原创舞剧《永不消逝的电波》在上海市国际舞蹈中心公演。为献礼共和国 70 周年华诞，这部作品大胆地选用了红色谍战题材，讲述的是上海解放前夕，以李白烈士为原型的革命志士李侠与其妻子兰芬为主的一群革命志士在上海的敌后战场上，以无线电为武器，为战友传递情报、同敌人斗智斗勇的故事。

2019 年是中国舞台艺术的阅兵之年，因为第十一届全国艺术节在上海隆重举行。数十台精彩纷呈、风格各异的舞台剧作品在沪上演。同时，这一年也是中国舞剧的丰收之年，在十部“文华奖”获奖剧目中，舞剧类别斩获三席，为所有获奖剧种之最。而在这三部摘得文华殊荣的舞剧作品中，《永不消逝的电波》更是获得了艺术价值和市场口碑的双丰收。时至今

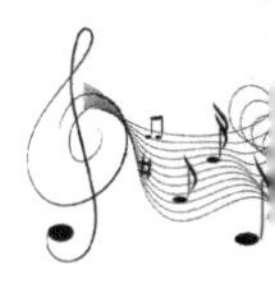

日，每每该剧上演，依旧还是一票难求。

2. 作者简介

两位 80 后舞剧导演韩真、周莉亚随着作品的走红声誉鹊起，她们以联合总导演的身份执导了包括《永不消逝的电波》在内的四部舞剧，这对个性十足的姐妹花被业界称为“舞坛双子星”。

韩真，中国东方歌舞团青年编导，毕业于北京舞蹈学院编导系，曾就职于海军政治部文工团创作室。

周莉亚，中国东方歌舞团青年编导，国家“万人计划”人才，文化部 2016 年青年拔尖人才，中国舞协会员、中国文艺志愿者协会会员，北京市朝阳区人大代表。

3. 欣赏提示

《永不消逝的电波》充分地展现了海派文化与红色文化的融合，精准地表现出江南文化的古典美与优雅美，又兼具现代感与时尚感。它打破了以往人们对舞剧“长于抒情，拙于叙事”的刻板印象。主创团队的精心编排与演员戏剧化的精准演绎相结合，辅之以声、光、电等新媒体技术的综合运用，使得这出谍战舞剧绽放出别样的艺术魅力。

在表演方面

为了让舞蹈演员更好地理解剧中人物的内心活动，抓住剧中人物的性格特点，精准地演绎每一个个性鲜明的人物形象，上海歌舞团曾数次组织演职人员前往上海相关的纪念馆创作采风，寻找灵感，重温革命历史。演员们从眼神、舞姿、动作、韵律、呼吸等方面进行了严格的训练。除此之外，编导韩真与周莉亚更是独具匠心地将一些细节巧妙地设计在舞段中，利用特定符号表现人物状态的同时，还暗含了隐喻意义。如剧中多次出现的红围巾是兰芬亲手为李侠编织的，吸引了不少观众的注意力。一方面，展现出兰芬的心思细腻与贤惠；另一方面，作为一种配饰，暗含了两人间的亲密关系，见证了两人的革命友谊与革命爱情，成为构建人物形象的有效符号。而在追捕戏中，红围巾已然成为李侠身份的标志，地下工作者小裁缝为了保护被特务跟踪的李侠，不惜牺牲自己的生命，毅然决然地抢走李侠的红围巾，围在自己脖子上，成功引开特务，自己却没能逃过特务的枪杀。再比如剧中雨的设计，可谓一语三关。剧中多次出现雨的场景，最直接地表现了上海这座城市的气候，天气潮湿，阴雨绵绵，透过阴云密布的天气暗示了解放前夕在上海这座城市上空飘着的压抑感、危机感与焦虑感。党的地下工作者在阴雨天气隐喻的危险环境中依然冒死传递重要情报与讯息，表现出他们对革命事业的忠诚坚定和执着信念。

在剧本创作方面

舞剧《永不消逝的电波》在剧本创作方面也可圈可点。编剧罗怀臻从文学的角度出发，在尊重历史的前提下，创作出一部结构严谨、感人肺腑的剧本。编剧在剧中设置了9个主要人物，且每个人物都是双重身份，比如李侠与兰芬，既是报馆的职员和上海纺织厂的女工，又都是地下工作者。又比如柳妮娜，既是报馆的秘书，又是国军情报科科长。错综复杂的人物关系与矛盾冲突给整个剧本带来强烈的紧张感与危机感。

在舞蹈元素方面

伴随着舒缓的《渔光曲》，一个个身着旗袍的女子缓缓走来，手持竹蒲扇，脚踩小板凳，在弄堂里起舞，呈现出一幅上海女性的日常生活图景。她们时而坐，时而站，又时而倚靠在板凳上，或遮阴乘凉，或穿针引线，或梳妆打扮，或生火做饭，或倚靠小憩。一连串的肢体动作均表达了等待之意，包括盼望爱人安全回家的等待与期望未来美好生活的等待。从很大程度上缓解了紧张、压迫之感，但透过舞蹈演员极强的表现力，隐隐之中也能感受到其中蕴藏着丝丝不安与焦急，那是革命最艰难的时期。后面出场的“旗袍舞”段落，融入了爵士、芭蕾、现代舞等元素，将东方女性之美展现出来。相较于《渔光曲》，后段婀娜多姿的“旗袍舞”所表达的人民渴望上海尽早解放、期盼美好生活尽快到来之意更为强烈。

五、中国戏曲代表作品欣赏

（一）京剧《贵妃醉酒》

1. 作品简介

京剧《贵妃醉酒》又名《百花亭》，是一出单折戏，取材

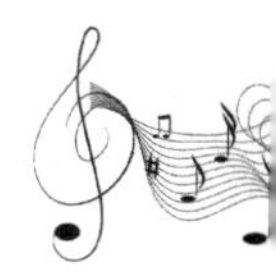

于中国唐朝历史人物杨贵妃的故事，经过中国著名京剧表演艺术家梅兰芳先生创作、表演而广为人知，是“梅派”代表剧目之一。

该剧描写的是杨玉环深受唐明皇的荣宠，本是约唐明皇百花亭赴筵，但久候不至，随后知道他早已转驾西宫，于是羞怒交加，万端愁绪无以排遣，遂命高力士、裴力士添杯奉盏，饮致大醉，后来怅然返宫的一段情节。

2. 作者简介

梅兰芳（1894—1961），名澜，又名鹤鸣，乳名裙姊，字畹华，别署缀玉轩主人，艺名兰芳。北京人，祖籍江苏泰州。中国京剧表演艺术大师。梅兰芳出身于梨园世家，8 岁学戏，9 岁拜吴菱仙为师学青衣，10 岁登台。后又求教于秦稚芬和胡二庚学花旦。1915 年 4 月至 1916 年 9 月，新排演了《宦海潮》《牢狱鸳鸯》《思凡》等 11 出戏。于 1949 年前先后赴日本、美国、苏联演出，并荣获美国波莫纳学院和南加州大学的荣誉文学博士学位。1950 年任中国京剧院院长，1951 年任中国戏曲研究院院长，1953 年任中国戏剧家协会副主席。1961 年 8 月，梅兰芳因病在北京病逝，享年 67 岁。

梅兰芳在 50 余年的舞台生涯中，发展和提高了京剧旦角的演唱和表演艺术，形成了一个具有独特风格的艺术流派，世称“梅派”。其代表作有《贵妃醉酒》《天女散花》《宇宙锋》《打渔杀家》等。“梅派”艺术，是京剧旦行中首先形成的、影响极其深远的京剧流派。“梅派”主要是综合了青衣、花旦和刀马旦的表演方式，在唱、念、做、舞、音乐、服装、扮相等各个方面，进行不断的创新和发展，将京剧旦行的唱腔、表演艺术提高到了一个全新的水平，达到了完美的境界。

3. 欣赏提示

《贵妃醉酒》这出戏，最早出现在乾隆年间。这出戏最初更多表现杨玉环在醉酒状态下的妩媚妖娆，做工花哨，曾经被认为是一出“粉戏”。但是，梅先生看到了这出戏对意境的“要求”，淡淡着笔，用意却深刻得很，给表演留下了充足的时间和空间。这出戏一直是以“载歌载舞”的表演为特点，因为要表现杨玉环的醉态，所以演出过程中一不小心，就容易做过了头，很容易把杨玉环演成一个醉眼迷离、扭捏作态的怨妇、荡妇的模样，那就失败了。梅先生就是看到了这出戏的基础好，提高空间大，而有了自己的创意想法，去芜存精，精准把握表演尺度，精细加工，终使这出戏成为体现梅派艺术精髓的代表剧目。《贵妃醉酒》这出戏对于表演尺度的把握可表现在如下两个方面：

意境分寸感

意境美的创造是中国传统的文学和艺术的核心范畴。《贵妃醉酒》当中，梅先生向人们展示了杨玉环外形上的青春美貌，情感上的高贵骄傲，还有内心的脆弱痛苦。这样复杂的人物在舞台上的呈现就得依靠梅派艺术对意境尺度的把握。

戏曲的意境创造最常用的办法是“景由口出”，配合形体动作。例如《贵妃醉酒》一开始，杨玉环出场后，四平调唱腔是这出戏最重要的唱段，前几句是“皓月当空，夜色多美好”的咏叹。这段唱腔描述了杨玉环走向百花亭的过程，途中的所见景物——玉石桥、鸳鸯、金色鲤鱼、鸿雁、百花亭都特别有寓意。通过尺度得当的形体动作配合唱腔，一一引导观众身临其境。含蓄的唱词充满着言外之意，再配上并不张扬的形体身段表达人物此时的心情，端庄妩媚的贵妃形象就已经立住了。

形体分寸感

《贵妃醉酒》中的形体动作，时常有讨论。其中，最重要的两个动作是“含杯”和“杨玉环与太监、宫女一起，向左，向右倾倒”。首先要讨论这两个动作的必要性和恰当性。杨玉环在听到“驾转西宫”的消息之后，饮酒动作肯定有“借酒消愁”的意味。失意、委屈，内心的愁苦难以名状，又不能畅快发泄，不觉饮酒已经过量。此时的表演动作要把杨玉环满腹的心事表达出来，又要恰当地表现这位“醉美人”的贵妃的妩媚。“含杯”这个动作——弯腰，将酒杯含住，一个缓慢的鹞子翻身，杯中酒一饮而尽。这是杨玉环连续饮酒，渐有酒意，露出醉态时候的动作，此时如果动作中规中矩，那才真是“端得太过了”。

另一个动作出现在高、裴二人看出杨玉环内心的愁苦，而且饮酒已经过量，二人自作聪明地说唐明皇来到百花亭，杨贵妃急忙站起，准备跪地接驾时。此时的杨玉环饮酒已经酒意渐浓，身体开始晃动，这样的情况观众是完全相信的，也完全可

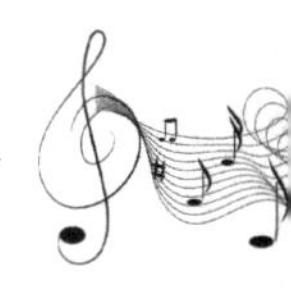

以理解。但如果就表演杨玉环因醉酒东倒西歪，甚至跌倒在地，就没有美感了。梅先生的表演大约是这样的：头微微晃动，身体的摇摆轻而匀，体现出一定的头重脚轻的感觉，既醉意明显，又不失妩媚，分寸尺度实在是好。而这时，太监和众宫女上来搀扶贵妃，也是合情合理的，是必然的。如果是普通人，大家合力把她扶住，也并不是难事，但贵妃的身体，岂是太监宫女随便可以触碰的，更不可以大力推挤。大家只能是在保证贵妃不跌倒的前提下，力度合适地给予支撑和帮扶。在这样的情况下，贵妃向左倾倒，大家就一起倒向左边，贵妃向右倾倒，大家就一起倒向右边。整个表演合情合理，又唯美真实。

（二）豫剧《花木兰》

1. 作品简介

豫剧《花木兰》描写南北朝时边关战事起，花木兰父亲花弧军贴有名，木兰缘于父亲年迈、弟弟年幼，无法抵御外寇，便毅然女扮男装代父从军。

该剧是 1951 年常香玉为抗美援朝捐献“香玉剧社号”战斗机进行义演时的主要剧目。在 1952 年 10 月全国首届戏曲观摩演出中，常香玉演出此剧获荣誉奖。1953 年 4 月香玉剧社赴朝鲜慰问中国人民志愿军演出。1956 年 10 月由长春电影制片厂拍摄成戏曲艺术片。

2. 作者简介

陈宪章（1917—2000），河南郑州人，杰出的豫剧编导，豫剧表演艺术家常香玉的丈夫。中国戏剧家协会会员，河南省剧协理事，香玉杯艺术奖基金会副会长。从事戏剧工作几十年，曾与常香玉共同创办香玉剧校和香玉剧社，同时又是常香玉评论文艺的撰稿人，对“常派”（香玉）艺术的形成，做出了十分突出的贡献。其中豫剧《花木兰》参加全国第一届戏曲观摩演出大会，获剧本奖和演出二等奖。

3. 欣赏提示

豫剧《花木兰》的扮演者常香玉（1923—2004），原名张妙玲，出生于河南省巩县（今巩义市），豫剧表演艺术家，常派艺术创始人。她有着丰富的音色、宽广的音域、纯净的音质、正确的运气方法、宏大的发声共鸣、精巧的吐字技术和娴熟的润腔手段，唱腔甜美，吐字清晰，表演细腻传神、规范精到，富有一种阳刚之气。

唱段《女子们哪一点不如儿男》欣赏提示

这部经典名剧《花木兰》经过常香玉的演绎一夜之间成为经典，其中的《女子们哪一点不如儿男》更是成为老幼皆知的名段。该段是木兰为了劝说一名叫刘忠的同行士兵端正态度、统一思想、勇于承担所唱。

整段唱腔的结构采用祥符调单板式“二八板”，考虑到词格的变化，常香玉自“白天去种地”起就在多处采用了贴近生活、颇为口语化的五字相连的“五音联弹”唱法，这样的处理使得选段更为朗朗上口。整段唱腔与正格的“二八板”唱法相交织，突显节奏对比变化的同时又达到了韵律的和谐统一，让整个唱段显得更加顿挫有序、浑然天成，真实而又自然。再配以常香玉“声腔杰出、音域宽广、音质纯净，运气方法正确、吐字技术精巧、润腔手段娴熟”的优势条件，花木兰女扮男装的形象被塑造得惟妙惟肖，淋漓尽致地展现了角色独立、坚强的思想感情。

唱段《花将军又变成花家的女儿郎》欣赏提示

《花木兰》中最具常派艺术特色的优秀唱段——《花将军又变成花家的女儿郎》，讲述了贺元帅前往探病，无心之下说到提亲之事让毫无准备的木兰陷入尴尬境地的情景。唱段中机智聪明的木兰借箭伤发作之由巧妙避过，哄走了元帅，而后联想到自己被恩准返乡，可以和家人团聚，心中欣然向往。这一唱段恰到好处地表现了木兰急于回乡的迫切心情。

该唱段主要由“流水板”和“二八板”构成，常香玉老师通过欢快的流水过门巧妙地引入了木兰送走元帅后的得意。第一句“用巧计哄元帅出帐去了”，常老师以本嗓演唱展现出了男儿的英雄气概。第二句“羞得我花木兰脸上发烧”则峰回路转，需以娇羞的女儿心态来演唱。元帅走后，独剩她一人，在这种特定环境下，女儿的羞涩和娇嗔被展现无遗，内心的激动和喜悦溢于言表，同时还为自己多年来未被识破女儿身感到庆幸。作为对元帅离开后第一时间人物心态的展现，常香玉老师

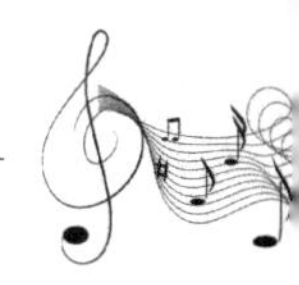

仔细剖析了花木兰的心理过程，并采用富于变化的嗓音予以传达，塑造了一个活灵活现的人物形象。到了唱段后半部分，由于对回乡的强烈渴望，木兰的思绪由近及远，而后转入到回乡后的想象，欢快的唱腔“流水板”也转换为平静“二八板”，人物进入了深度思考。联想到花将军可以恢复女儿身，变回花家女郎，“爹娘迎儿在村头上，弟弟为我宰猪羊，姐姐拉着手问短长”等一系列全家团聚的场景，以及自己将回到那日夜思念的美好生活，木兰心中无比喜悦。

常香玉老师对这部分采用了严谨的结构、有序的起伏来征服观众，开始在豫西调“二八板”即降 E 宫上进行，后面又以调式对比强化氛围，由“爹问问女”开始，转入祥符调，即降 B 宫，这一变化更加符合人物思想变化及想象脉络。特别是从“开我的东阁门”开始，常香玉老师连续运用重复节奏，将情绪逐步推向高潮，最终完美收尾。

第三节　编创与活动

一、听乐猜曲

请听音频 6-1~ 音频 6-6，根据音乐风格特征，在表 6-5 中写出每首戏剧的分类名称。

表 6-5　戏剧分类

音频名称	二维码	戏剧的分类名称
音频 6-1 《图兰朵》选段之 《今夜无人入睡》		
音频 6-2 《歌剧魅影》选段之 *The Phantom of The Opera*		
音频 6-3 《天鹅湖》选段之 《四小天鹅》		

（续）

音频名称	二维码	戏剧的分类名称
音频 6-4 《弄臣》选段之 《女人善变》		
音频 6-5 《吉屋出租》选段之 *Seasons of Love*		
音频 6-6 《茶花女》选段之 《祝酒歌》		

二、台词片段练习

请以小组为单位，以话剧《恋爱的犀牛》第一场台词为例，分角色进行台词片段练习。

众　人：在新世纪来临前，我们要整理人类的财富，
在新世纪来临前，我们要清扫没用的垃圾，
在新世纪来临前，我们要推翻不切实际的思想，
在新世纪来临前，我们要摒弃一切软弱的东西。

播音员：为了迎接新世纪的到来，我们要建造一座世界上独一无二的大钟，它巍然屹立，坚不可摧，体现着人类的智慧和力量。此时的大钟制造现场是一片紧张而欢乐的景象，设计人员和工人们加班加点，市民聚集在现场的周围久久不肯离去。大家都在为我们的这项创举而欢欣鼓舞、激动不已！

市民 A：一百公斤，仅仅秒针就一百公斤，时间从没有这么像现在走得这么沉重。

市民 B：现代科技的奇迹，机芯全部由航天部提供的钛金属

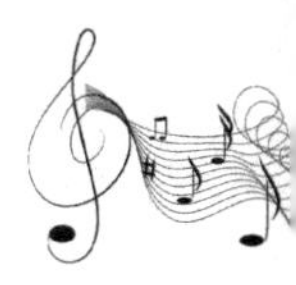

制成，经得起是非荣辱，沧海桑田，象征着我们的民族。

市民 C：每一条曲线都是精心雕琢，每一个指标都将载入史册。

市民 D：一百位本世纪出生，本世纪死去的杰出诗人的诗句被刻上表盘。

市民 E：一位 67 岁的老诗人为了让自己的作品入选，刚刚自杀。

市民 F：献给来临的新世纪，举世无双的世纪大钟，全部由我们设计，我们施工。

市民 G：应该写上这是人类智慧的结晶。

市民 A：我建议写成世界第九大奇迹，外星人的引路灯塔。

市民 B：为大钟发行的彩票，奖金已经累积到五百万元，还在继续上升！拿到这笔钱的将是 21 世纪的幸运儿！

市民 C：听说表盘上的数字是镀金的，就像本世纪的人爱说的——时间就是金钱。

市民 D：我们家邻居答应给我五万块钱，如果我把他的字母缩写藏在表针后面。

市民 E：你敢！你们是在破坏 200 年后的文物！

市民 F：我要在 8 点的边上偷偷刻上自己的名字，这样就可以流芳百世。

市民 G：我要把我爱人的名字刻上大钟的基座，旁边再刻上一颗心，代表我们坚贞不渝的爱情。

三、欣赏感悟

请观看豫剧《花木兰》和电影《花木兰》，浅谈两者的共性及区别，并谈谈你欣赏豫剧作品后的感受。

参考文献

[1]付胜利，李勇蕾.音乐鉴赏[M].北京：机械工业出版社，2017.
[2]赵梅伯.歌唱的艺术[M].上海：上海音乐出版社，2004.
[3]邹长海.声乐艺术心理学[M].北京：人民音乐出版社，2000.
[4]李晋玮，李晋瑗.声乐教学艺术[M].北京：中国广播电视出版社，2008.
[5]于润洋.西方音乐通史[M].上海：上海音乐出版社，2003.
[6]靳超英，陶维加.大学音乐鉴赏教程[M].上海：上海音乐出版社，2008.
[7]黄晓和.西方音乐史与名作赏析[M].北京：人民音乐出版社，2013.
[8]刘灏.曲式与作品分析[M].上海：上海音乐学院出版社，2013.
[9]阿兰诺夫斯基.俄罗斯作曲家与20世纪[M].张洪模，等译.北京：中央音乐学院出版社，2005.
[10]杨通八.和声分析教程[M].上海：上海音乐出版社，2005.
[11]王盛昌，李保彤.中外名曲赏析[M].太原：山西教育出版社，2005.
[12]钱仁康.欧洲音乐简史[M].北京：高等教育出版社，1991.
[13]仇春霖.大学美育[M].北京：高等教育出版社，2005.
[14]赵淑云.大学音乐[M].北京：高等教育出版社，2005.
[15]余志刚.西方音乐简史[M].北京：高等教育出版社，2006.
[16]慕羽.西方音乐剧史[M].上海：上海音乐出版社，2004.
[17]余甲方.音乐鉴赏教程[M].上海：复旦大学出版社，2006.
[18]匡惠.音乐欣赏基础教程[M].上海：上海音乐出版社，2021.
[19]盛秧，韩建勇.中国古筝知识要览[M].2版.上海：上海音乐出版社，2018.
[20]赵思童.中国非物质文化遗产传统音乐[M].北京：中国大百科全书出版社，2015.
[21]郑祖襄.中国古代音乐史[M].北京：高等教育出版社，2008.
[22]晏成佺，童忠良.基本乐理教程[M].北京：人民音乐出版社，2006.

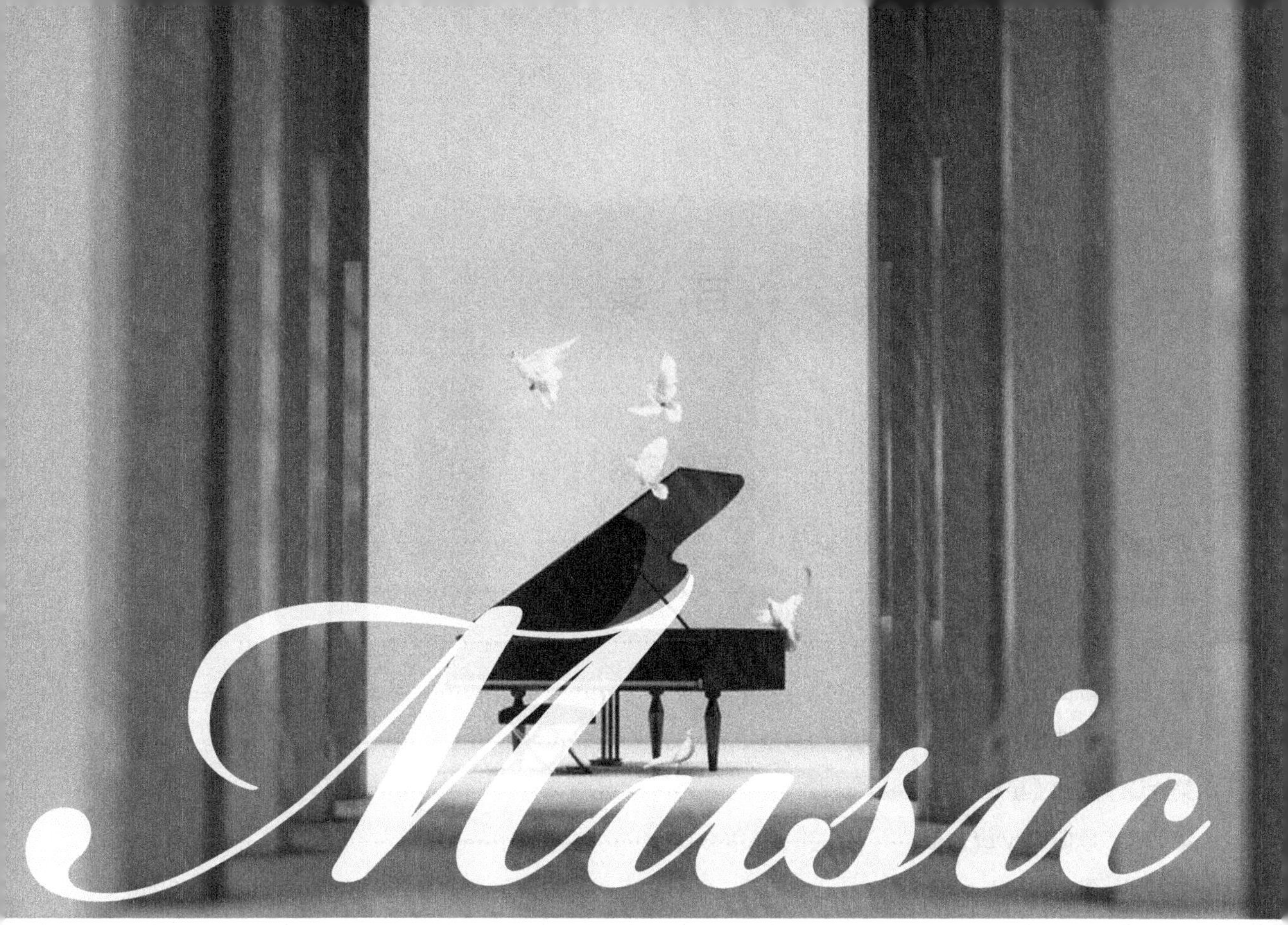

高等职业教育公共基础课新形态一体化教材

音乐

实践手册

李霞 项蔓◎主 编
於筱◎副主编
黄轶璠 周夕铌 王雁洁◎参 编

机械工业出版社
CHINA MACHINE PRESS

目　录

声乐演唱

第一课　歌曲《萱草花》二声部小组唱 …… 001
第二课　歌曲《蜗牛》…… 005
第三课　歌曲《候鸟》…… 007
第四课　歌曲《苔》…… 009
第五课　歌曲《明天你好》…… 011
第六课　歌曲《星辰大海》…… 013
第七课　歌曲 *City of Stars* …… 016
第八课　歌曲 *Do–Re–Mi* …… 021
第九课　歌曲《雪绒花》…… 023
第十课　歌曲《夜空中最亮的星》…… 025
第十一课　歌曲《点亮星空》…… 028

古筝演奏

第一课　传统曲目　独奏《沧海一声笑》…… 030
第二课　传统曲目　独奏《茉莉花》…… 032
第三课　传统曲目　独奏《关山月》…… 033
第四课　传统曲目　独奏《千声佛》…… 034
第五课　传统曲目　独奏《北京的金山上》…… 035
第六课　传统曲目　独奏《卖报歌》…… 037
第七课　流行曲目　《红豆》…… 039
第八课　重奏曲目　古筝二重奏《铁血丹心》…… 042

声乐演唱

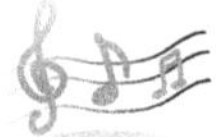

第一课　歌曲《萱草花》二声部小组唱

>> 欣赏提示

萱草是忘忧草，是中国传统的母亲花。《萱草花》是热映电影《你好，李焕英》的主题歌，全曲节奏简明，曲调平缓，柔情似水，流露着母亲对儿女深深的爱意。娓娓道来的“高高的青山上，萱草花开放，采一朵送给我小小的姑娘。把它别在你的发梢，捧在我心上，陪着你长大了，再看你做新娘”的歌词，温情诠释了母亲对儿女真爱无限、真爱无疆的思念与牵挂。全曲呈 A–B–A 三段式结构，第一段和第三段旋律几乎完全一样，仅仅做了歌词的改变，中间 B 段落旋律起伏较大，可视为作品的高潮部分。

>> 演唱提示

1. 演唱全曲前，先进行唇颤音两拍到四拍的气息练习。
2. 全曲歌词咬字吐字以开口音居多，演唱前可先进行 a 母音练习，以帮助打开内口腔。
3. 演唱时尽量用小声说话的感觉演唱，叹着气唱，以气带声，找到气息送出去的感觉，让歌声更富有情绪和情感。
4. 注意乐句的换气处理，在节奏中找到舒缓的感觉。
5. 可先分组学习，待演唱熟练后再进行两声部混合练习。

萱草花

作词 李聪
作曲 Akiyama sayuri
改编 柯妍

1=C 3/4
♩=82

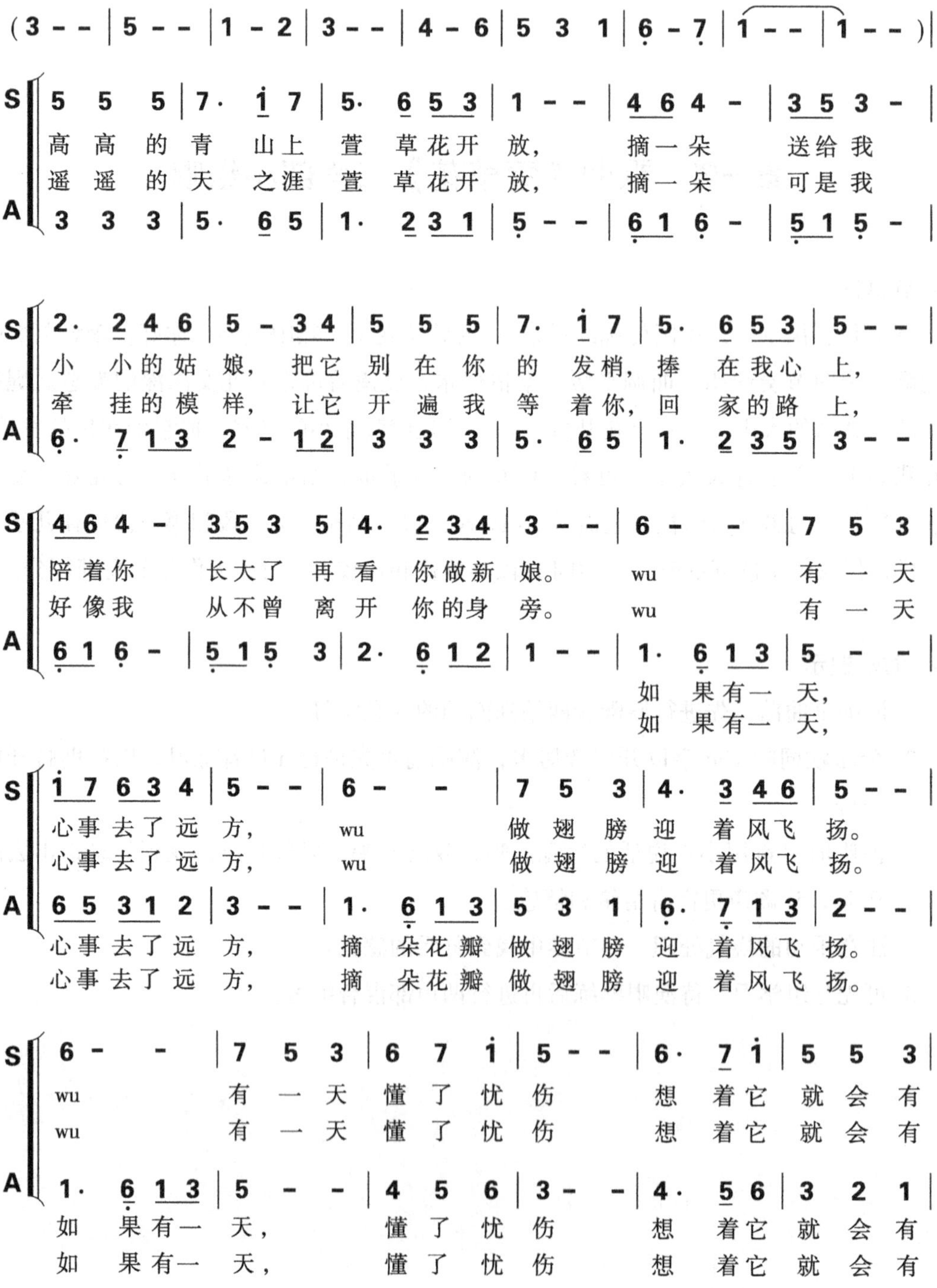

(3 - - | 5 - - | 1 - 2 | 3 - - | 4 - 6 | 5 3 1 | 6 - 7 | 1 - - | 1 - -)|

S | 5 5 5 | 7· i 7 | 5· 6 5 3 | 1 - - | 4 6 4 - | 3 5 3 - |
高 高 的 青 山上 萱 草花开 放， 摘一朵 送给我
遥 遥 的 天 之涯 萱 草花开 放， 摘一朵 可是我
A | 3 3 3 | 5· 6 5 | 1· 2 3 1 | 5 - - | 6 1 6 - | 5 1 5 - |

S | 2· 2 4 6 | 5 - 3 4 | 5 5 5 | 7· i 7 | 5· 6 5 3 | 5 - - |
小 小的姑 娘， 把它 别 在 你 的 发梢，捧 在我心 上，
牵 挂的模 样， 让它 开 遍 我 等 着你，回 家的路 上，
A | 6· 7 1 3 | 2 - 1 2 | 3 3 3 | 5· 6 5 | 1· 2 3 5 | 3 - - |

S | 4 6 4 - | 3 5 3 5 | 4· 2 3 4 | 3 - - | 6 - - | 7 5 3 |
陪着你 长大了 再 看 你做新 娘。 wu 有 一 天
好像我 从不曾 离 开 你的身 旁。 wu 有 一 天
A | 6 1 6 - | 5 1 5 3 | 2· 6 1 2 | 1 - - | 1· 6 1 3 | 5 - - |
如 果有一 天，
如 果有一 天，

S | i 7 6 3 4 | 5 - - | 6 - - | 7 5 3 | 4· 3 4 6 | 5 - - |
心事 去了 远 方， wu 做 翅 膀 迎 着风飞 扬。
心事 去了 远 方， wu 做 翅 膀 迎 着风飞 扬。
A | 6 5 3 1 2 | 3 - - | 1· 6 1 3 | 5 3 1 | 6· 7 1 3 | 2 - - |
心事 去了 远 方， 摘 朵花瓣 做 翅 膀 迎 着风飞 扬。
心事 去了 远 方， 摘 朵花瓣 做 翅 膀 迎 着风飞 扬。

S | 6 - - | 7 5 3 | 6 7 i | 5 - - | 6· 7 i | 5 5 3 |
wu 有 一 天 懂 了 忧 伤 想 着它 就 会 有
wu 有 一 天 懂 了 忧 伤 想 着它 就 会 有
A | 1· 6 1 3 | 5 - - | 4 5 6 | 3 - - | 4· 5 6 | 3 2 1 |
如 果有一 天， 懂 了 忧 伤 想 着它 就 会 有
如 果有一 天， 懂 了 忧 伤 想 着它 就 会 有

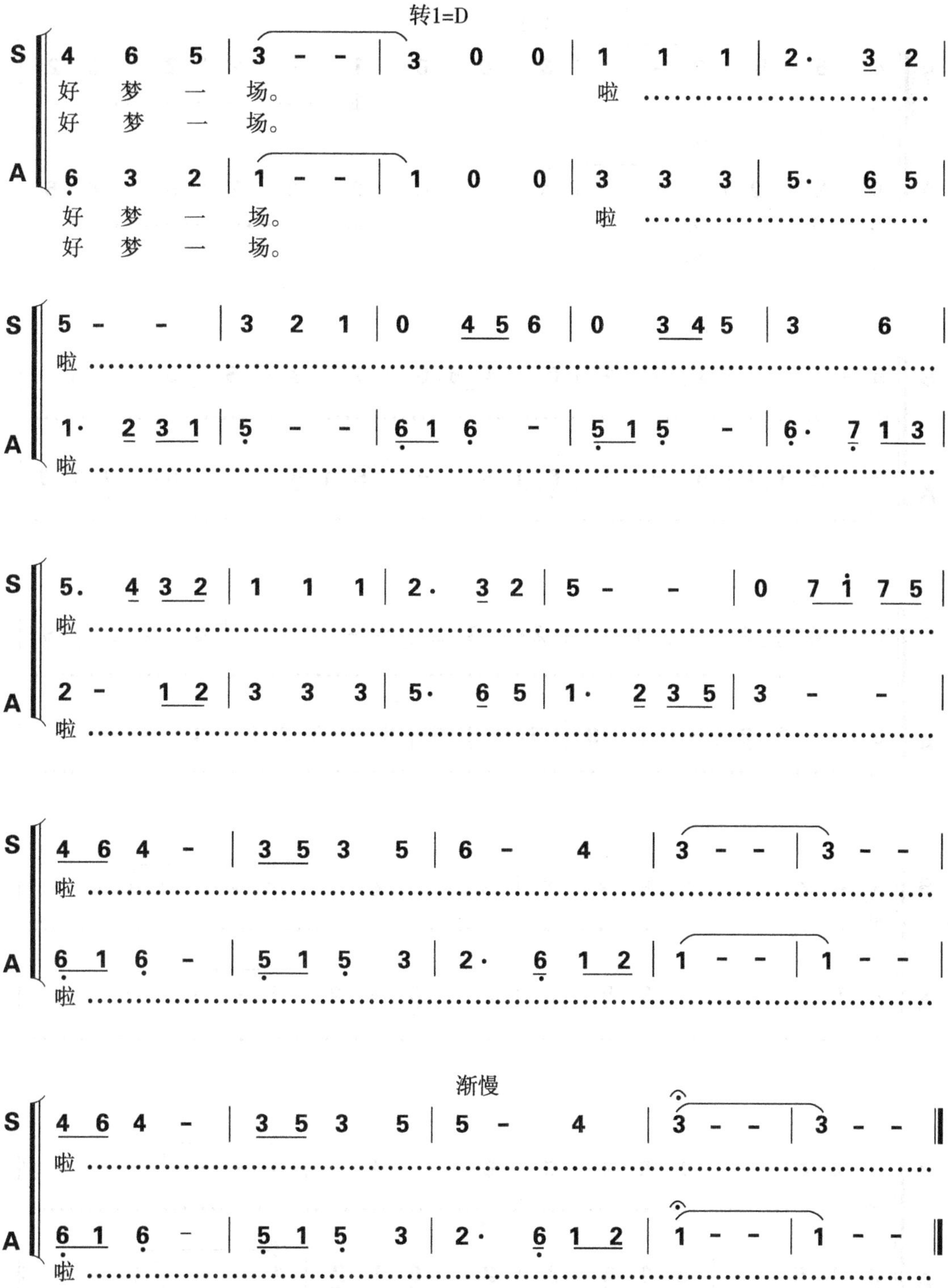

转1=D

S | 4 6 5 | 3 - - | 3 0 0 | 1 1 1 | 2· 3 2 |
好 梦 一 场。 啦……
好 梦 一 场。

A | 6 3 2 | 1 - - | 1 0 0 | 3 3 3 | 5· 6 5 |
好 梦 一 场。 啦……
好 梦 一 场。

S | 5 - - | 3 2 1 | 0 4 5 6 | 0 3 4 5 | 3 6 |
啦……

A | 1· 2 3 1 | 5 - - | 6 1 6 - | 5 1 5 - | 6· 7 1 3 |
啦……

S | 5. 4 3 2 | 1 1 1 | 2· 3 2 | 5 - - | 0 7 1 7 5 |
啦……

A | 2 - 1 2 | 3 3 3 | 5· 6 5 | 1· 2 3 5 | 3 - - |
啦……

S | 4 6 4 - | 3 5 3 5 | 6 - 4 | 3 - - | 3 - - |
啦……

A | 6 1 6 - | 5 1 5 3 | 2· 6 1 2 | 1 - - | 1 - - |
啦……

渐慢

S | 4 6 4 - | 3 5 3 5 | 5 - 4 | 3 - - | 3 - - ‖
啦……

A | 6 1 6 - | 5 1 5 3 | 2· 6 1 2 | 1 - - | 1 - - ‖
啦……

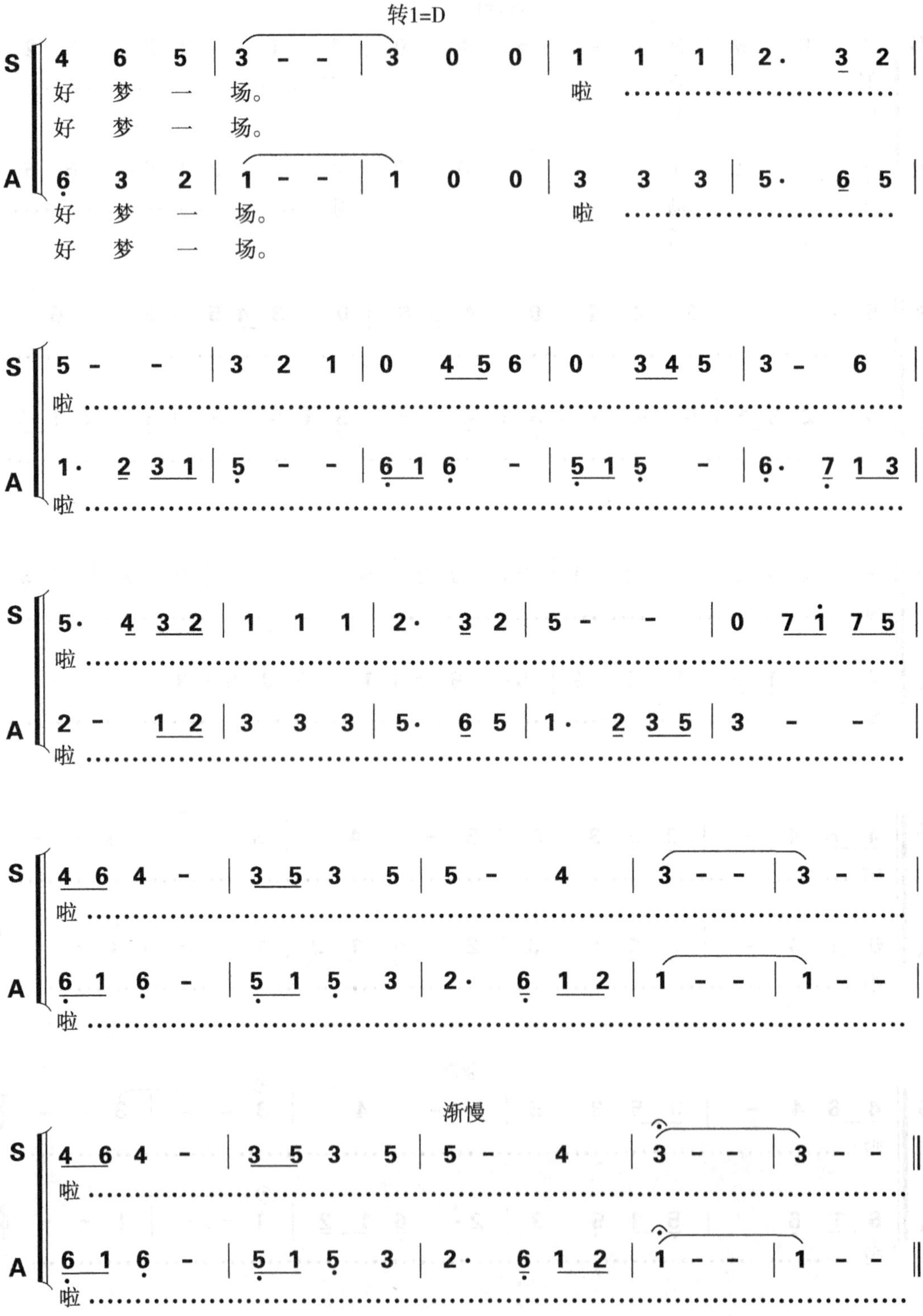

转1=D

S | 4 6 5 | 3 - - | 3 0 0 | 1 1 1 | 2· 3 2 |
好 梦 一 场。 啦 ……
好 梦 一 场。

A | 6 3 2 | 1 - - | 1 0 0 | 3 3 3 | 5· 6 5 |
好 梦 一 场。 啦 ……
好 梦 一 场。

S | 5 - - | 3 2 1 | 0 4 5 6 | 0 3 4 5 | 3 - 6 |
啦 ……

A | 1· 2 3 1 | 5 - - | 6 1 6 - | 5 1 5 - | 6· 7 1 3 |
啦 ……

S | 5· 4 3 2 | 1 1 1 | 2· 3 2 | 5 - - | 0 7 1 7 5 |
啦 ……

A | 2 - 1 2 | 3 3 3 | 5· 6 5 | 1· 2 3 5 | 3 - - |
啦 ……

S | 4 6 4 - | 3 5 3 5 | 5 - 4 | 3 - - | 3 - - |
啦 ……

A | 6 1 6 - | 5 1 5 3 | 2· 6 1 2 | 1 - - | 1 - - |
啦 ……

渐慢

S | 4 6 4 - | 3 5 3 5 | 5 - 4 | 3 - - | 3 - - ‖
啦 ……

A | 6 1 6 - | 5 1 5 3 | 2· 6 1 2 | 1 - - | 1 - - ‖
啦 ……

第二课　歌曲《蜗牛》

>> 欣赏提示

《蜗牛》是周杰伦作词、作曲的歌曲，是世界展望会的公益活动“饥饿三十”的主题曲。1999 年，收录在专辑《真爱无敌》中。2001 年，歌曲创作者周杰伦重新演绎了《蜗牛》，收录在专辑《范特西 Plus》中。2016 年，周杰伦演唱的《蜗牛》作为《一万公里的约定》的电影主题曲，并发布致敬版 MV。这是一首积极向上、催人奋进的歌曲。歌词在平凡中见风格，旋律在舒缓中见力量，鼓励大众不要被眼前的困难和现实击垮，要像小小的蜗牛一样一步一个脚印，努力向上，执着追求，永不放弃，拥有属于自己的一片天空。

>> 演唱提示

1. 该首歌曲旋律起伏较大，且音域较大，需要良好的气息支持，演唱前先进行气息练习是非常有必要的。
2. 可先用 WU 母音代替歌词，按歌词的分句进行演唱。待熟悉后再带入歌词练习。主歌部分应用说话的感觉，以气带声进行演唱，咬字吐字一定要清晰。主歌部分的四句话尾音的字不宜太长，营造欲说还休的感觉。
3. 第一次副歌主题的出现，应用假声轻声演唱。第二次副歌部分情绪较之前应该更为强烈，音色要较为突出力量感。最后一个副歌主题出现是全曲最高潮的部分，情绪强烈和声音的力量感都应达到最强，以突出和营造歌曲的层次感。
4. 注意歌曲每一句歌词的尾音，长拍上的音要注意咬字字正腔圆、拖足节奏。开口音的字如“爬”“想”“忘”，要注意保持喉咙和内口腔的打开，归韵要准确；闭口音的字如“飞”“天”，注意咬字不要过紧，以免音色过于暗淡。

蜗牛

周杰伦 词曲

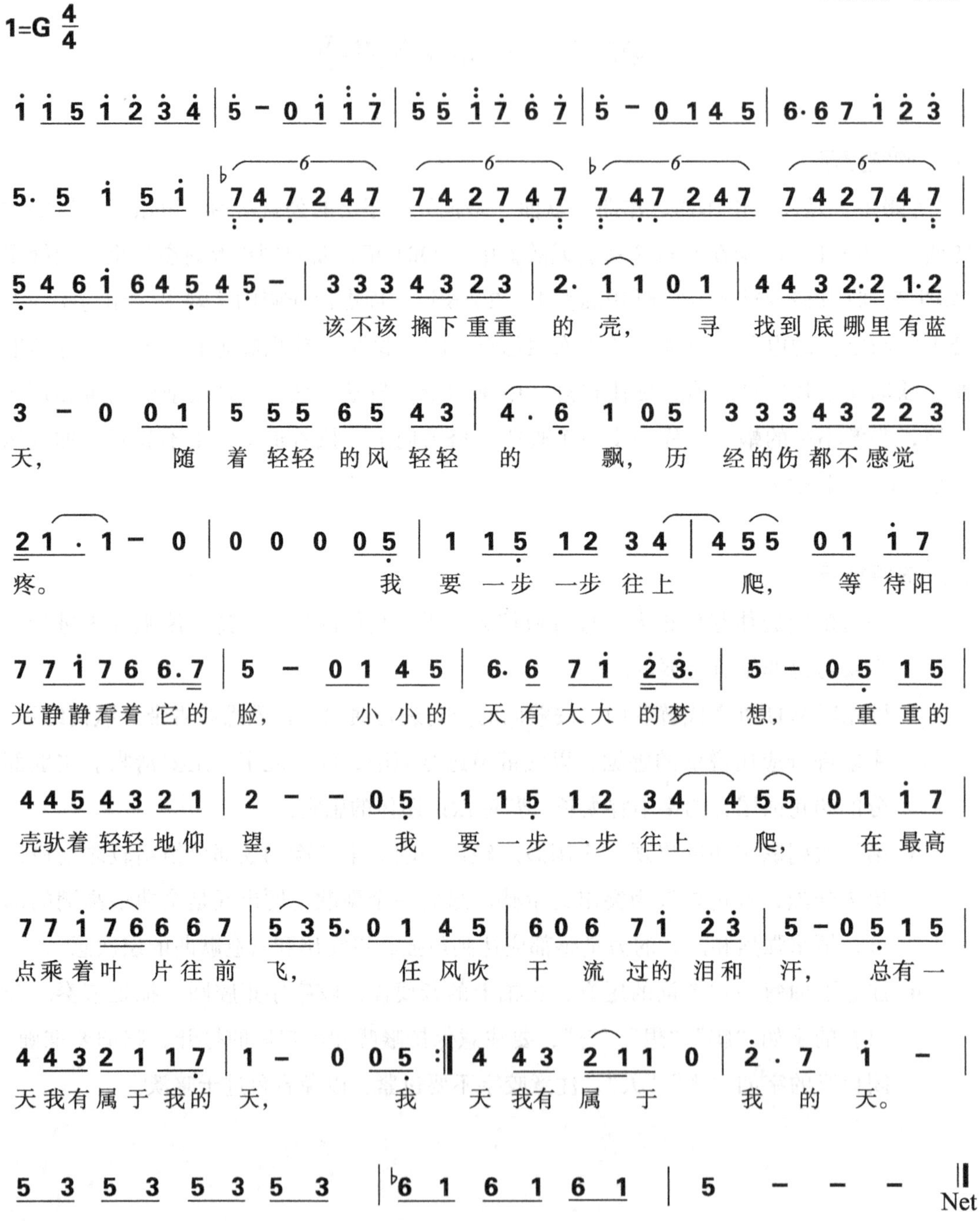

1=G 4/4

1 1 5 1 2 3 4 | 5 – 0 1 1 7 | 5 5 1 7 6 7 | 5 – 0 1 4 5 | 6·6 7 1 2 3 |

5· 5 1 5 1 | ♭7 4 7 2 4 7 7 4 2 7 4 7 ♭7 4 7 2 4 7 7 4 2 7 4 7 |

5 4 6 1 6 4 5 4 5 – | 3 3 3 4 3 2 3 | 2· 1 1 0 1 | 4 4 3 2·2 1·2 |
该不该 搁下重重 的 壳， 寻 找到底哪里有蓝

3 – 0 0 1 | 5 5 5 6 5 4 3 | 4 · 6 1 0 5 | 3 3 3 4 3 2 2 3 |
天， 随 着轻轻 的风 轻轻 的 飘， 历 经的伤都不感觉

2 1 · 1 – 0 | 0 0 0 0 5 | 1 1 5 1 2 3 4 | 4 5 5 0 1 1 7 |
疼。 我 要 一步 一步 往上 爬， 等 待阳

7 7 1 7 6 6.7 | 5 – 0 1 4 5 | 6· 6 7 1 2 3. | 5 – 0 5 1 5 |
光静静看着 它的 脸， 小小的 天有 大大 的梦 想， 重 重的

4 4 5 4 3 2 1 | 2 – – 0 5 | 1 1 5 1 2 3 4 | 4 5 5 0 1 1 7 |
壳驮着 轻轻 地仰 望， 我 要 一步 一步 往上 爬， 在 最高

7 7 1 7 6 6 6 7 | 5 3 5. 0 1 4 5 | 6 0 6 7 1 2 3 | 5 – 0 5 1 5 |
点乘着叶 片往 前 飞， 任 风吹 干 流 过的 泪和 汗， 总有一

4 4 3 2 1 1 7 | 1 – 0 0 5 :‖ 4 4 3 2 1 1 0 | 2 · 7 1 – |
天我有属于 我的 天， 我 天 我有 属 于 我 的 天。

5 3 5 3 5 3 5 3 | ♭6 1 6 1 6 1 | 5 – – – ‖
Net

第三课　歌曲《候鸟》

>> 欣赏提示

《候鸟》是一首励志歌曲，鼓励人们像候鸟一样，勇敢面对迁徙途中遇到的“黑暗”和“寒冷”，终将到达“温暖的怀抱”，与忙碌的都市人群产生强烈的共鸣。全曲旋律优美流畅，歌词真挚动人，诉说追逐梦想的勇气，给人以力量和感动。

>> 演唱提示

1. 歌曲学唱前的发声练习中，可采用 o 母音和 ei 母音的练习。
2. 读谱学习中要注意旋律中附点、切分、休止节奏的学习掌握。
3. 演唱时，主歌以深情诉说的语气表达为主，副歌部分反复注意语气和情感增强，情感表达注重有层次地递进。

候鸟

1=♭E 2/4

作词：沈松
作曲：刘永辉

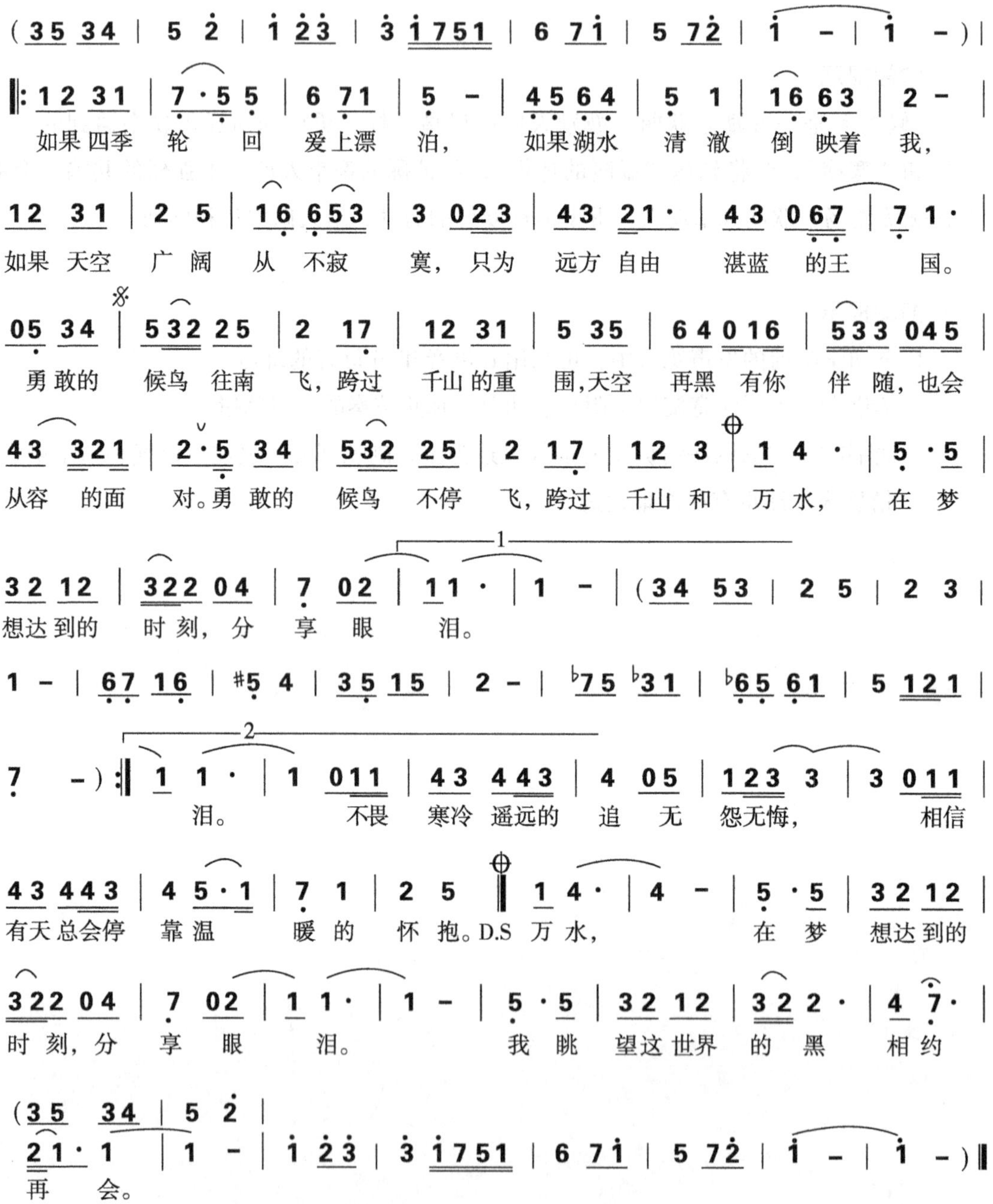

如果四季 轮 回 爱上漂 泊， 如果湖水 清 澈 倒 映着 我，

如果 天空 广 阔 从 不寂 寞， 只为 远方 自由 湛蓝 的王 国。

勇 敢的 候鸟 往南 飞，跨过 千山 的重 围，天空 再黑 有你 伴 随，也会

从容 的面 对。勇 敢的 候鸟 不停 飞，跨过 千山 和 万 水， 在 梦

想达到的 时 刻，分 享 眼 泪。

泪。 不畏 寒冷 遥远的 追 无 怨无悔， 相信

有天总会停 靠 温 暖 的 怀 抱。D.S 万 水， 在 梦 想达到的

时 刻，分 享 眼 泪。 我 眺 望这 世界 的 黑 相 约

再 会。

第四课　歌曲《苔》

>> 欣赏提示

《苔》这首诗由清代才子袁枚所写。歌词表达了作者的人生态度：太阳照不到我，不意味着我没有我的理想、没有精神风貌，我仍然可以欢乐的绽放；即使拥有的不是最多，也不管身处怎样的境况，我依然可以像牡丹花一样快乐的、富有光彩的绽放。歌曲的作曲老师是一个山区支教老师，他为山里的学生们创作了这首歌，在孩子们的心里种下希望的种子，让孩子们找到生命的价值。全曲四三拍节奏，歌谣式的旋律优美动人，朗朗上口。歌词采用胤然体歌词体式，将古诗词与原创白话文相结合，情真意切，让人从中看到了自己，看到希望的涌现和生命的炽热。

>> 演唱提示

1. 歌曲学唱前的发声练习中，可进行 ai 母音字练习打开口腔及咬字归韵。
2. 读谱学习中，要注意附点节奏型的学习，以及三拍子旋律节奏的特点。
3. 高音区的“溪流”和“梦是”较难唱，容易提喉提气，演唱时要注意叹气找高位置完成。

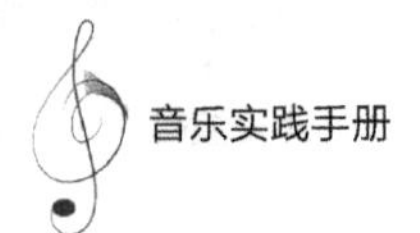

苔

1=D $\frac{3}{4}$
♩=108

[清]袁枚　二水　作词
梁俊　韩雷　作曲

（2 25 21 | 3 2 1 | 2 - 21 | 2 - - | 2 1 21 | 3 2 1 | 5· 1 1 | 7 - - | 2 - 21 |

3 21 | 2 - 21 | 2 1 2 | 2 3 21 | 1 21 | 2· 1 17 | 7 - - ）| 3 3· 3 | 3 4 - |
白日不到处，

2 2· 1 | 2 3 - | 5 5· 3 | 4 4 6 1 | 7 - 2 | 3 - - | 3 3· 3 | 3 4 - | 2 2· 1 |
青春恰自来，苔花如米小，也学牡丹开。白日不到处，青春恰

5 3 - | 5 5· 3 | 4 4 6 1 | 7 - 2 | 1 - - | 2·1 2·1 2 3 | 4 4 5 | 3 - - |
自来，苔花如米小，也学牡丹开。如果没有那次眼泪灌溉，

0 0 0 | 2·1 2·1 2 3 | 4 4 5 | 5 - - | 0 2 1 | 6 - 5 | 6 - 2 1 | 5 - 6 |
也许还是那个懵懂小孩。溪流汇成海，梦站成山

5 - 2 1 | 6 - 6 5 | 2 3 5 | 3 - - | 0 2 1 | 6 - 5 | 6 - 2 1 | 5 - 6 | 5 - 6 5 |
脉，风一来花自然会盛开。梦是指路牌，为你亮起来，所有

2 2 1 | 6 1 2 | 1 - - | 0 0（5 | 5 - - | 5 4 3 | 4 3 1 | 2 - 5 | 5 - - | 4 3 4 |
黑暗为天亮铺排。

5 - - | 5）2 1 | 6 - 5 | 6 - 2 1 | 5 - 6 | 5 - 2 1 | 6 6 6 5 | 2 3 3 5 | 3 - - |
未来已打开，勇敢的小孩，你是拼图不可缺的那一块。

0 2 1 | 6 - 5 | 6 - 2 1 | 5 5 6 | 5 - 6 5 | 2 2 1 | 6 1 2 | 1 - - | 1 0 0 |
世界是纯白，涂满梦的未来，用你的名字命名色彩。

转1=F
3 3· 3 | 3 4 - | 2 2· 1 | 2 3 - | 5 5· 3 | 4 4 6 1 | 7 - 2 | 3 - - |
白日不到处青春恰自来，苔花如米小，也学牡丹开，

3 3· 3 | 3 4 - | 2 2· 1 | 5 3 - | 5 5· 3 | 4 4 6 1 | 7 - 2 | 1 - - | 1 0 0 |
白日不到处，青春恰自来，苔花如米小，也学牡丹开。

3 3· 3 | 3 4 - | 2 2· 1 | 2 3 - | 5 5· 3 | 3 4 6 1 | *rit* 7 - 2 | 1 - - | 1 0 0 ‖
雁声依旧在，年少时对白，耳边音犹在如风暖心怀。

第五课　歌曲《明天你好》

>> 欣赏提示

歌曲《明天你好》通过优美动人的旋律传递给人们一种积极向上的美好愿望，鼓励人们积极面对生活，对生活充满希望和向往。当生活陷入踌躇、困顿，感到前路迷茫时，不要惧怕，努力寻找人生的方向。歌曲旋律动人委婉，反复多次的副歌旋律给人抚慰和温暖。

>> 演唱提示

1. 发声练习中，可用“来”字等与歌曲中句末字韵母相同的字母做练习，打开口腔及咬字归韵。
2. 读谱学习中，要注意休止节拍和切分节奏的学习。
3. 演唱歌曲时，主歌部分以气息下叹说话式的演唱为主，副歌旋律情绪加强，注意打开口腔获得高位置。

明天你好

王海涛　作词
牛奶咖啡　作曲

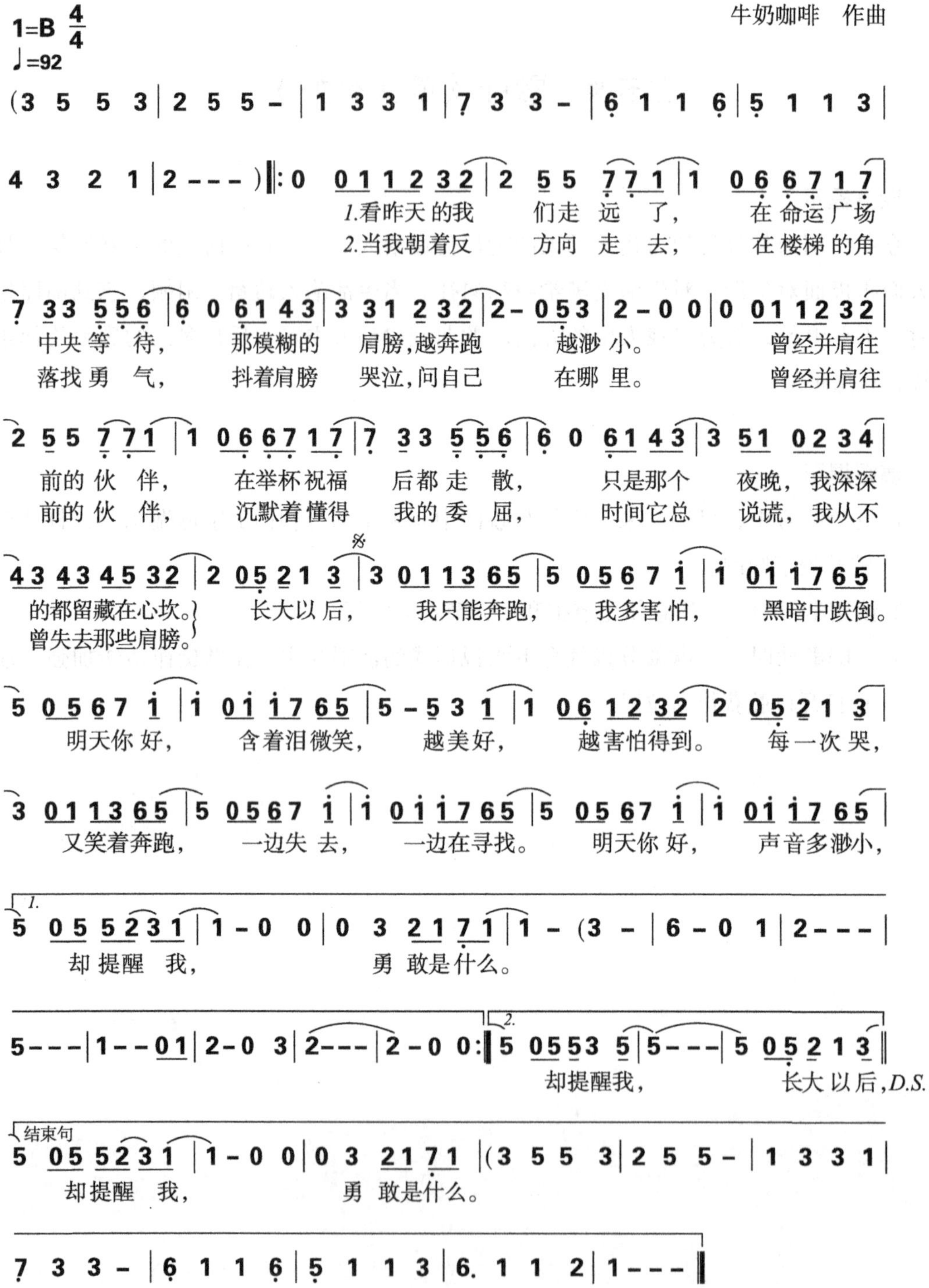

1=B $\frac{4}{4}$
♩=92

(3 5 5 3 | 2 5 5 – | 1 3 3 1 | 7 3 3 – | 6 1 1 6 | 5 1 1 3 |

4 3 2 1 | 2 – – –) ‖: 0 0 1 1 2 3 2 | 2 5 5 7 7 1 | 1 0 6 6 7 1 7 |

1.看昨天的我们走远了，在命运广场
2.当我朝着反方向走去，在楼梯的角

7 3 3 5 5 6 | 6 0 6 1 4 3 | 3 3 1 2 3 2 | 2 – 0 5 3 | 2 – 0 0 | 0 0 1 1 2 3 2 |

中央等待，那模糊的肩膀，越奔跑越渺小。曾经并肩往
落找勇气，抖着肩膀哭泣，问自己在哪里。曾经并肩往

2 5 5 7 7 1 | 1 0 6 6 7 1 7 | 7 3 3 5 5 6 | 6 0 6 1 4 3 | 3 5 1 0 2 3 4 |

前的伙伴，在举杯祝福后都走散，只是那个夜晚，我深深
前的伙伴，沉默着懂得我的委屈，时间它总说谎，我从不

4 3 4 3 4 5 3 2 | 2 0 5 2 1 3 | 𝄋 3 0 1 1 3 6 5 | 5 0 5 6 7 1 | 1 0 1 1 7 6 5 |

的都留藏在心坎。长大以后，我只能奔跑，我多害怕，黑暗中跌倒。
曾失去那些肩膀。

5 0 5 6 7 1 | 1 0 1 1 7 6 5 | 5 – 5 3 1 | 1 0 6 1 2 3 2 | 2 0 5 2 1 3 |

明天你好，含着泪微笑，越美好，越害怕得到。每一次哭，

3 0 1 1 3 6 5 | 5 0 5 6 7 1 | 1 0 1 1 7 6 5 | 5 0 5 6 7 1 | 1 0 1 1 7 6 5 |

又笑着奔跑，一边失去，一边在寻找。明天你好，声音多渺小，

[1.] 5 0 5 5 2 3 1 | 1 – 0 0 | 0 3 2 1 7 1 | 1 – (3 – | 6 – 0 1 | 2 – – – |

却提醒我，勇敢是什么。

5 – – – | 1 – – 0 1 | 2 – 0 3 | 2 – – – | 2 – 0 0 :‖ [2.] 5 0 5 5 3 5 | 5 – – – | 5 0 5 2 1 3 ‖

却提醒我，长大以后，*D.S.*

[结束句] 5 0 5 5 2 3 1 | 1 – 0 0 | 0 3 2 1 7 1 | (3 5 5 3 | 2 5 5 – | 1 3 3 1 |

却提醒我，勇敢是什么。

7 3 3 – | 6 1 1 6 | 5 1 1 3 | 6. 1 1 2 | 1 – – – ‖

第六课　歌曲《星辰大海》

>> 欣赏提示

《星辰大海》是由瞿子千、刘涛、温莨作词，瞿子千、刘涛作曲，黄霄雲演唱的歌曲，发行于 2021 年 1 月 15 日。曲调悠扬、柔和，歌词温暖且富有诗意。整体编曲激昂澎湃，恢宏大气，伴随着旋律洋溢出来的真挚情感耐人寻味，天籁般的高音部分和这首歌曲的意境完美融合。这首歌也表达了面对未知的人生，面对困难，仍会披荆斩棘，向前奔赴。歌词中“我向你奔赴而来，你就是星辰大海”字里行间都是满满的感动，再搭配鼓舞人心的旋律，整首歌像是有了生命一般，让人为之震撼和感动。

>> 演唱提示

1. 歌曲学唱前的发声练习中，主歌部分可采用 la 代替歌词，咬字清晰，跟随准确节奏演唱出来。副歌部分可采用 a 母音代替歌词，保持喉咙和内口腔打开，尤其是在开口音的字如“爱”“海”“来”，都是以 ai 为尾声归韵。
2. 主歌的第二部分“遥遥微光与我同行，盛开在黎明，to your eyes 有多远的距离……”，需要以朗诵的方式，轻轻咬字，伴随旋律、节奏演唱出来。
3. 副歌部分气势磅礴，需要理解歌曲的深层含义：披荆斩棘、乘风破浪，依旧未来可期，演唱者需要有感染力去打动听众。副歌部分，多次反复，层层递进，声音的渲染力应达到最高潮阶段。

星辰大海

1= E 4/4
♩=83

瞿子千、刘涛、温莨 词
瞿子千、刘涛 曲

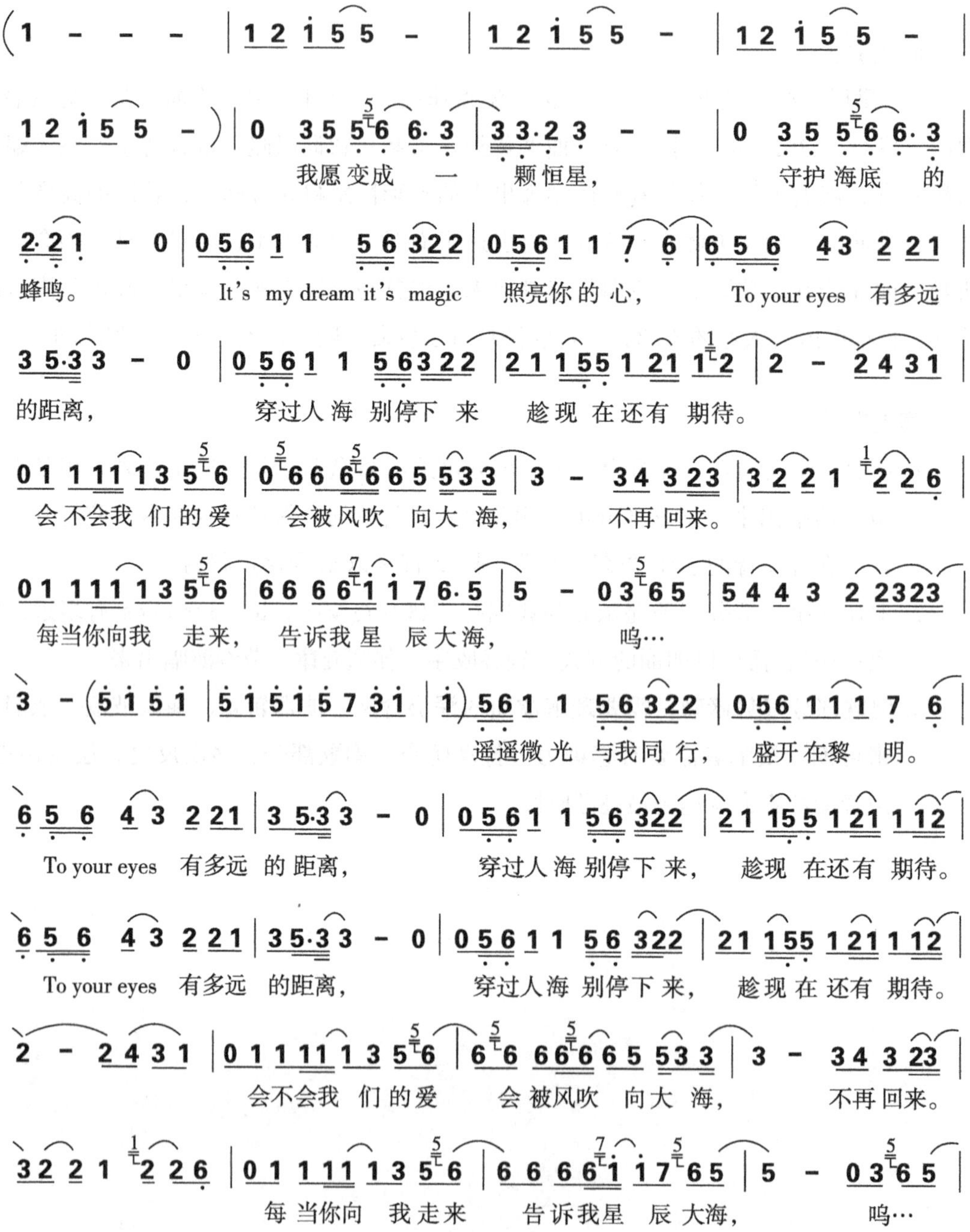

(1 - - - | 1 2 1 5 5 - | 1 2 1 5 5 - | 1 2 1 5 5 - |

1 2 1 5 5 -) | 0 3 5 5 6 6· 3 | 3 3·2 3 - - | 0 3 5 5 6 6· 3 |
我愿变成 一 颗恒星， 守护海底 的

2·2 1 - 0 | 0 5 6 1 1 5 6 3 2 2 | 0 5 6 1 1 7 6 | 6 5 6 4 3 2 2 1 |
蜂鸣。 It's my dream it's magic 照亮你的心， To your eyes 有多远

3 5·3 3 - 0 | 0 5 6 1 1 5 6 3 2 2 | 2 1 1 5 5 1 2 1 1 2 | 2 - 2 4 3 1 |
的距离， 穿过人海 别停下 来 趁现 在还有 期待。

0 1 1 1 1 1 3 5 6 | 0 6 6 6 6 6 5 5 3 3 | 3 - 3 4 3 2 3 | 3 2 2 1 2 2 6 |
会不会我 们的爱 会被风吹 向大 海， 不再 回来。

0 1 1 1 1 1 3 5 6 | 6 6 6 6 1 1 7 6· 5 | 5 - 0 3 6 5 | 5 4 4 3 2 2 3 2 3 |
每当你向我 走来， 告诉我星 辰大海， 呜…

3 - (5 1 5 1 | 5 1 5 1 5 7 3 1 | 1) 5 6 1 1 5 6 3 2 2 | 0 5 6 1 1 1 7 6 |
遥遥微光 与我同 行， 盛开在黎 明。

6 5 6 4 3 2 2 1 | 3 5·3 3 - 0 | 0 5 6 1 1 5 6 3 2 2 | 2 1 1 5 5 1 2 1 1 1 2 |
To your eyes 有多远 的距离， 穿过人海 别停下 来， 趁现 在还有 期待。

6 5 6 4 3 2 2 1 | 3 5·3 3 - 0 | 0 5 6 1 1 5 6 3 2 2 | 2 1 1 5 5 1 2 1 1 1 2 |
To your eyes 有多远 的距离， 穿过人海 别停下 来， 趁现 在 还有 期待。

2 - 2 4 3 1 | 0 1 1 1 1 1 3 5 6 | 6 6 6 6 6 6 5 5 3 3 | 3 - 3 4 3 2 3 |
会不会我 们的爱 会 被风吹 向大 海， 不再 回来。

3 2 2 1 2 2 6 | 0 1 1 1 1 1 3 5 6 | 6 6 6 6 1 1 7 6 5 | 5 - 0 3 6 5 |
每 当你向 我走来 告诉我星 辰 大海， 呜…

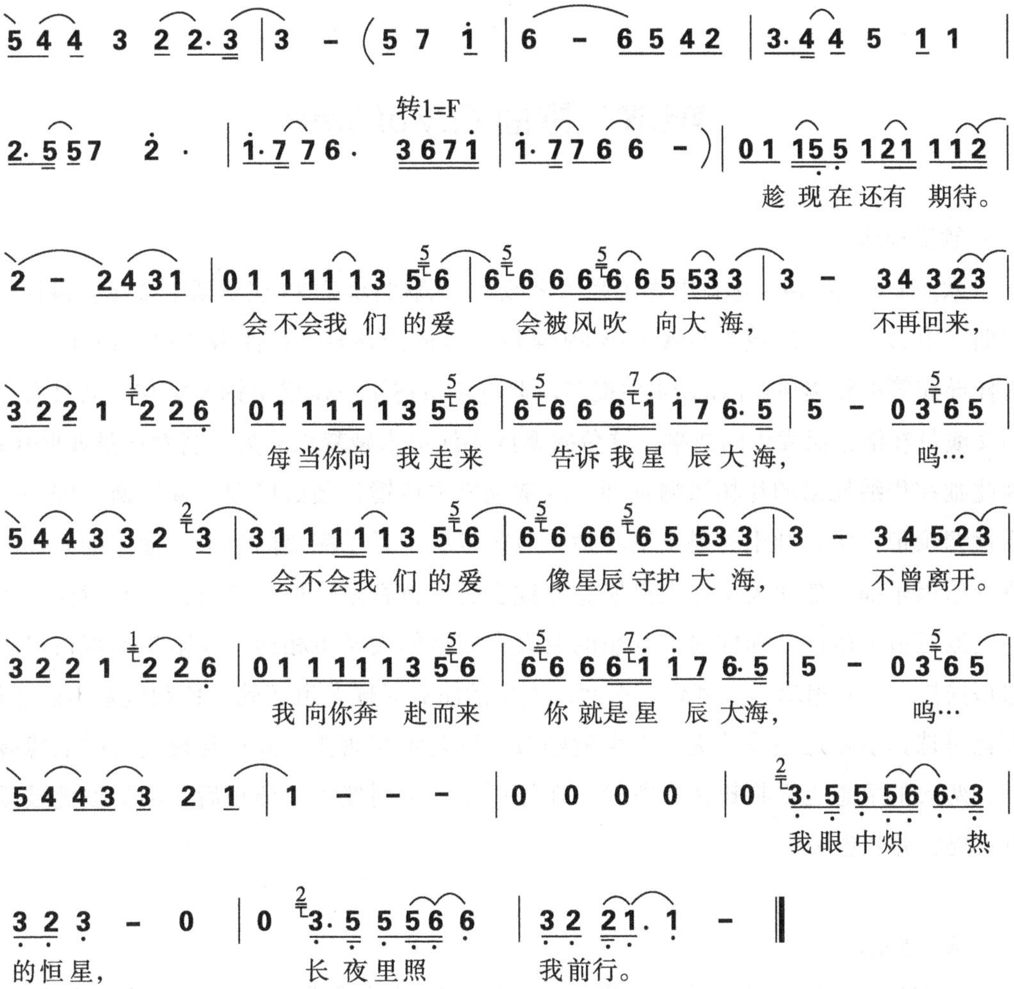

转1=F

趁现在还有 期待。

会不会我们的爱 会被风吹 向大海， 不再回来，

每当你向 我走来 告诉我星 辰大海， 呜…

会不会我们的爱 像星辰守护大 海， 不曾离开。

我向你奔 赴而来 你就是星 辰大海， 呜…

我眼中炽 热

的恒星， 长夜里照 我前行。

第七课　歌曲 *City of Stars*

>> 欣赏提示

歌曲 *City of Stars* 选自电影《爱乐之城》，此歌曲获第 89 届奥斯卡金像奖最佳原创歌曲。电影《爱乐之城》斩获了第 89 届奥斯卡最佳导演、最佳男主角、最佳女主角、最佳导演等重要奖项在内的 14 项提名。此电影讲述了一位爵士钢琴家与一名具有抱负的女演员在洛杉矶发生的故事。这位寂寥的小演员米娅梦想成为一名女演员兼剧作家。因此她在华纳兄弟的片场当咖啡师，经常翘班去试镜，屡试屡败。塞巴斯蒂安是一名系丝绸领带，优雅绅士的爵士钢琴师，对艺术有着近乎完美的追求。他想拥有一间古典音乐俱乐部。然而大多数人更愿意花钱去听流行音乐，他违背自己内心意愿加入了一支流行爵士乐队。同样追求梦想的两人在熙攘的大城市相遇，在陌生的城市里相互慰藉扶持，一起追求毕生梦想。然而，人生的路有时候背道而驰，鱼和熊掌不能兼得，究竟是选择事业还是爱情呢？人生就好似一场艺术与商业、梦想与现实之间的朦胧博弈。两人的情感也面临抉择和考验，在经历了一系列挫折、分歧后，他们彼此鼓励对方不要放弃梦想……

>> 演唱提示

1. 首先这首曲子的旋律比较平稳，多以二度递减或递进构成。把握音准是重点，因此建议先用 la- 来哼鸣全曲，注意打开内口腔。
2. 识谱练习中，注意复杂节奏型如：切分节奏、附点节奏、延长音、三连音等。
3. 此曲的难点在于英文演唱，注意区分重读音节和不发音的辅音字母。首先请正确读出词语，其次将词组连成句子带入正确的旋律中进行连读。
4. 请根据提示进行难点练习（字母下带点表示弱读；单词加下划线代表连读；辅音字母加删除线代表不发音）。

City of stars
Are you shining just for me?
City of stars
There's so much that I can't see
Who knows?
I felt it from the first embrace I shared with you
That now our dreams
They've finally come ture
City of stars
Just one thing everybody wants
There in the bars
And through the smokescreen of the crowded restaurants， it's love
Yes， all we're looking for is love from someone else
Look in somebody's eyes
To light up the skies
To open the world and send them reeling
A voice that says I'll be here
And you'll be alright
I don't care if know just where I will go
Cause all that I need this crazy feeling
A rat-tat-tat on my heart
Think I want it to stay.

City of Stars

1= F 4/4

Moderately

Benj Pasek 词
Justin Hurwitz 曲

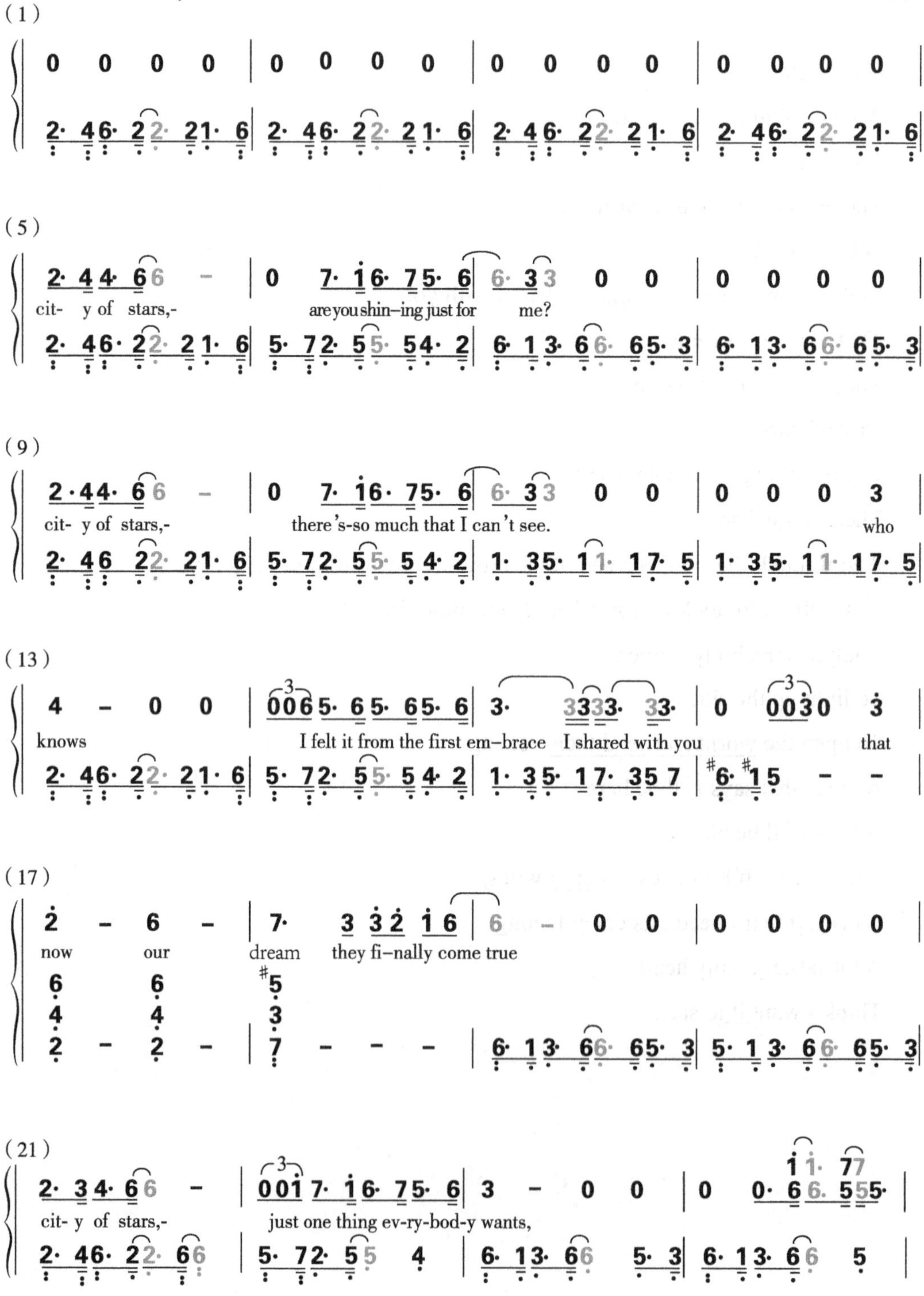

(1)

(5)

cit- y of stars,- are you shin–ing just for me?

(9)

cit- y of stars,- there's-so much that I can't see. who

(13)

knows I felt it from the first em–brace I shared with you that

(17)

now our dream they fi–nally come true

(21)

cit- y of stars,- just one thing ev-ry-bod-y wants,

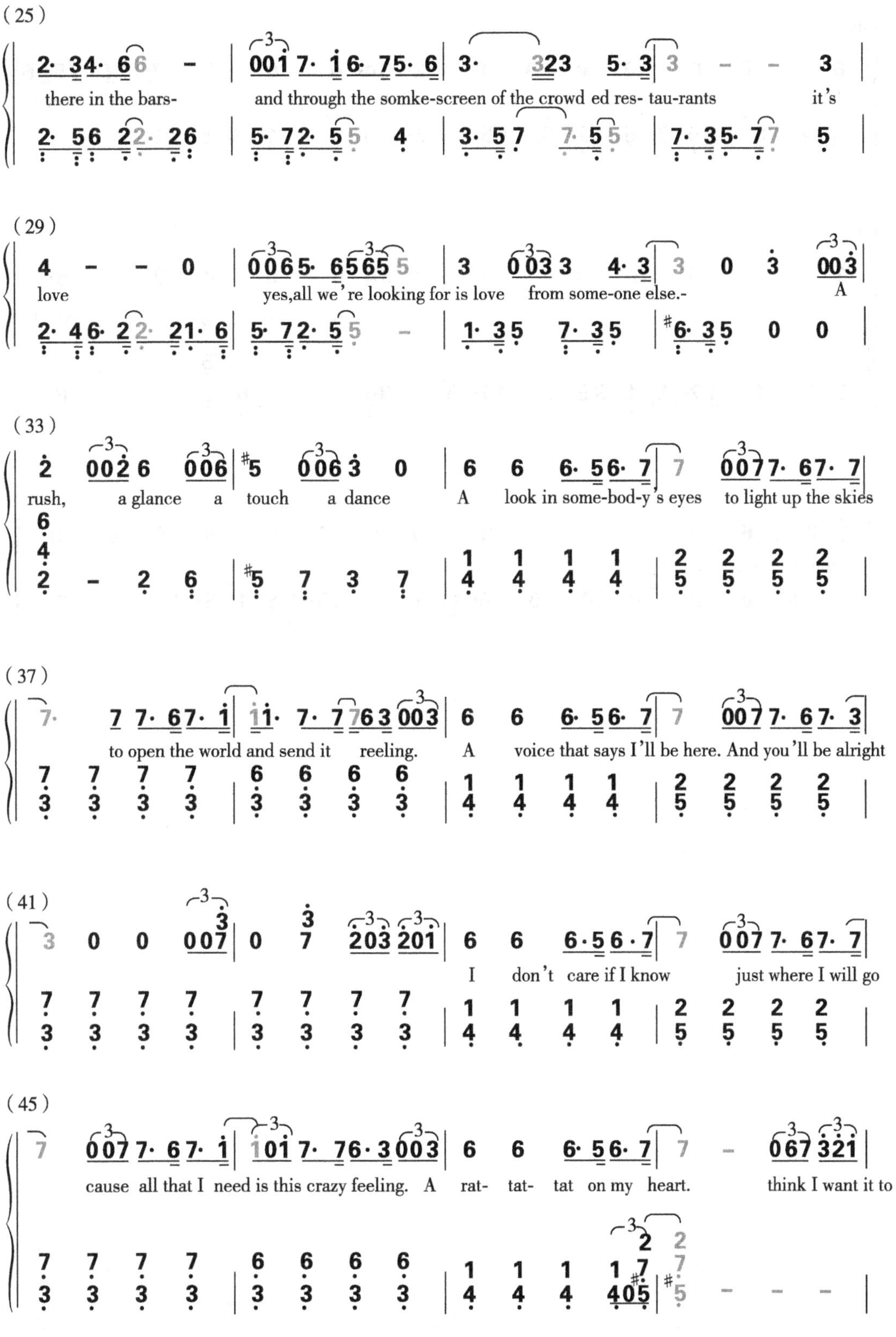

(25)

there in the bars- and through the somke-screen of the crowd ed res- tau-rants it's

(29)

love yes,all we're looking for is love from some-one else.- A

(33)

rush, a glance a touch a dance A look in some-bod-y's eyes to light up the skies

(37)

to open the world and send it reeling. A voice that says I'll be here. And you'll be alright

(41)

I don't care if I know just where I will go

(45)

cause all that I need is this crazy feeling. A rat- tat- tat on my heart. think I want it to

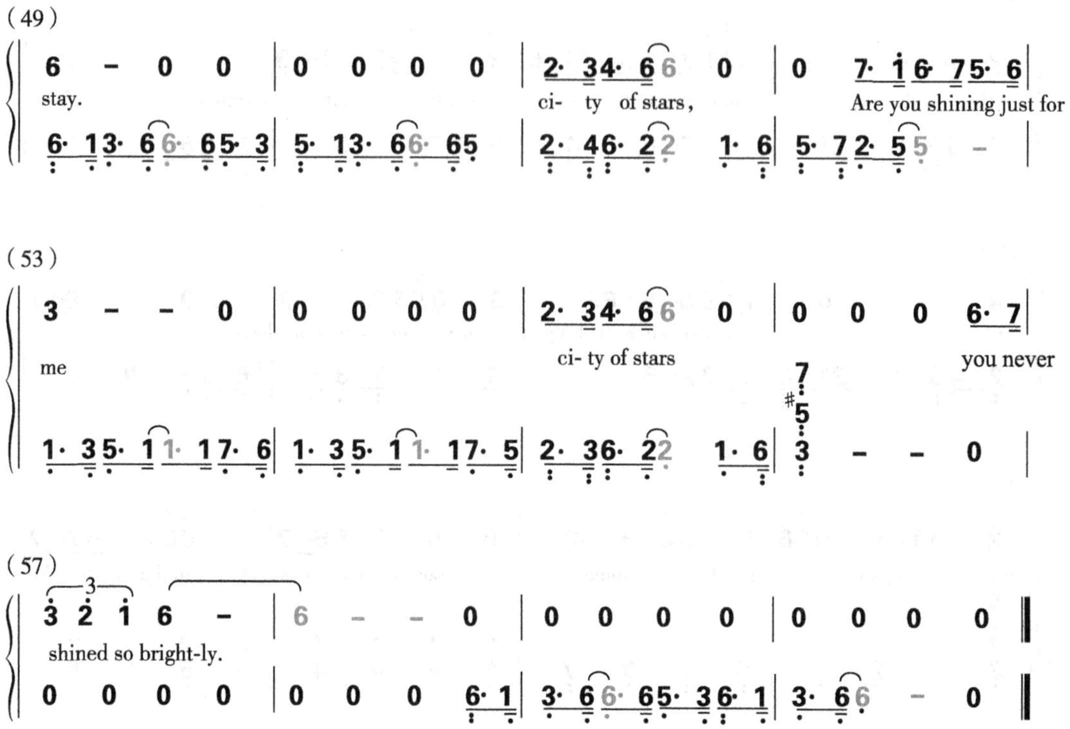

(49)

stay. ci- ty of stars, Are you shining just for

(53)

me ci- ty of stars you never

(57)

shined so bright-ly.

第八课　歌曲 *Do-Re-Mi*

>> 欣赏提示

Do-Re-Mi 是经典音乐剧《音乐之声》的主题曲之一，是主人公玛利亚教授给七个孩子们的第一首歌，打开了孩子们在军事家庭禁锢多年的浪漫和想象。这首歌曲的旋律简单，内容活泼，歌词积极向上，也成了音乐启蒙歌，在世界各地广泛流传。

该歌曲把七个基本音符串联在一起，旋律悦耳动听，寓教于乐。歌词将音符与动物、茶点、阳光等生活中常见的事物联系起来，易学易记，生动地描述了音符和生活之间的联系，音乐朗朗上口，并充满了童真和欢乐。从 do，re，mi，fa，sol，la，si 这七个音，让我们看到了音符神奇的魅力，感受到了音乐带给我们生活的美好。

>> 演唱提示

1. 演唱选段前，先了解整部音乐剧《音乐之声》的主要内容，并明确选段 *Do-Re-Mi* 的剧中所在位置和主人公玛利亚和七个孩子在演唱时的情绪状态。
2. 读谱学习时，注意曲谱中的附点音符，可边拍打节奏，边朗读歌词。
3. 演唱时尽量多结合气息、运用真声，用说话的方式进行歌词诉说，找准语气感。并借助身体的力量进行歌唱，让歌声更富有人物角色的情感。

Do-Re-Mi

1=D $\frac{2}{4}$
活泼、轻快地

奥斯卡·哈默斯坦　词
理查德·罗杰斯　曲
贺锡德　译配

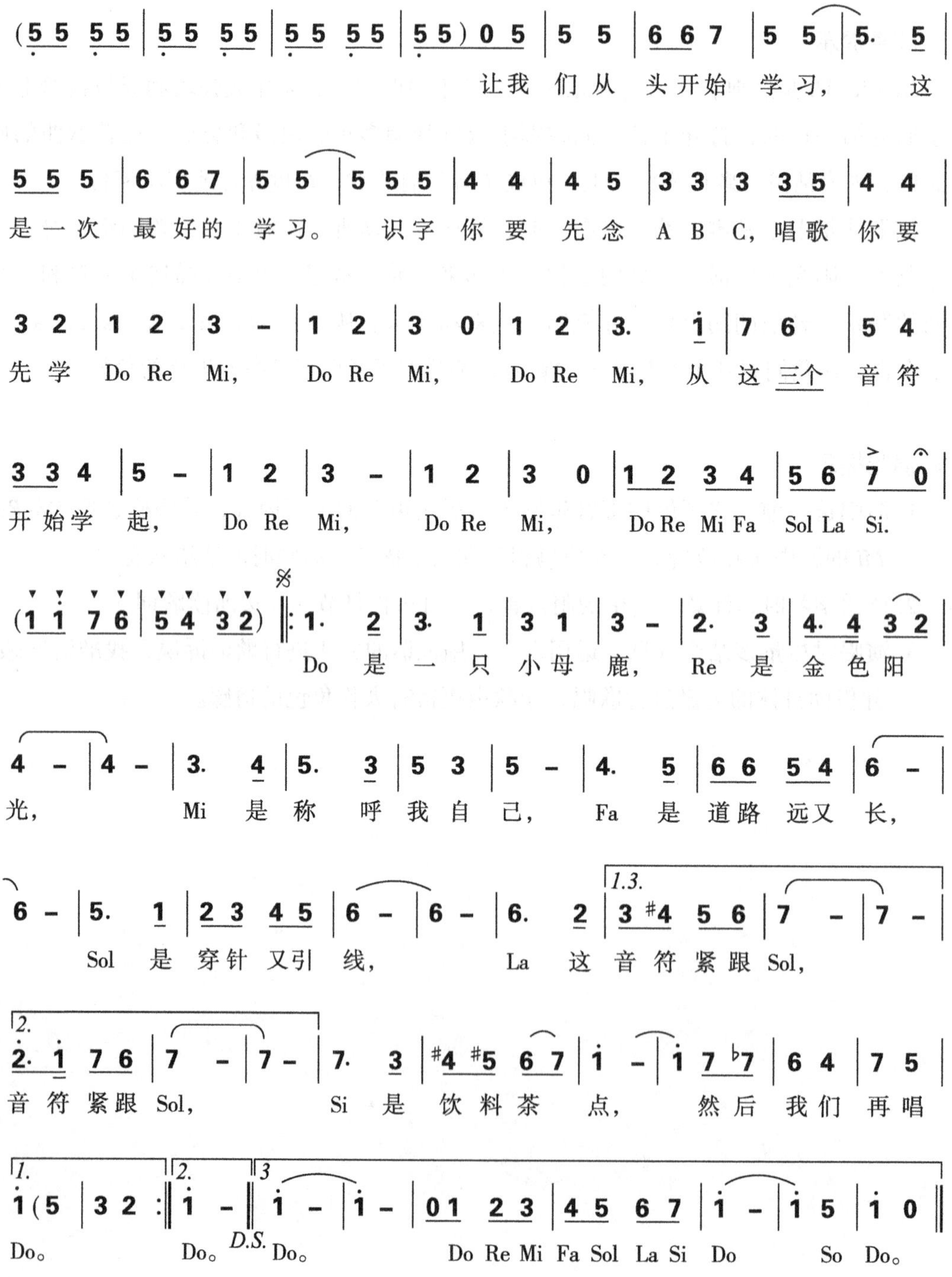

(5 5 5 5 | 5 5 5 5 | 5 5 5 5 | 5 5) 0 5 | 5 5 | 6 6 7 | 5 5 | 5· 5 |
让我 们从 头开始 学 习， 这

5 5 5 | 6 6 7 | 5 5 | 5 5 5 | 4 4 | 4 5 | 3 3 | 3 3 5 | 4 4 |
是一次 最好的 学 习。 识字 你 要 先 念 A B C，唱歌 你 要

3 2 | 1 2 | 3 - | 1 2 | 3 0 | 1 2 | 3. 1 | 7 6 | 5 4 |
先 学 Do Re Mi， Do Re Mi， Do Re Mi， 从 这 三个 音 符

3 3 4 | 5 - | 1 2 | 3 - | 1 2 | 3 0 | 1 2 3 4 | 5 6 7 0 |
开始学 起， Do Re Mi， Do Re Mi， Do Re Mi Fa Sol La Si.

(1 1 7 6 | 5 4 3 2) 𝄋 ‖: 1. 2 | 3. 1 | 3 1 | 3 - | 2. 3 | 4. 4 3 2 |
Do 是 一 只 小 母 鹿， Re 是 金 色 阳

4 - | 4 - | 3. 4 | 5. 3 | 5 3 | 5 - | 4. 5 | 6 6 5 4 | 6 - |
光， Mi 是 称 呼 我 自 己， Fa 是 道 路 远 又 长，

6 - | 5. 1 | 2 3 4 5 | 6 - | 6 - | 6. 2 |[1.3.] 3 #4 5 6 | 7 - | 7 - |
Sol 是 穿 针 又 引 线， La 这 音 符 紧 跟 Sol，

[2.] 2. 1 7 6 | 7 - | 7 - | 7. 3 | #4 #5 6 7 | 1 - | 1 7 b7 | 6 4 | 7 5 |
音 符 紧 跟 Sol， Si 是 饮 料 茶 点， 然 后 我 们 再 唱

[1.] 1 (5 | 3 2 :‖ [2.] 1 - ‖ [3.] 1 - | 1 - | 0 1 2 3 | 4 5 6 7 | 1 - | 1 5 | 1 0 ‖
Do。 Do。 D.S. Do。 Do Re Mi Fa Sol La Si Do So Do。

第九课　歌曲《雪绒花》

>> 欣赏提示

《雪绒花》(*Edelweiss*)是音乐剧《音乐之声》中的著名歌曲，是一首抒情的男生吉他弹唱曲，采用乡村音乐的演唱风格。这首歌曲调朴实感人，对奥地利国花“雪绒花”的赞美象征着人民渴望幸福、安宁的生活。这首歌在影片中一共出现两次，第一次是上校演唱此曲表达对孩子们的关爱和对女家庭教师的接纳。第二次是在音乐节上，用来抒发奥地利人民对祖国的热爱之情。在当时的社会背景下，象征和平美好的雪绒花与纳粹的侵略统治形成了鲜明的对比，给这部轻松活泼的音乐剧增加了凝重感，展现出了严肃、深刻、崇高的内涵，使音乐剧的主题得到了升华。

>> 演唱提示

1. 演唱选段前，先了解整部音乐剧《音乐之声》的主要内容，并明确选段《雪绒花》的剧中所在位置和主人公上校在演唱时的情绪状态。
2. 读谱学习时，注意三拍子的强弱规律和附点音符。
3. 演唱时多结合气息，可先将“WU”母音代入歌唱，体会乐段 legato(连贯)的感觉，建立起良好的共鸣状态，并注意歌曲情感的表达。

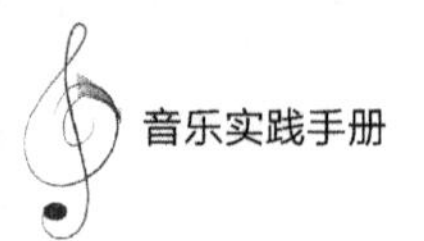

雪绒花

1=C $\frac{3}{4}$
每分钟61拍

奥斯卡·哈默斯坦 作词
理查德·罗杰斯 作曲
章珍芳 译配

3 – 5 | 2̇ – – | 1̇ – 5 | 4 – – | 3 – 3 | 3 4 5 |
E- del- weiss, E- del- weiss, Ev- ery morn- ing you
雪 绒 花， 雪 绒 花， 每 天 清 晨 欢

6 – – | 5 – – | 3 – 5 | 2̇ – – | 1̇ – 5 | 4 – – |
greet me. Small and white, Clean and bright,
迎 我。 小 而 白， 纯 又 美，

3 – 5 | 5 6 7 | 1̇ – – | 1̇ – – | 2̇ 0 0 5 5 |
You look hap- py to meet me. Blos- som of
总 很 高 兴 遇 见 我。 雪 似 的

7 6 5 | 3 – 5 | 1̇ – – | 6 – 1̇ | 2̇ – 1̇ | 7 – 7 |
snow may you bloom and grow, Bloom and grow fo- re-
花 朵 深 情 开 放， 愿 永 远 鲜 艳 芬

5 – – | 3 – 5 | 2̇ – – | 1̇ – 5 | 4 – – | 3 – 5 |
ver. E- del- weiss, E- del- weiss, Bless my
芳。 雪 绒 花， 雪 绒 花， 为 我

5 6 7 | I. 1̇ – – | 1̇ – 0 :‖ II. 1̇ – – | 1̇ – – ‖
home- land for- ev- er.
祖 国 祝 福 吧！

第十课　歌曲《夜空中最亮的星》

>> 欣赏提示

歌曲《夜空中最亮的星》是逃跑计划演唱的一首歌，由逃跑计划填词谱曲，收录于逃跑计划于 2011 年发行的首张专辑《世界》中。这首歌唱着青春的梦想，带着年轻的底气与冲劲，向每一颗年轻的心展示着热爱的力量。歌中投射出来的恬静意境与浪漫情怀，让人动容。每一个聆听者都会从歌中感受到那一些对于梦想、理想的坚持与追随。

>> 演唱提示

1. 发声练习中，主歌部分可用“YI”母音代入，找到真声的演唱状态。副歌部分可代入“打嘟噜”的气息训练方式，加强气息的流动性。
2. 读谱学习中，要注意跨小节的连线节奏及切分节奏的学习。
3. 演唱歌曲时，注意主歌部分和副歌部分的对比性，例如音色、力度、情绪上的变换，从而突出歌曲本身所表达的意境。

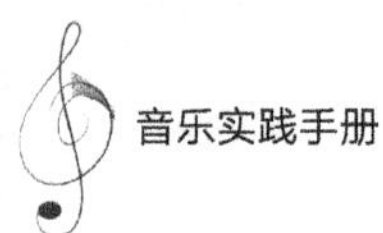

夜空中最亮的星

1=B 4/4
♩=110

逃跑计划 词曲

3 2 3 2 3 5 5 | 5 - - 0 5 | 1· 2 2 1 | 1 - - 0 1 | 1 2 3 1 1 0 6 |
夜空中最亮的星 能否听清， 那仰望的人心

1 2 3 1 1 0 6 | 2· 3 3 - | 0 0 0 0 5 | 3 2 3 2 3 5 5 |
底的孤独 和叹息？ 哦夜空中最亮的星

5 - - 0 5 | 1· 2 2 1 | 1 - - 0 1 | 2 2 3 1 1 0 6 | 2 2 3 1 1 0 6 |
能否记起， 曾与我同行 消失在风里 的

5· 3 3 3 4 | 5 - 5 3 2 | 1 1 1 1 6 5 | 5 6 6 6 1 2 |
身影？ 我祈祷拥有一颗透明的心灵和会

3 5 5 5 1 2 | 2 - 1 - | 0 1 1 1 1 6 5 | 5 6 6 6 1 2 |
流泪的眼睛， 给我再去相信的勇气越过

3 5 5 5 3 2 | 2 - 3 2 1 | 1 1 1 1 6 5 |
谎言去拥抱你。 每当我找不到存在

5 6 6 6 1 1 2 | 3 5 5 5 1 2 | 2 - 0 2 3 1 | 1 1 1 1· 6 |
的意义，每当我迷失在黑夜里， 哦 夜空中最

5 6 6 6 1 2 | 3 5 5 5 3 2 | 2 - - - | (0 1 2 3 | 1 2 3 5 | 0 1 2 3 |
亮的星，请指引我靠近你。

1 2 3 5) | 3 2 3 2 3 5 5 | 5 - - 0 5 | 1· 2 2 1 | 1 - - 0 1 |
夜空中最亮的星 是否知道， 曾

1 2 3 1 1 0 6 | 1 2 3 1 1 0 6 | 2· 3 3 - | 0 0 0 0 5 |
与我同行 的身影如今 在哪里？ 哦

3 2 3 2 3 5 5 | 5 - - 0 5 | 1· 2 2 1 | 1 - - 1 1 |
夜空中最亮的星 是否在意， 是等

2 2 3 1 1 0 6 | 2 2 3 1 1 0 5 | 3 - - 3 4 | 5 - 5 3 2 |
太阳升起 还是意外先 来临？ 我宁愿

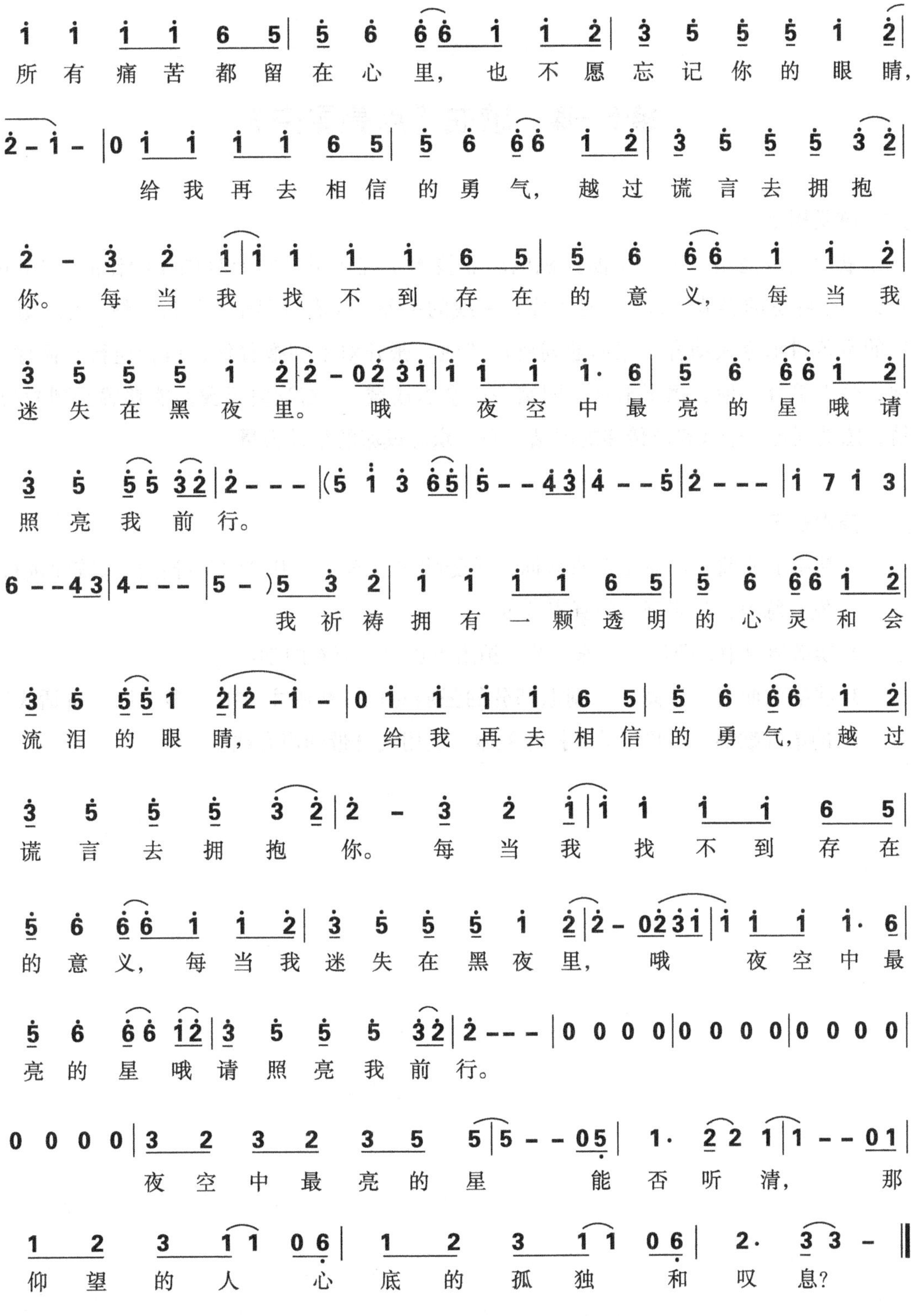

所有痛苦都留在心里，也不愿忘记你的眼睛，

给我再去相信的勇气，越过谎言去拥抱

你。每当我找不到存在的意义，每当我

迷失在黑夜里。哦　夜空中最亮的星哦请

照亮我前行。

我祈祷拥有一颗透明的心灵和会

流泪的眼睛，给我再去相信的勇气，越过

谎言去拥抱你。每当我找不到存在

的意义，每当我迷失在黑夜里，哦　夜空中最

亮的星哦请照亮我前行。

夜空中最亮的星　能否听清，那

仰望的人　心底的孤独　和叹息？

第十一课　歌曲《点亮星空》

>> 欣赏提示

歌曲《点亮星空》是由浙江机电职业技术学院音乐老师於筱创作的作品。2020年，一个特殊的春节，为了守护大家，一线的医务工作者拼尽全力抵抗疫情，他（她）们的辛苦付出令人动容。正如歌词所述“他，张开双手拥抱着你，勇者逆行奔向你。她，带上笑容，他，擦干泪水，团结一心众志成城。”在歌曲里我们能够感受到爱与情，感受到每一个音符所传递的团结一心、众志成城的精神力量。

>> 演唱提示

1. 演唱歌曲前，可通读全曲歌词，感受歌词情感。可用“YI”母音代入旋律进行发声练习，找到舒适的真声位置。
2. 读谱学习中，要注意三连音及一拍附点连二八节奏的学习。
3. 演唱歌曲时，注意主、副歌部分的强弱对比。演唱主歌时，多采用“讲话式”的语气歌唱。演唱副歌要打开腔体，运用气息带动声音线条。

点亮星空

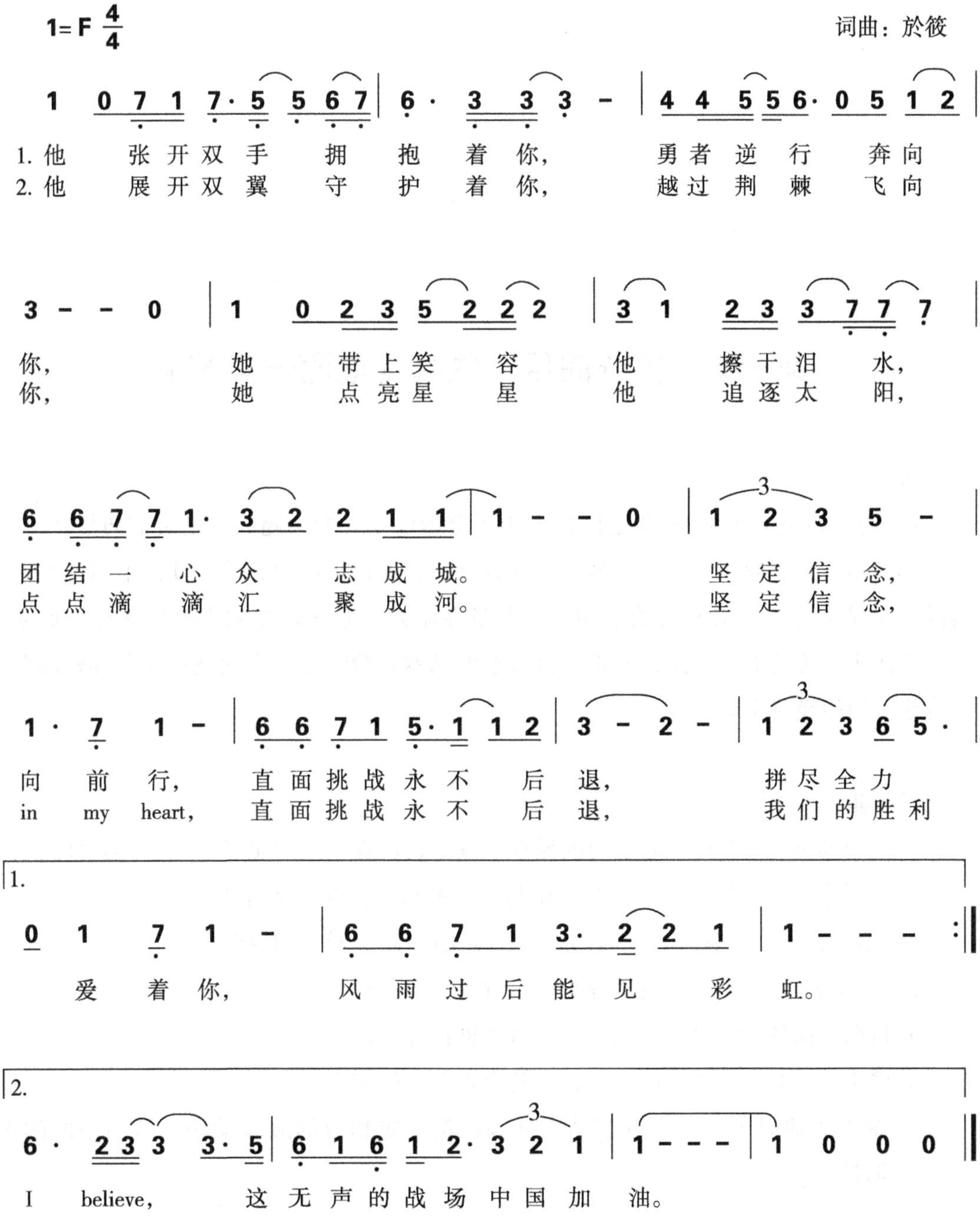

1= F $\frac{4}{4}$

词曲：於筱

1. 他 张开双手 拥 抱 着 你， 勇者 逆 行 奔向
2. 他 展开双翼 守 护 着 你， 越过 荆 棘 飞向

你， 她 带上笑 容 他 擦干泪 水，
你， 她 点亮星 星 他 追逐太 阳，

团 结 一 心 众 志 成 城。 坚 定 信 念，
点 点 滴 滴 汇 聚 成 河。 坚 定 信 念，

向 前 行， 直 面 挑 战 永 不 后 退， 拼 尽 全 力
in my heart， 直 面 挑 战 永 不 后 退， 我 们 的 胜 利

1.
爱 着 你， 风 雨 过 后 能 见 彩 虹。

2.
I believe， 这 无 声 的 战 场 中 国 加 油。

古筝演奏

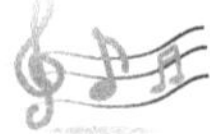

第一课　传统曲目　独奏《沧海一声笑》

>> 欣赏提示

《沧海一声笑》是 1990 年上映的电影《笑傲江湖》的主题曲，由黄霑巧妙地将中国传统音乐“宫、商、角、徵、羽”的五音排序，演化成旋律起伏、朗朗上口的小调，再配上豪情满怀、气盖云天的歌词，一种身在高处、心却坦然的强大气场扑面而来。该曲使用中国传统五声音阶，非常符合古筝的基本音阶特点，全曲技巧与节奏较简单，是古筝入门的经典作品之一。

>> 演奏提示

1. 指法提示“乚”托，大指向内弹奏（以下指法提示均以手掌为内），演奏时大指小关节请勿松懈，注意古筝义甲与琴弦的角度要保持平行状态。
2. 指法提示“丶”抹，食指向内弹奏，演奏时小关节请勿折指。
3. 本曲技巧较为简单，注意乐曲的旋律性与整体性。
4. 按照乐曲的旋律进行分句，练习时可进行分句进行。
5. 演奏该曲时注意节奏的掌握，尤其附点节奏的演奏。
6. 演奏乐曲时可在每个分句结束处添加抬手等相应的肢体动作，增加乐曲的表演性。

沧海一声笑

黄霑　曲

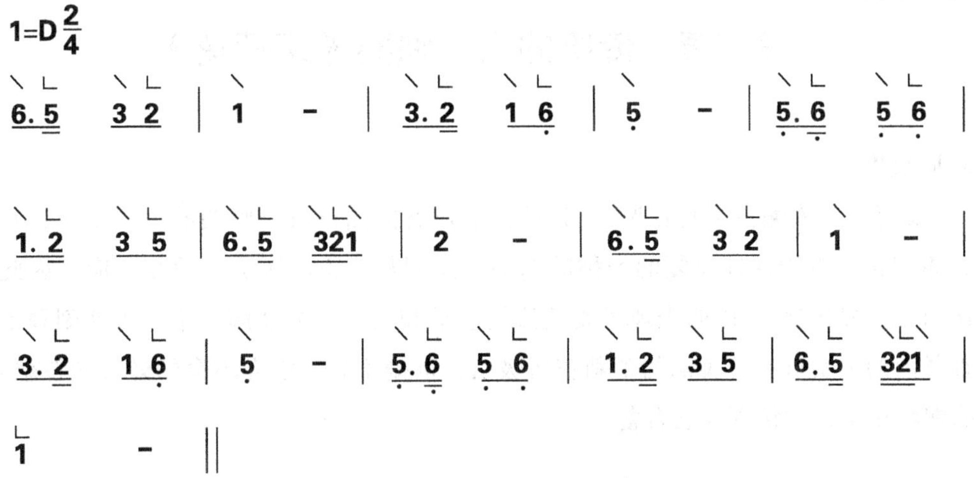

1=D $\frac{2}{4}$

6. 5　3 2 | 1　- | 3. 2　1 6 | 5　- | 5. 6　5 6 |

1. 2　3 5 | 6. 5　321 | 2　- | 6. 5　3 2 | 1　- |

3. 2　1 6 | 5　- | 5. 6　5 6 | 1. 2　3 5 | 6. 5　321 |

1　- ||

第二课　传统曲目　独奏《茉莉花》

>> 欣赏提示

《茉莉花》改编自《鲜花调》，该曲的五声音阶曲调具有鲜明的民族特色，它流畅的旋律和包含着周期性反复的匀称的结构，又能与西方的审美习惯相适应，因此其能够在西方世界传播 。该曲表现了委婉流畅、柔和与优美的江南风格，生动刻画了一个文雅贤淑的少女被芬芳美丽的茉莉花所吸引，欲摘不忍，欲弃不舍的爱慕和眷恋之情。全曲婉转精美，感情深厚又含蓄 。

>> 演奏提示

1. 指法提示“⌒”勾，中指向内弹奏，演奏时注意大关节的把控请勿大关节用力过度，产生打弦的情况。
2. 指法提示“⊏”大撮，大指中指同时向内弹奏，注意两个手指要同时弹奏发音。
3. 在练习本该曲之前可先增加勾托分指练习，以帮助大撮指法弹奏。
4. 乐曲篇幅短小，技巧较为简单，演奏时需注意情感的把握。
5. 注意乐句之间的衔接，气口需要与肢体动作相结合。
6. 注意演奏时情绪的连贯性。

茉莉花

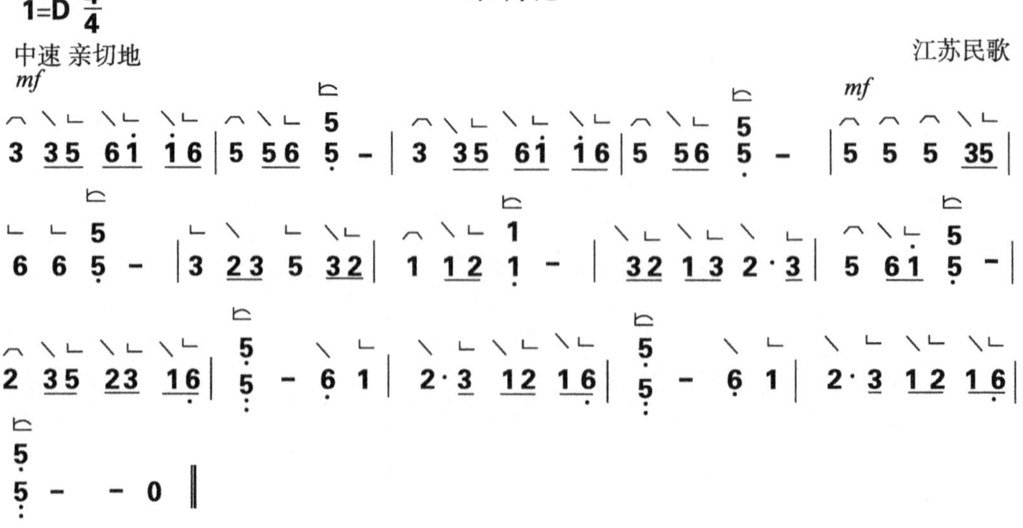

1=D $\frac{4}{4}$

中速 亲切地

江苏民歌

mf

3 35 61 16 | 5 56 5 - | 3 35 61 16 | 5 56 5 - | *mf* 5 5 5 35 |

6 6 5 - | 3 23 5 32 | 1 12 1 - | 32 13 2·3 | 5 61 5 - |

2 35 23 16 | 5 - 6 1 | 2·3 12 16 | 5 - 6 1 | 2·3 12 16 |

5 - - 0 ‖

第三课　传统曲目　独奏《关山月》

>> 欣赏提示

《关山月》，原为中国古琴曲，后移植改编为古筝曲，1990 年琴家谢孝苹发表《海外发现〈龙吟馆琴谱〉孤本》一文，详述了在荷兰莱顿大学图书馆发现《龙吟馆琴谱》孤本的过程，并在该琴谱中发现《关山月》，与《梅庵琴谱》中王燕卿所传《关山月》基本一致。古筝曲《关山月》曲子短小，曲风古朴大气，多用连续性大指弹奏，演奏时注意连贯性。

>> 演奏提示

1. 指法提示“---”连续符号，延续使用前一指法，以贴弦形式向一个方向连续弹数弦。
2. 指法提示“〰”揉弦，左手在雁柱左侧上下缓慢揉动该弦，演奏时注意揉弦频率不要过快，在揉弦结束时左手要放回空弦处，切勿改变音高。
3. 指法提示“⊑”八度双托，弹奏时在大撮的指法基础上再加上大指连托，该指法有一定的难度，建议学生先单独练习该指法，以保证连贯弹奏乐曲。
4. 注意弹奏中指连勾“⌢-----”时小关节始终保持突出状态，把握节奏的准确性。
5. 曲中多次出现八度大滑音，一般情况下整体音准容易偏低，注意加强左手按弦力度。

关山月

1=D $\frac{4}{4}$　　　　琴曲移植

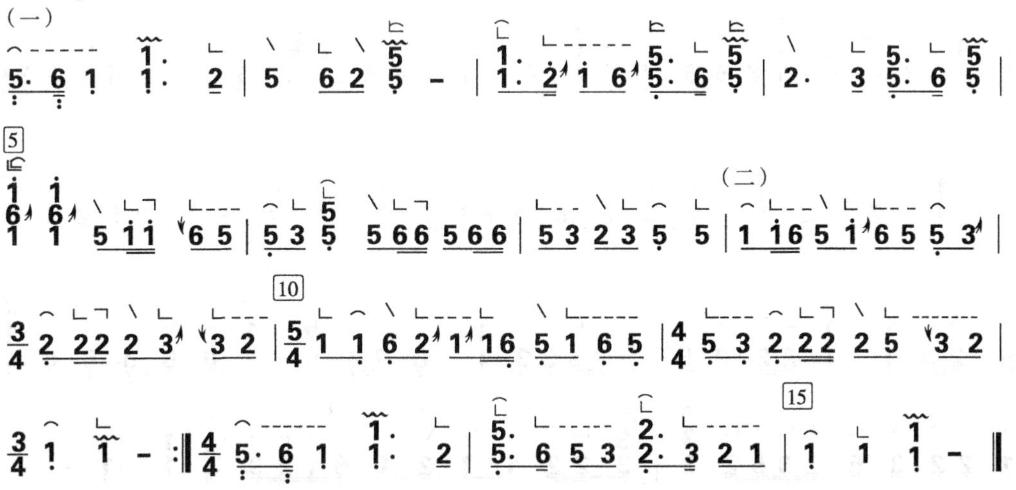

（一）

（二）

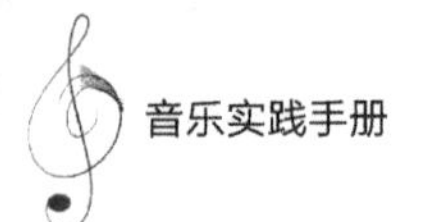

第四课 传统曲目 独奏《千声佛》

>> 欣赏提示

此曲形容深庵寺院中、青灯古佛旁，僧侣诵经不绝，佛声幽远绵长的景象。《千声佛》用作赞佛之音声，曲调有优美柔和，清静淡雅、静穆。演奏时，宜缓慢稳重，才会有庄严肃穆的感觉。此外，需注意全曲左手永远跟着低音部，以揉弦的方式营造效果。

>> 演奏提示

1. 指法提示“㇕”劈，大指向外弹奏，弹奏该指法时需要与“ㄴ”指法弹奏保持同样音量。
2. 注意乐曲的分段，练习时可分段进行。
3. 本曲曲风清幽，左手揉弦需要松弛。
4. 5653 弹奏时注意食指与大指衔接迅速，大指连托速度不要过快，四个音要保持相同速度。

千声佛

1=D 4/4
慢板

梁在平 传谱
曹正 订谱

(一)

1 1 2 33 5 | 16 53 56 1 | 65 1616 53 5 | 56 36 53 235 |

5

1 1 2 33 5 | 16 56 5653 2 | 51 65 3523 1 |

(二)

6123 1 1 22 35 | 3523 1 6 16 5 | 10 1 6 5 5 5 6 1 |

1 22 35 2352 3 | 3 22 13 21 6123 :‖ 1 1 - - ‖

第五课　传统曲目　独奏《北京的金山上》

>> 欣赏提示

《北京的金山上》是一首藏族民风的歌曲，据说其原曲是一支古老的酒歌，一般用于宗教仪式。新编歌词以后的《北京的金山上》在中国大地的每个角落唱响，一首短小明快的歌曲竟然有着如此强大而久远的生命力，让人不胜感慨。后经李贤德改编为古筝乐曲。

>> 演奏提示

1. 指法提示“↗”上滑音，右手弹完后，左手随即在雁柱左侧按下该弦。
2. 该乐曲中出现了大量连托加上滑音，在弹奏时要注意第一个连托上滑音演奏完，左手切勿马上放回，从而改变音高。
3. 本曲曲风轻快活泼，弹奏该曲时需加强颗粒性。
4. 乐曲多次出现反复记号，演奏时注意区分不同的反复。
5. 乐曲中出现大量连托指法，演奏时需要注意连贯性。
6. 演奏连续性相同音形时，注意强弱做渐强处理，右手在弦中向弦右侧移动弹奏，身体由强弱变化从半弯曲向直立做变化。

北京的金山上

西藏民歌
李贤德编配

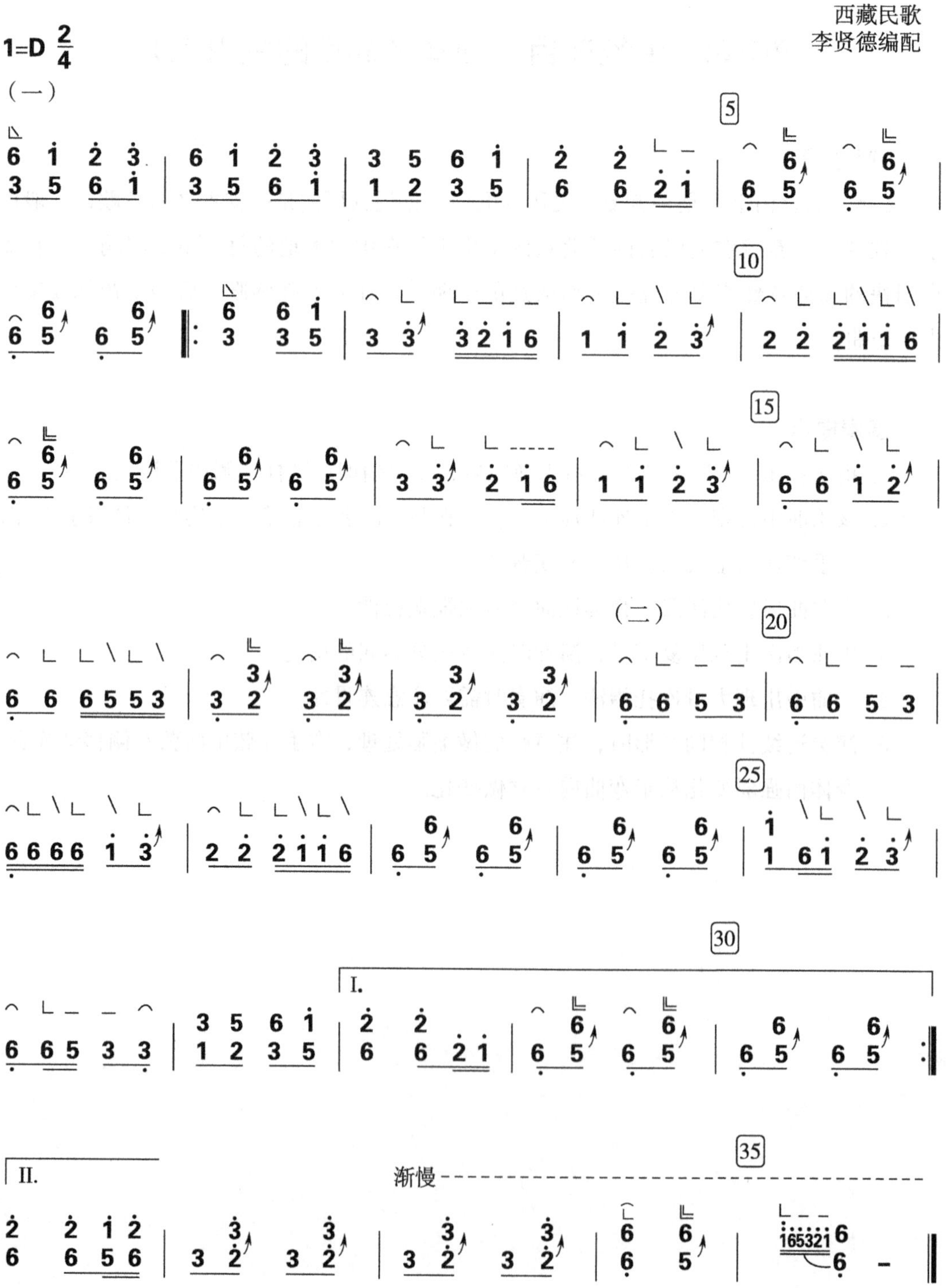

1=D $\frac{2}{4}$

（一）

（二）

I.

II.

渐慢

第六课　传统曲目　独奏《卖报歌》

>> 欣赏提示

《卖报歌》是音乐家聂耳创作于20世纪30年代的一首脍炙人口的儿童歌曲。乐曲曲调简单，朗朗上口，曲调明快、流畅，以朴实生动的语言、辛辣诙谐的笔调，深刻地描述了旧社会报童的苦难生活及对光明的渴望。后由郭雪君改编为双手弹奏古筝乐曲。

>> 演奏提示

1. 该乐曲分为两段，第二段双手弹奏，初次演奏时建议分段分手练习。
2. 该乐曲曲风轻快明亮，弹奏时注意突出重音。
3. 篇幅较长的乐曲在练习时建议分段分句，有着重点练习。
4. “⟦”该符号后衔接的乐曲上部分为右手弹奏，下部分为左手弹奏。

卖报歌

1=D $\frac{2}{4}$

♩=80

聂耳　曲

郭雪君　改编

（一）

（二）

（三）

第七课　流行曲目《红豆》

>> 欣赏提示

《红豆》的作词人林夕在创作的时候看到电视上播放日剧，剧中女主角煮着红豆，因为心里想着要说分手，就把红豆煮糊了。于是，林夕一边跟着剧情，一边想歌词，从而创作出了《红豆》这首歌曲。《红豆》旋律动听，全曲缠绵细腻，后由玉面小嫣然改为古筝二声部重奏乐曲。

>> 演奏提示

1. 本曲主歌部分节奏较为复杂，建议演奏前可以先熟悉原曲。
2. 指法提示“$\underline{\times}$”花指，大指由高音向低音连续快速连托。
3. “3212|21”在这个乐句中出现的弧线名为延音线，延音线意为将两个及两个以上相同音高的音符相连演唱或演奏相对应的时值长度。在该乐句中虽然 2 分布在两个小节，但由于延音线将两个 2 相连，故这两个音 2 只弹奏一个 2，时值为 3/4 拍。
4. 这个乐曲节奏较复杂，出现了大量的新节奏，在部分乐句中冗杂了多种复杂性节奏，如“2 1 1 1 6 5 5”，该乐句为本乐曲中的重难点乐句，乐句中出现两次延音线，第一个 1 通过延音后实际时值为 3/4 拍，第二个 5 通过延音后实际时值为 1¼ 拍。在练习时建议将八分音符作为单位拍梳理节奏，整体速度放慢练习。
5. 本曲重复段落较多，请注意乐曲层次和情绪变化。
6. 本曲课采用多种演奏方式，最后一段为改编版本，如果独奏可以任选其中一个声部进行演奏，如果是合奏可以分两个声部演奏。
7. 括号内为前奏或间奏，根据实际情况可弹可不弹。

红豆

1=C $\frac{4}{4}$

柳重言 作曲
玉面小嫣然 改编

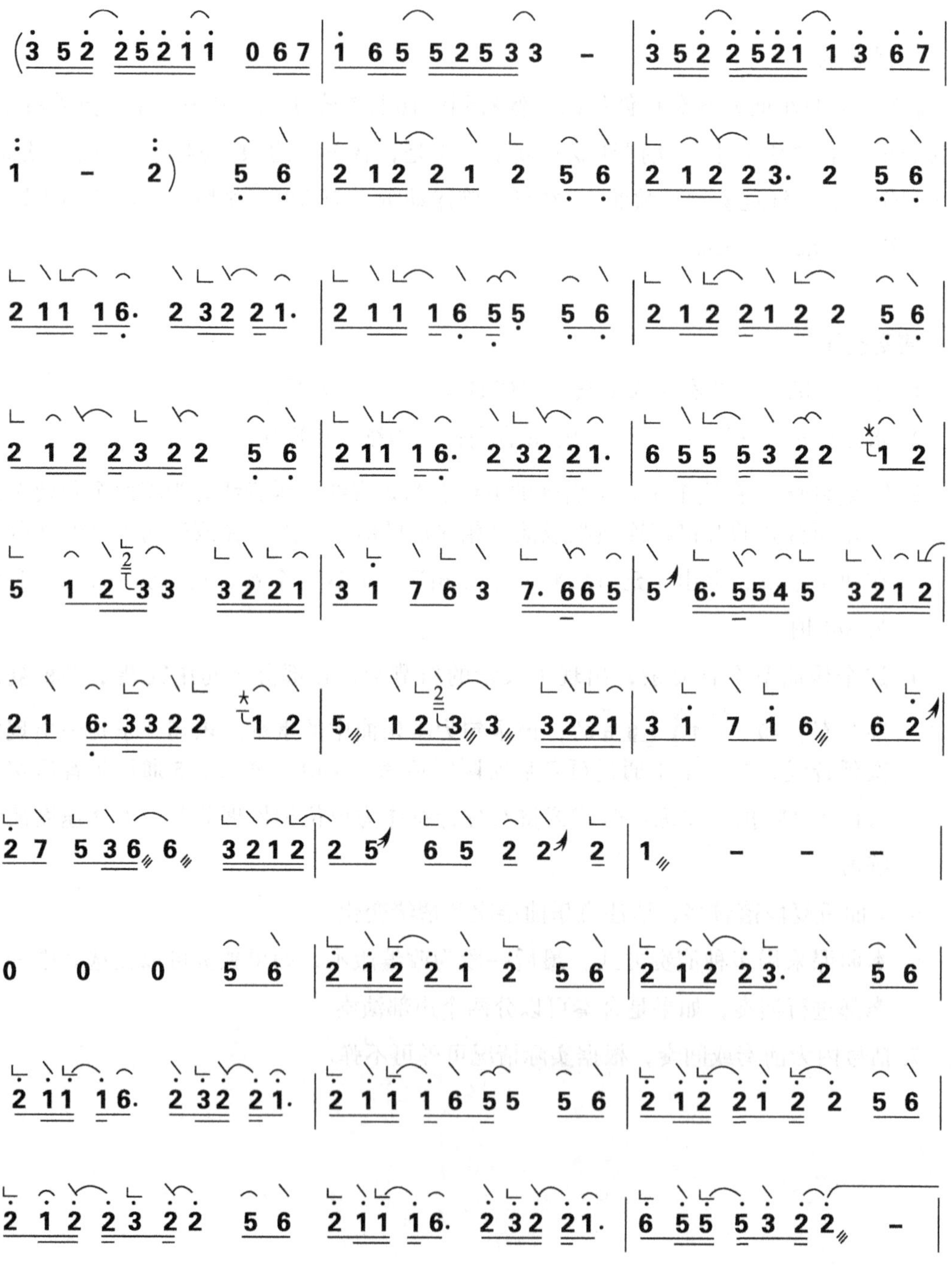

(3 5 2 2 5 2 1 1 0 6 7 | 1 6 5 5 2 5 3 3 - | 3 5 2 2 5 2 1 1 3 6 7 |
1 - 2) 5 6 | 2 1 2 2 1 2 5 6 | 2 1 2 2 3· 2 5 6 |
2 1 1 1 6· 2 3 2 2 1· | 2 1 1 1 6 5 5 5 6 | 2 1 2 2 1 2 2 5 6 |
2 1 2 2 3 2 2 5 6 | 2 1 1 1 6· 2 3 2 2 1· | 6 5 5 5 3 2 2 1 2 |
5 1 2 3 3 3 2 2 1 | 3 1 7 6 3 7· 6 6 5 | 5 6· 5 5 4 5 3 2 1 2 |
2 1 6· 3 3 2 2 1 2 | 5 1 2 3 3 3 2 2 1 | 3 1 7 1 6 6 2 |
2 7 5 3 6 6 3 2 1 2 | 2 5 6 5 2 2 2 | 1 - - - |
0 0 0 5 6 | 2 1 2 2 1 2 5 6 | 2 1 2 2 3· 2 5 6 |
2 1 1 1 6· 2 3 2 2 1· | 2 1 1 1 6 5 5 5 6 | 2 1 2 2 1 2 2 5 6 |
2 1 2 2 3 2 2 5 6 2 1 1 1 6· 2 3 2 2 1· | 6 5 5 5 3 2 2 - |

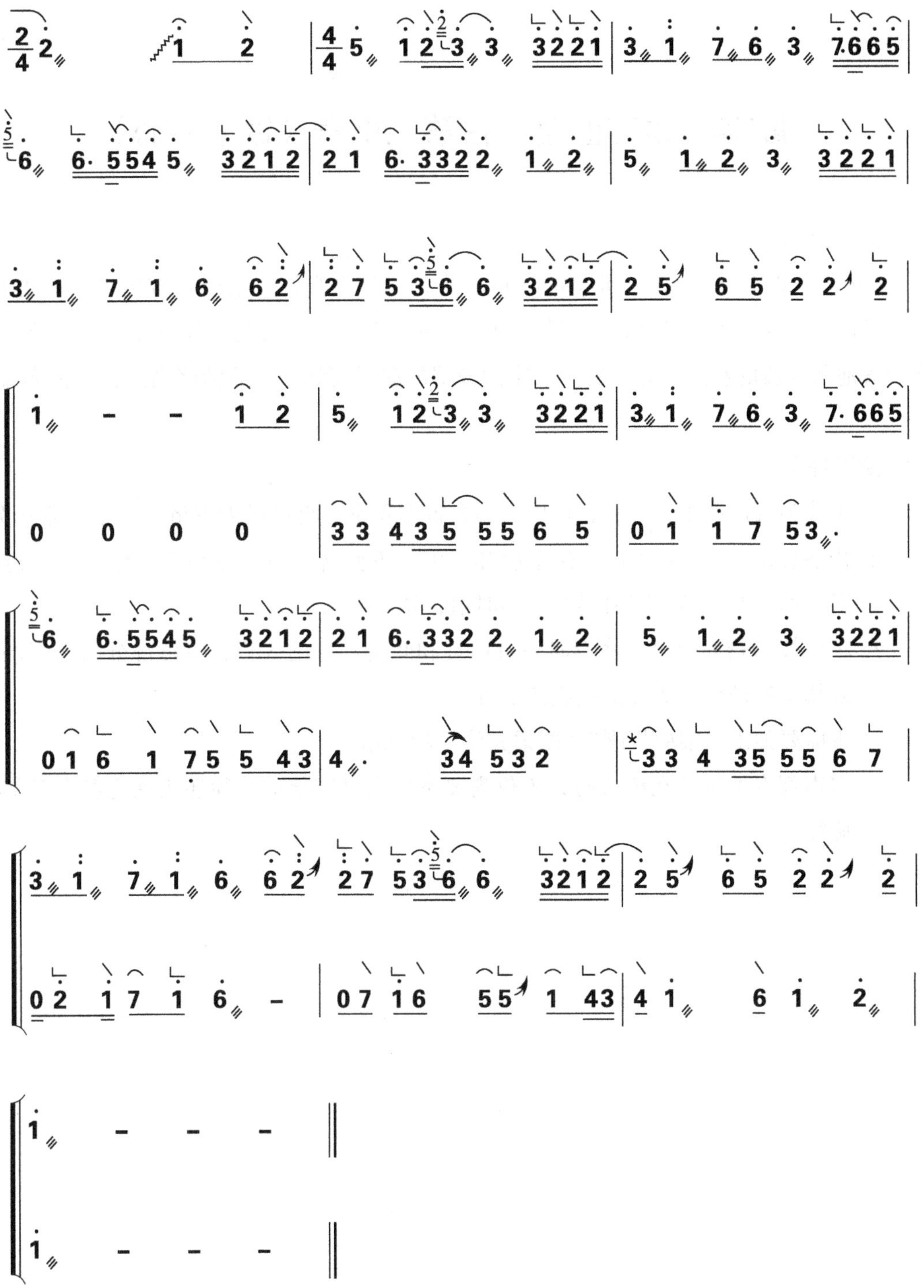

第八课　重奏曲目　古筝二重奏《铁血丹心》

>> 欣赏提示

《铁血丹心》是1983年推出的一首歌曲，也是电视剧《射雕英雄传之铁血丹心》的主题曲。该曲由顾嘉辉作曲。《铁血丹心》的前奏一出来就是连续急促上行的弦乐和铺天盖地黄沙般的和声，充分展示了家国爱情的激昂情绪。全曲情绪高涨，激情澎湃。

>> 演奏提示

1. 本曲为两声部重奏作品，可以用两台古筝重奏，也可以为古筝与其他乐器合奏。
2. 指法提示“↿”下滑音，先按后弹，由上方弦音下滑至本位音。演奏时注意下滑的速度要占满所需演奏音符的时值，切勿放回过快。
3. 本曲技巧较为简单，演奏时注意前奏和间奏部分的气势，主歌部分两个声部主旋律交替进行，要突出主旋律部分。
4. 本曲要弹出“柔中带刚”“刚柔并济”的风格。
5. 多声部古筝重奏在练习时，不仅需要掌握自己声部的旋律还需熟悉各个声部的旋律。

铁血丹心

1=G $\frac{4}{4}$

顾嘉辉　作曲
玉面小嫣然　改编

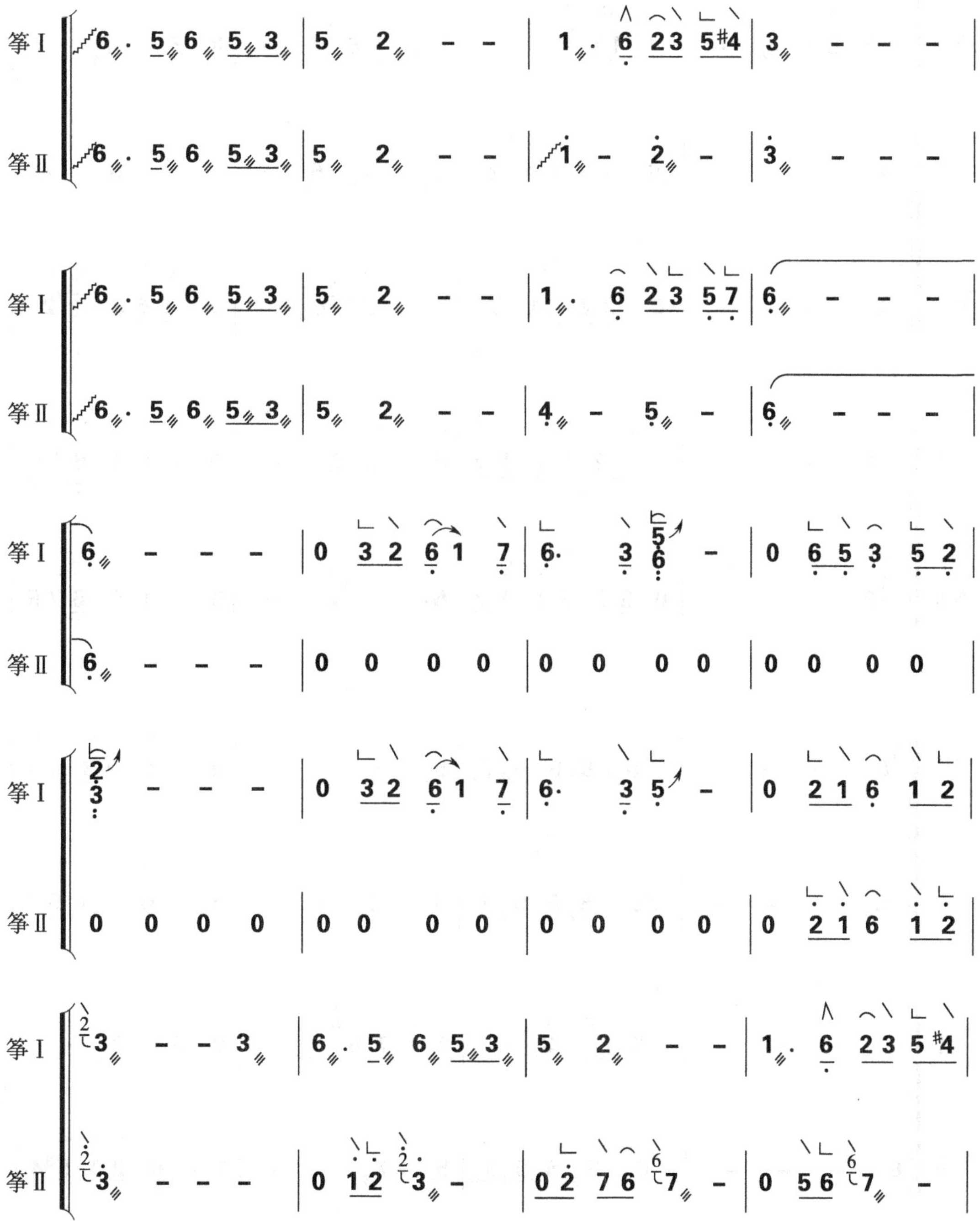

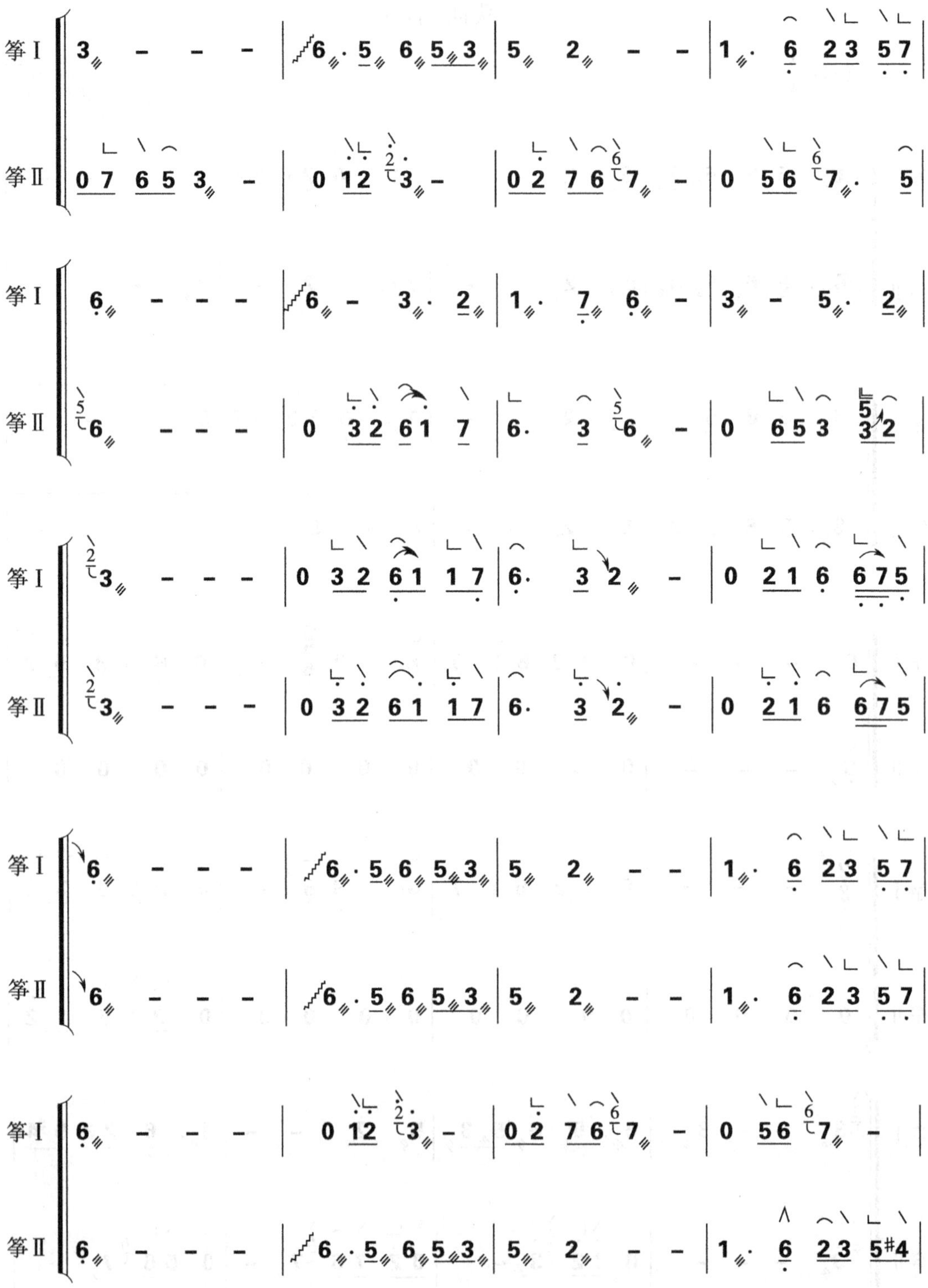

筝Ⅰ | 3 - - - | 6· 5 6 5 3 | 5 2 - - | 1· 6 2 3 5 7 |

筝Ⅱ | 0 7 6 5 3 - | 0 1 2 3 - | 0 2 7 6 7 - | 0 5 6 7· 5 |

筝Ⅰ | 6 - - - | 6 - 3· 2 | 1· 7 6 - | 3 - 5· 2 |

筝Ⅱ | 6 - - - | 0 3 2 6 1 7 | 6· 3 6 - | 0 6 5 3 3 2 |

筝Ⅰ | 3 - - - | 0 3 2 6 1 1 7 | 6· 3 2 - | 0 2 1 6 6 7 5 |

筝Ⅱ | 3 - - - | 0 3 2 6 1 1 7 | 6· 3 2 - | 0 2 1 6 6 7 5 |

筝Ⅰ | 6 - - - | 6· 5 6 5 3 | 5 2 - - | 1· 6 2 3 5 7 |

筝Ⅱ | 6 - - - | 6· 5 6 5 3 | 5 2 - - | 1· 6 2 3 5 7 |

筝Ⅰ | 6 - - - | 0 1 2 3 - | 0 2 7 6 7 - | 0 5 6 7 - |

筝Ⅱ | 6 - - - | 6· 5 6 5 3 | 5 2 - - | 1· 6 2 3 5 #4 |

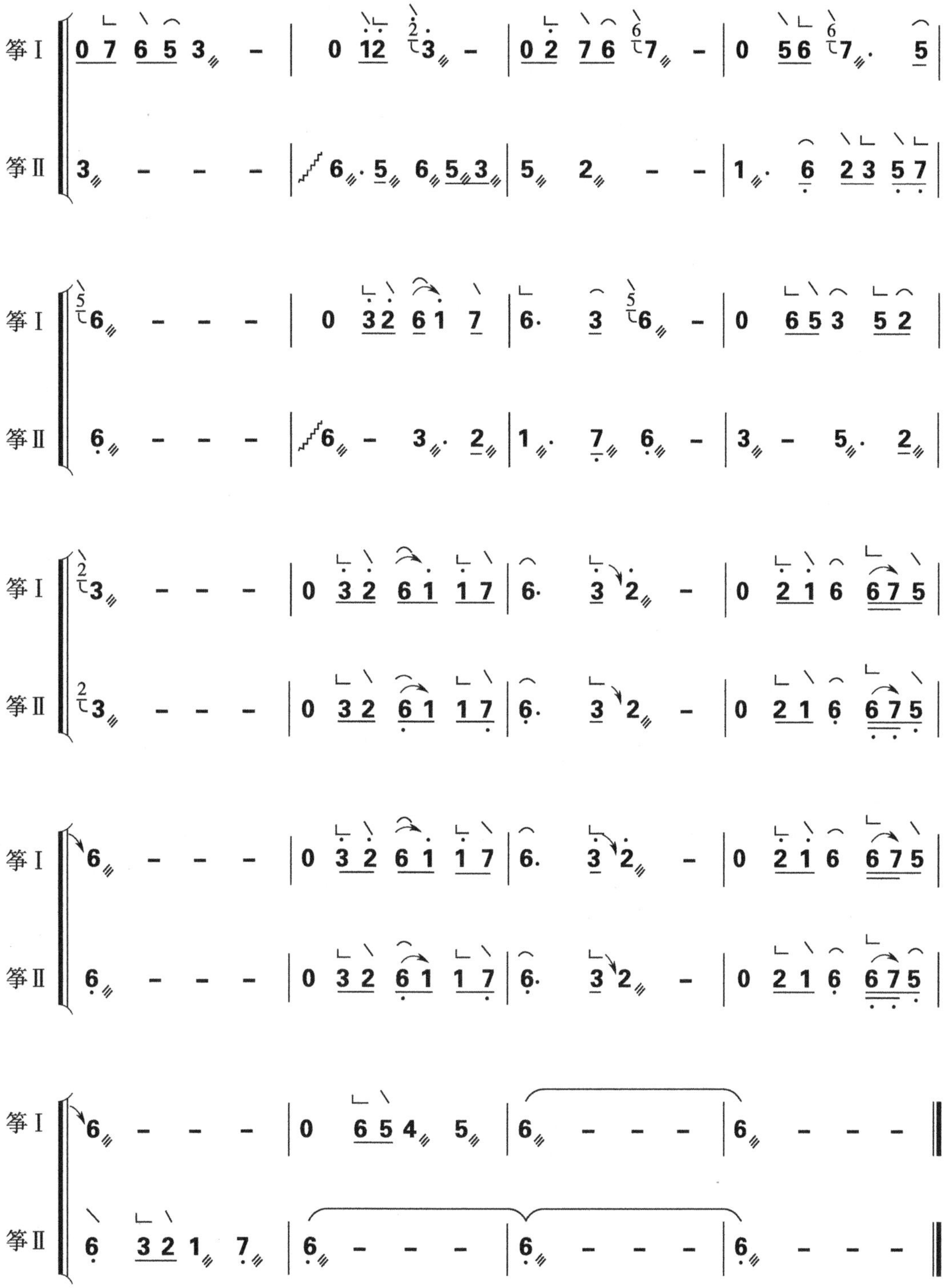

筝Ⅰ | 0 7 6 5 3 – | 0 12 3 – | 0 2 7 6 7 – | 0 5 6 7. 5 |
筝Ⅱ | 3 – – – | 6. 5 6 5 3 | 5 2 – – | 1. 6 2 3 5 7 |

筝Ⅰ | 6 – – – | 0 3 2 6 1 7 | 6. 3 6 – | 0 6 5 3 5 2 |
筝Ⅱ | 6 – – – | 6 – 3. 2 | 1. 7 6 – | 3 – 5. 2 |

筝Ⅰ | 3 – – – | 0 3 2 6 1 1 7 | 6. 3 2 – | 0 2 1 6 6 7 5 |
筝Ⅱ | 3 – – – | 0 3 2 6 1 1 7 | 6. 3 2 – | 0 2 1 6 6 7 5 |

筝Ⅰ | 6 – – – | 0 3 2 6 1 1 7 | 6. 3 2 – | 0 2 1 6 6 7 5 |
筝Ⅱ | 6 – – – | 0 3 2 6 1 1 7 | 6. 3 2 – | 0 2 1 6 6 7 5 |

筝Ⅰ | 6 – – – | 0 6 5 4 5 | 6 – – – | 6 – – – ‖
筝Ⅱ | 6 3 2 1 7 | 6 – – – | 6 – – – | 6 – – – ‖